基督教文化研究丛书

主编 何光沪 高师宁

五编 第**8**册

中国基督宗教音乐史(1949 年前)(上)

翟风俭 著

花木兰文化事业有限公司

国家图书馆出版品预行编目资料

中国基督宗教音乐史（1949 年前）（上）／翟风俭 著 -- 初版
-- 新北市：花木兰文化事业有限公司，2019〔民 108〕
序 6+ 目 2+174 面；19×26 公分
（基督教文化研究丛书 五编 第 8 册）
ISBN 978-986-485-807-1（精装）
1. 宗教音乐 2. 音乐史 3. 中国
240.8   108011506

ISBN-978-986-485-807-1

基督教文化研究丛书
五编 第八册   ISBN：978-986-485-807-1

中国基督宗教音乐史（1949 年前）（上）

作　　者　翟风俭
主　　编　何光沪 高师宁
执行主编　张　欣
企　　划　北京师范大学基督教文艺研究中心
总 编 辑　杜洁祥
副总编辑　杨嘉乐
编　　辑　许郁翎、王筑、张雅淋　美术编辑　陈逸婷
出　　版　花木兰文化事业有限公司
社　　长　高小娟
联络地址　台湾 235 新北市中和区中安街七二号十三楼
　　　　　电话：02-2923-1455／传真：02-2923-1452
网　　址　http://www.huamulan.tw 信箱 hml810518@gmail.com
印　　刷　普罗文化出版广告事业
初　　版　2019 年 9 月
全书字数 329412 字
定　　价　五编 9 册（精装）台币 20,000 元　　　　版权所有 请勿翻印

中国基督宗教音乐史(1949年前)(上)

翟风俭　著

作者简介

瞿凤俭，宗教学硕士，现工作于中国艺术研究院，主要从事宗教音乐及宗教非物质文化遗产的保护研究工作。已经发表有关基督宗教方面论文有《罪与希望——莱茵霍尔德·尼布尔关于罪的学说评述》《中国基督教音乐的理论研究评述》《从赞美诗的编译与创作看中国大陆新教圣乐的本色化历程》《1949年以后中国大陆新教圣乐的本色化》《杨荫浏：中国宗教音乐研究的拓荒者》等，另有宗教非遗类论文及著作数十万字。

提　　要

　　基督宗教音乐自唐代传入中国迄今已逾千年，但由于早期传入的主要是天主教，其本身的保守性导致中国本土的基督宗教音乐发展极其缓慢。直至19世纪初期基督新教传入中国以后，这种局面才逐渐得以改观，自19世纪末20世纪初起，随着中国基督教自立运动的勃兴，中国基督徒编著赞美诗已成为历史潮流，20世纪30年代《普天颂赞》的问世更彰显了中国基督教徒编纂赞美诗的勇气和能力。但是，一直以来，不管是学界还是教内对于中国教徒编译、创作赞美诗的能力认识不足，他们认为中国教会所使用的赞美诗其主要功劳还应归于西方传教士。本书通过收集到的大量赞美诗集版本力证了中国教徒对于我国基督宗教音乐本土化的努力与成就，这是一段应该重新审视的历史。

"基督教文化研究丛书"总序

何光沪　高师宁

　　基督教产生两千年来，对西方文化以至世界文化产生了广泛深远的影响——包括政治、社会、家庭在内的人生所有方面，包括文学、史学、哲学在内的所有人文学科，包括人类学、社会学、经济学在内的所有社会科学，包括音乐、美术、建筑在内的所有艺术门类……最宽广意义上的"文化"的一切领域，概莫能外。

　　一般公认，从基督教成为国教或从加洛林文艺复兴开始，直到启蒙运动或工业革命为止，欧洲的文化是彻头彻尾、彻里彻外地基督教化的，所以它被称为"基督教文化"，正如中东、南亚和东亚的文化被分别称为"伊斯兰文化"、"印度教文化"和"儒教文化"一样——当然，这些说法细究之下也有问题，例如这些文化的兴衰期限、外来因素和内部多元性等等，或许需要重估。但是，现代学者更应注意到的是，欧洲之外所有人类的生活方式，即文化，都与基督教的传入和影响，发生了或多或少、或深或浅、或直接或间接，或片面或全面的关系或联系，甚至因它而或急或缓、或大或小、或表面或深刻地发生了转变或转型。

　　考虑到这些，现代学术的所谓"基督教文化"研究，就不会限于对"基督教化的"或"基督教性质的"文化的研究，而还要研究全世界各时期各种文化或文化形式与基督教的关系了。这当然是一个多姿多彩的、引人入胜的、万花筒似的研究领域。而且，它也必然需要多种多样的角度和多学科的方法。

　　在中国，远自唐初景教传入，便有了文辞古奥的"大秦景教流行中国碑颂并序"，以及值得研究的"敦煌景教文献"；元朝的"也里可温"问题，催生了民国初期陈垣等人的史学杰作；明末清初的耶稣会士与儒生的交往对话，带来了中西文化交流的丰硕成果；十九世纪初开始的新教传教和文化活动，更造成了中国社会、政治、文化、教育诸方面、全方位、至今不息的千古巨变……所有这些，为中国（和外国）学者进行上述意义的"基督教文化研究"提供了极其丰富、取之不竭的主题和材料。而这种研究，又必定会对中国在各方面的发展，提供重大的参考价值。

就中国大陆而言，这种研究自 1949 年基本中断，至 1980 年代开始复苏。也许因为积压愈久，爆发愈烈，封闭越久，兴致越高，所以到 1990 年代，以其学者在学术界所占比重之小，资源之匮乏、条件之艰难而言，这一研究的成长之快、成果之多、影响之大、领域之广，堪称奇迹。

然而，作为所谓条件艰难之一例，但却是关键的一例，即发表和出版不易的结果，大量的研究成果，经作者辛苦劳作完成之后，却被束之高阁，与读者不得相见。这是令作者抱恨终天、令读者扼腕叹息的事情，当然也是汉语学界以及中国和华语世界的巨大损失！再举一个意义不小的例子来说，由于出版限制而成果难见天日，一些博士研究生由于在答辩前无法满足学校要求出版的规定而毕业受阻，一些年轻教师由于同样原因而晋升无路，最后的结果是有关学术界因为这些新生力量的改行转业，后继乏人而蒙受损失！

因此，借着花木兰出版社甘为学术奉献的牺牲精神，我们现在推出这套采用多学科方法研究此一主题的"基督教文化研究丛书"，不但是要尽力把这个世界最大宗教对人类文化的巨大影响以及二者关联的方方面面呈现给读者，把中国学者在这些方面研究成果的参考价值贡献给读者，更是要尽力把世纪之交几十年中淹没无闻的学者著作，尤其是年轻世代的学者著作对汉语学术此一领域的贡献展现出来，让世人从这些被发掘出来的矿石之中，得以欣赏它们放射的多彩光辉！

2015 年 2 月 25 日
于香港道风山

序

田　青

在中国音乐发展的历史长河中，基督宗教音乐最初只是一朵小小的浪花，惊不起任何波澜，但是历经千年，终于在 20 世纪的上半叶，它由小浪花逐渐汇成巨流，甚至影响了近现代中国音乐发展的路径和方向，以至于我们不能再漠视它。千百年来，基督宗教音乐经历了怎样的波折才在中土大地站稳脚跟？这就是本书要回答的疑问。

大约 3000 多年前，以游牧为生的希伯来人在首领摩西的带领下，出走埃及，最后他们来到了"流淌着奶和蜜"的迦南地区，建立了世界上第一个"一神教"——犹太教，他们认为自己是上帝的选民，因而蔑视外邦人。脱胎于犹太教的基督宗教自产生之日起就把向外传教当成自己的使命，耶稣曾对门徒说："这天国的福音要传遍天下。"[1] "你们往普天下去，传福音给万民听。"[2] 耶稣升天以后，他的门徒开始将基督宗教传到外邦人那里，在他们看来，基督徒的使命就是追随耶稣的足迹，将福音传遍天下，在世界各地建立基督的国度。但是，基督宗教的外传过程并非一帆风顺，其中伴随着各种政治、文化冲突和领土扩张的野心，充斥着战争、杀戮和斑斑血泪！

7 世纪时，基督宗教的一个东方派别——聂斯托利派（中国称为"景教"，现在则称为"东方亚述教会"，被罗马天主教会视作"异端"）也来到了中土大唐，企图在这里建立福音的国度，可是面对正处于上升时期、有着勃勃生机的中华文明，景教并没有站稳脚跟，仅仅过了 200 年就在中国销

1　《新约·马太福音》24：14。
2　《新约·马可福音》6：15。

声匿迹。而其后的元、明、清三朝，基督宗教的几个派别又几次传入中国，虽然当时中国的封建社会已经开始走向封闭没落，但以基督宗教为先导的西方国家仍然没有实力敲开中国这个古老东方封建帝国的大门，在中西文明的碰撞中，很长一段时间内，基督宗教在中国的传播历经曲折，多次失败。直到清朝后期，内忧外患使得庞大的中华帝国已经到了"穷途末路"，基督宗教这才借着殖民主义的力量在中国大肆传播，但是这种带有殖民色彩的传播也遭到了中国自下而上各个阶层的反抗，在中国近代史上留下了并不光彩的一页。

任何一种葆有活力的文明都不是封闭的，而是在其发展过程中会不断融合、吸收其他外在文明，从而使自己永葆生机。但不同文明之间的关系其实是不对等的，当一种文明遭遇到外来文明时，其发展路径很大程度上取决于这两种文明之间实力的较量，要么吸收外来文明成为自身的一部分，要么完全排斥外来文明，要么被外来文明所取代。中华文明自古就具有很强的包容性，数千年来不断吸收周边外来文明来充实自己，这些外来文化进入中国以后，就像被吸入了一个强大磁场，往往被同化吸收，变为中国文化的内在组成部分，最为典型的就是佛教文化，自印度及西域诸国传入中土以后，很快便被吸收、同化，乃至完全融入中国文化，同时又衍生出了中国本土的佛教派别——禅宗，佛教的传入对中国固有文明产生了极为深远的影响。但是，基督宗教文明在进入中国以后，其文化融入的过程却颇为艰难，两种强势文明交遇，不可避免要产生冲突，于是自唐代至清末，基督宗教在历经千年、多次失败之后，才最终靠着殖民者的坚船利炮在中土站立脚跟。究其原因，可能与当时基督宗教正处于上升阶段且有较强的排他性有极大关系。保守而且咄咄逼人的罗马天主教在中世纪统治了整个欧洲大陆，世俗权力根本无法与之抗衡，当其来到完全陌生的东方古老帝国时，这里的封建文明虽然已经过了其鼎盛期，但作为千年文明古国，无论是国力、财力还是文化的力量，仍是基督宗教及其所代表的西方文明无法抗衡的，而且与欧洲的中世纪教皇权力大过各国皇权不同，自古以来中国一直是政教分离的国家，各种宗教基本和平共处，绝对不能挑战中央政府的权威，所以当"傲慢无礼"的基督宗教（主要是天主教）传入中国时，注定这两种文明之间的张力会非常大，清朝中后期的"百年禁教"正是这种张力的深刻体现。

基督宗教音乐作为基督宗教的重要组成部分，在漫长的中世纪，已经成为欧洲音乐的代名词。但是，在基督宗教传入中国以后，基督宗教音乐在中国的传播亦如基督宗教本身一样曲折艰难。基督宗教的排他性与保守性使得在很长一段时间内，依附于宗教仪式的中国教会音乐只能采用欧洲的曲调和拉丁语进行唱诵，中国教徒虽然参加弥撒仪式，却并不能理解圣乐的唱词，自然也就无法传唱。虽然有极少数知识分子教徒尝试创作中国圣乐，但囿于天主教的教义规定——在宗教仪式中，主导权全在神职人员那里，唱圣诗是神职人员和唱诗班专有的权力，普通信众只是被动地参与——并不能推广和传播。而且，一些传教士因为文化的隔膜对中国音乐评价很低，在他们心目中，只有西方音乐才是和谐的，才可以用来歌颂上帝、赞美上帝，如自称为"西儒"的利玛窦尽管在传教方面表现得较为开明，主张尊重中国文化传统，但当他面对中国传统音乐时，却表现出另一种态度，极力"贬低"，他认为中国音乐只是"一种单调的节拍"，不懂得"变奏与和声""嘈杂刺耳""毫不和谐"，完全不能与西方的音乐相提并论，因此也不可以用作赞美上帝之乐。天主教严格的教义规定和传教士对中国音乐的态度严重限制了基督宗教音乐在中国的传播和本地化发展。虽然清代有诸多传教士音乐家在皇宫当差，并且颇受皇帝信赖，而且彼时北京、广东等一些大城市教堂中的西洋乐器及音乐也吸引了一些好奇的民众前去参观，但因为传教活动并未开禁，总体来说西洋音乐尤其是基督宗教音乐在民间流传并不广泛。直到19世纪初基督新教传入中国以后，这种局面才逐渐得以改变。马丁·路德的宗教改革主张用本地方言举行弥撒，参加弥撒的全部信众要参与到弥撒仪式的活动中来，不仅仅是被动地听神父唱诵，信众也都要成为唱诵者，唱诵是每个信众的权利，这种变革使得教会音乐变得更加广泛和深入人心，深刻影响了以后的弥撒仪式以及教会音乐的发展，也影响了基督宗教音乐在中国的传播与发展。基督宗教传入中国，中国基督宗教音乐经历了直接照搬、翻译引用、改编使用、自行创编几个阶段，中国本土的基督宗教音乐是在19世纪中后期以后才逐渐开始发展，到了20世纪30年代以后达到鼎峰。在这一过程中，中国的封建社会由衰落到解体，社会矛盾凸显，国力急剧下降，内忧外患，促使中国的基督徒在坚定基督信仰的同时，不能不更多地考虑民族复兴的重任。他们不满于外国传教士把持中国教会的现实，掀起了轰轰烈烈的教会自立运动，期间涌现出一大批卓越的基督徒知识分子，他们为基督宗教的中国化积极献言献策，其中有不少人通过创作和编辑中国本土的基督宗教音乐来促进这一进程，比较著名的如赵紫宸、刘廷芳、杨荫浏、谢洪赉、贾玉铭、王载等等，在他们的努力之下，20 世纪上半叶中国基督徒所编辑、创作的赞美诗集其水平很多已经超过了外国传教士所编译的诗集，尤其是《普天颂赞》的出现，更是成为中国基督徒编创赞美诗的鼎峰。

可是，以往我们对于这段历史的研究更多地是参考了外国传教士的著述和教会提供的材料，更多地强调了传教士们的作用，无意之间就掩盖或者低估了中国教徒的贡献，这是一段需要重新书写的历史。20 世纪上半期中国基督徒为了圣乐的本土化所做的努力应该予以充分肯定，对于他们而言，圣乐创作和编纂不仅仅是赞美歌颂耶稣基督，在国家危难的时候，还包含着浓厚的家国情怀，就如赵紫宸所言："民众的歌，应当含带中国民族性中最好、最重要的成分。"[3]这些中国基督宗教的先驱者们，孜孜追求的是基督宗教的本土化，不仅要从经济上和制度上摆脱外国母会的控制和影响，同时也要从文化上更多地彰显中国特色，而从信众接触最多的基督宗教音乐入手，创作具有中国民族特色的基督宗教圣乐则是最方便易行的。

本书是中国大陆第一部关于中国基督教音乐通史的著作，此前有关中国基督宗教音乐史的研究多集中在大陆之外学者那里，如有福路（Albert Faurot）的《中国教会音乐》[4]（1940），盛宣恩（David Sheng）的《中国基督教赞美诗的本色化研究》（A study of the Indigenous Elements in Chinese Christian Hymnody, 1964）[5]、《中国基督教圣诗史论述（1-8）》（1979-1983）[6]、《中国基督教圣诗史》（2010），Ledand Li—chung Chou 的《中国青年所用的普世圣歌》（An ecumenical hymnal for Chinese youth）[7]（1977）等；此外，还有 Samuel S. M. Cheung 的《中华人民共和国基督教音乐研究，1949-1983》[8]（1989）研究了改革开放初期中国大陆基督教会音乐，何守成编著的《圣诗学（启导本）》[9]（2002）

---

3 赵紫宸词，范天祥配曲：《民众圣歌集》序一，《赵紫宸圣乐专集》，商务印书馆 2013 年版，第 135-140 页。

4 美国欧柏林学院硕士毕业论文。

5 美国南加州大学音乐学博士论文。

6 《香港浸会圣乐季刊》1979-1983 年连载。

7 美国南加州大学音乐博士论文。

8 美国西南浸信会神学院音乐学博士论文。

9 香港基督教文艺出版社出版。

有两章内容介绍中国圣诗，谢林芳兰博士（Hsieh Fang-Lan）在美国出版的英文专著《中国基督教赞美诗史：从早期传教士到现代本土创作》（A History of Chinese Christian Hymnody: From Its Missionary Origins to Contemporary Indigenous Productions, 2009）是关于中国新教赞美诗发展历史的著作。国内虽有不少著作涉及到中国基督宗教音乐史的内容，但都不是完整意义上的中国基督宗教音乐史著作，要么以介绍西方圣诗及其历史为主，如姜建邦先生编译的《圣诗史话》（1946）、王神荫的《圣诗典考》（1950）、杨周怀的《基督教音乐》（2001）等；要么将其放置于在中西音乐交流的背景下简略介绍，如陶亚兵的《中西音乐交流史稿》（1994）和《明清间的中西音乐交流》（2001）等。田青主编的《中国宗教音乐》（1997）对中国基督教音乐的介绍也较为简略；陈小鲁的《基督宗教音乐史》（2006）则把中国内地教会音乐发展放入世界教会音乐发展的总历程之中进行论述，对中国基督教音乐发展历史着墨不多。其他如杨民康的《本土化与现代性：云南少数民族基督教仪式音乐研究》，南鸿雁的《沪宁杭地区天主教圣乐本土化叙事（1911-2006）》（2018），孙晨荟的《雪域圣咏-滇藏川交界地区天主教礼仪音乐研究》（2010）、《天音北韵-华北地区天主教音乐研究》（2012）、《谷中百合——傈僳族和大花苗新教音乐文化的比较研究》（上、下，2017），陈晶的《上海基督教会学校女子音乐教育研究》（2016）及陈蓓的《地远歌长——大花苗的基督教音乐》（2018）等也都是偏重于地方性、局域性基督宗教音乐研究的著作，一些硕博论文也多为专题性研究，涉及到中国基督教音乐历史的内容则较为简略。在大陆宗教学、历史学及音乐学界，研究基督宗教在华传播史以及中国基督宗教音乐的著作都有不少，可是唯独有关中国基督宗教音乐通史的著作还属空白，很多史料之前虽已被学人发掘，但是并未形成完整的中国基督宗教音乐史，部分史料甚至被曲解，不能不说是很大的遗憾。本书作者花费十余年功夫，梳理了自唐代以来基督宗教音乐在中国传播的各种史料，尤为难能可贵的是收集了数百本各时期出版的赞美诗版本，特别是近代以来中国教徒编纂的诗集，力证了中国教徒在基督教圣乐本土化进程中的努力与成就，用史实修正了之前学界对于中国教徒所创作基督教圣诗、尤其是新教圣诗认识不足的状况，并且提出"民国时期中国教徒无论翻译还是创作圣诗，其水平都已经超过外国传教士"，中国教徒所编创的圣诗集在一定程度上其影响力已经远超外国传教士所编的圣诗集等论断，这是非常值得肯定的。

本书的断代止于 1949 年。1949 年之后直至当下这段时间，中国大陆的基督宗教音乐的发展路径和音乐敬拜形式受到国际、国内诸多因素的影响，出现了更多新状况。天主教"梵二"会议对教会礼仪进行改革，允许各地教会使用本地语言举行弥撒等圣礼，中文圣歌在弥撒仪式中完全取代了拉丁文圣歌，极大促进了中国天主教圣乐的本地化发展；新教方面，改革开放以后，中国教会和教会音乐均进入到了全新的发展时期，不仅出现了《赞美诗（新编）》等影响深远的赞美诗集，而且教会音乐民族化倾向更加明显；全球一体化及教会在现代社会所遇到的新命题也使得中国教会音乐紧跟世界教会音乐的步伐同步发展，新的音乐体裁、音乐技法、乐器和音乐敬拜方式层出不穷，用流行音乐创作或改编教会音乐成为常态；互联网的迅猛发展也改变了教会音乐的创作方式和传播方式，网络传播已经成为时下教会音乐的重要传播方式。针对中国基督宗教音乐这些新状况，很有必要对其进行专门研究,也期待作者及其他有志于此的学者能将此继续下去。

目次

绪论　基督宗教音乐发展历史及其主要形式

第一节　基督宗教及其音乐

一、基督宗教[1]的发展历史

　　基督宗教（Christianity）是指信奉耶稣基督为救世主的各个教派的统称，包括天主教（Catholic Church，即罗马公教）、东正教（Orthodox，亦称"希腊正教"）和新教（Protestantism，亦称"抗议宗""抗罗宗""反罗宗""更正教"等）三大教派和其他一些较小教派，一般都称之为"基督教"。[2]基督宗教的基本经典为由《旧约圣经》和《新约圣经》共同构成的《圣经》。但是，不同的教派，其《圣经》内容亦有所不同。

1　关于基督宗教的介绍参考了《宗教百科全书》（中国大百科全书出版社 1993 年版）、《宗教学小辞典》（何光沪主编，上海辞书出版社 2002 年版）、《宗教词典（修订本）》（任继愈主编，上海辞书出版社 2009 年版）、《宗教词典》（谢路军主编，学苑出版社 1999 年版）等著作。

2　在我国"基督教"有狭义和广义之分，狭义乃专指"基督新教"，而广义则指所称所有信仰耶稣基督的教派，现学界一般用"基督宗教"来指代广义的"基督教"。本书中的"基督教"一般用的是广义，与"基督宗教"有同等含义，但是由于历史上一些约定成俗的用法，二者并不能完全相互代替，故本书在使用这两个概念时系根据具体语境而使用，含义一样。为免混淆，本书中的"基督新教"乃用"新教"或"基督新教"来指称。

　　一般认为，基督宗教起源于 1 世纪的巴勒斯坦地区，相传为犹太的拿撒勒人耶稣所创立，原为犹太教的一个异端教派，带有浓厚的犹太色彩。耶稣死后，以彼得、约翰、雅各等为核心的十二使徒形成了初期基督徒社团的领导集团，其活动范围最初仅在耶路撒冷一带，后来随着使徒保罗等人向外邦人传教，教会突破了犹太民族的界限而走向世界化。1 到 2 世纪时，基督教逐渐同犹太教分裂，形成一个全新的宗教，后来陆续传到地中海东部沿岸各地以及整个罗马帝国境内，并在罗马帝国治下的各个民族中广泛传播，通过与不同的民族文化传统相融合，形成了不同的教派。

　　基督宗教继承了犹太教的经典，即《旧约圣经》，同时又产生了自己新的经典，即《新约圣经》。在基本的信仰方面，他们肯定了犹太教的律法和先知预言，同时又提出"爱"（agape）作为信仰核心和道德的最高境界。他们信仰圣父、圣子、圣灵"三位一体"的上帝（天主）创造并主宰宇宙万物，认为人类自始祖起就犯了原罪，并在罪中受苦，只有信仰上帝及其独生子耶稣基督才能获得拯救。上帝对世界的创造和统治其实体现了他对世人的爱，这种爱是无条件的。为了拯救世人，上帝"道成肉身"，将圣灵降临到童贞女玛利亚身上，使其未婚受孕而生耶稣，因此耶稣身上没有人类的"原罪"，他作为神和人的结合，既是"神子"，又是"人子"，具有完全的"神性"和完全的"人性"，耶稣十字架受难牺牲了自己，救赎了人类，从而完成了人与上帝的和解，自此人类与上帝重新订立盟约，带来了上帝救世的福音，宣告旧约时代的结束和新约时代的开始，耶稣死后三天复活升天，将来还要再临，实施最后的审判。

　　最初基督宗教的信徒多为犹太贫民和奴隶，体现为被压迫者的反抗运动，因此受到犹太教上层和罗马帝国当局的残酷迫害，后来随着社会上层人士的涉入并逐取得领导权，对统治者由敌对逐渐变为顺服，罗马帝国当局对其的态度也由迫害变为利用。313 年，罗马帝国皇帝君士坦丁大帝颁布"米兰赦令"，自此基督宗教成为官方认可的合法宗教，325 年通过的尼西亚信经则成为基督宗教各派都遵守的最基础原则。392 年[3]，基督宗教被罗马皇帝狄奥多西一世认定为罗马帝国的国教。罗马帝国境内由于政治区划以及语言、文化传统等方面的差异，事实上一直分裂为东、西两部分，并于 395 年正式分裂为东、西罗马帝国。因此，基督宗教自 3 世纪以来，也逐渐形成了东、西两大派，

3　也有观点认为是 380 年或者是 391 年。

西部以罗马为中心，传播于高卢、意大利和北非迦太基一带及其以西地区，通行拉丁语，亦称拉丁教会；东部以君士坦丁堡为中心，传播于马其顿、希腊半岛至埃及及其以东地区，通行希腊语，亦称希腊教会。1054 年，东、西两教会正式分裂，西部教会强调其普世性，自称为公教，亦称罗马公教，在我国又称为天主教，主张罗马主教乃耶稣第一个门徒彼得的继承人，具有教会首席地位，自 5 世纪起罗马主教自称为教皇，在整个西部教会享有至尊地位；东部教会则强调其正统性，自称为正教，亦称希腊正教，在我国称为东正教，其以君士坦丁堡大主教为最高首领，不承认罗马教皇的至尊地位。中世纪时，东正教受拜占庭帝国控制，其教权基本上从属于皇权，在教义上与罗马教会亦有所不同。

整个中世纪，罗马教皇与欧洲世俗王权进行了长期斗争（即"政教之争"），13 世纪教皇权力达到鼎盛，整个欧洲都被罗马教会所统治，基督宗教成了欧洲封建制度的重要支柱，教会把意识形态、科学等都置于其神学控制之下，为了遏制伊斯兰教的影响，夺回"圣地"，自 1096 年至 1291 年的近二百年间，罗马教廷以保卫基督教、援助希腊教会抵制穆斯林为借口，先后对地中海东岸各国组织了八次十字军东征。另外，为了镇压异端，教会还设立了宗教裁判所，无数所谓的教会"异端"、自由思想者以及自然科学家被残酷镇压。14 世纪以后，随着欧洲文艺复兴运动的开始，人文主义思潮兴起，人们对教会的思想控制日渐不满，英国的威克里夫、捷克的胡斯以及意大利的萨伏那洛拉都曾发起一系列宗教改革运动，先后遭到罗马教廷的镇压。1517 年，德国的马丁·路德为抗议教皇在各地销售赎罪券，在维滕贝格大教堂门前贴出《九十五条论纲》，自此揭开了欧洲宗教改革运动的序幕，其影响很快波及整个欧洲大陆，欧洲各国纷纷脱离天主教，形成路德宗、加尔文宗、安立甘宗三大新教主流派别。罗马天主教自此一分为二，这是基督教会史上的第二次大分裂，由此形成了当今世界基督宗教的三大派别：天主教、东正教和新教。

新教各派拒绝天主教将一切权力都归于教会，强调"因信称义"，信徒皆祭司，每个人都可以和上帝直接交流，而不是像天主教那样必须通过神父才能和上帝交流。他们承认《圣经》是最高的权威，但只承认圣餐礼和圣洗礼两件圣事。新教反对圣像崇拜和圣物，重视讲道和唱诗，主张礼拜、读经和唱诗运用方言而不是拉丁语，其仪式一般也比较简单，目前世界基督新教派别众多。

东正教在十世纪的时候传入俄罗斯，并成为国教。1453 年，随着奥斯曼帝国苏丹穆罕默德二世率军攻入君士坦丁堡（今为伊斯坦布尔），东罗马帝国灭亡，君士坦丁堡成为奥斯曼土耳其帝国的首都。君士坦丁堡、亚历山大里亚、安提阿和耶路撒冷四个牧首区成为各自独立的自主教会，名义上君士坦丁堡大主教仍享有首席地位，但实际上权力有限。1589 年，俄罗斯正教会也成立了自主教会，逐渐摆脱了对君士坦丁堡大主教的依附地位，形成了使用斯拉夫语的俄罗斯正教。后来，其他一些国家、地区和民族的东正教也纷纷取得独立地位，现在，主要流行于希腊、塞浦路斯、保加利亚等巴尔干半岛和东欧、俄罗斯各加盟共和国等地，形成了不同民族、不同地域和不同语言的多元局面。

二、宗教音乐的起源及功能

在人类的早期社会中，音乐都是与宗教活动紧密联系在一起的，"起源时期的音乐主要用于神庙祭祀、节日庆典，带有明显的宗教色彩"[4]。"在苏美尔社会里，宗教具有举足轻重的力量；而音乐主要是为拜神仪式服务的，由职业乐手在神庙里或弹或唱。"[5]在古代中国，从上古时代就将礼、乐并提，非常重视礼乐的作用。礼的最初涵义是祭神、祭祖，祭神要按照一定的仪式进行，其中非常重要的一项就是以乐舞来迎神、悦神、送神，这种乐舞就是最早的宗教音乐、宗教舞蹈。《尚书·益稷》载舜命乐正夔用《萧韶》《九成》来迎接祖考。孔子曾经听《韶》而"三月不知肉味"，《韶》即《萧韶》。可以说，在早期社会中，宗教与音乐是不可分的，有宗教活动，必然就会有音乐。

宗教音乐是宗教礼仪的一个非常重要的组成部分，仪式是教徒获得宗教认同的一个重要手段，通过仪式，所有参与者都获得了宗教情感的满足和宗教认同感，宗教仪式中的音乐，其功能亦是由两大方面组成：荣神、娱人。首先，宗教音乐是要赞美神、歌颂神、取悦神，由此获得个体的宗教认同，完成其传经布道的功能，这是所有宗教音乐的最基本功能；其次是娱乐功能，这是对信徒而言的，尤其是在人类的早期时代，民众的娱乐活动主要是祭祀

---

4 [英]约翰·拜利（John Bailie）著，黄跃华译：《音乐的历史》，希望出版社2003年版，第1页。

5 [英]约翰·拜利（John Bailie）著，黄跃华译：《音乐的历史》，希望出版社2003年版，第1页。

过程中的歌舞狂欢，可以说，早期的宗教音乐都是从这两个方面发展而来的。作为传经布道的重要手段，为了吸引信徒信教，宗教音乐的娱乐功能就必须非常强大。当然，宗教音乐的这种娱乐功能要服从、服务于信仰，正如罗马教廷对圣乐功能的限定：圣乐的真正目的是"荣耀天主及圣化信友"，即赞美上帝，坚固人们的信仰。

　　基督宗教音乐虽然被看作是传播"福音的重要手段"，但在其发展过程中，却早早地被剔除了娱乐的成分，"基督教的圣咏自公元 4 世纪安布罗斯圣咏、旧罗马圣咏起就完全排除了音乐的娱乐作用，到 6 世纪格里高利圣咏出现时，其音乐均系用拉丁文演唱的单声部歌曲，用纯人声演唱，没有乐器伴奏，不用变化和装饰音，并对歌咏的调式进行了明确的限定，会众不参与演唱。格里高利圣咏纯为宗教礼仪所创作，绝对服从宗教礼拜活动，最大地排除了世俗的感性欲念，成为纯粹意义上的功利性音乐。"[6]这是因为早期的教父神学受到古希腊禁欲主义哲学的影响比较大，并将其与基督宗教的原罪观念结合起来，由此形成了基督宗教的核心教义——原罪与救赎。原罪教义认为人类始祖亚当和夏娃受到蛇的诱惑，违背了上帝的旨意偷吃禁果，作为他们的后代，人类因此与生俱来就带有原罪，原罪首先表现为因贪欲而引起的肉体的纵欲与放任。要去除罪恶，获得上帝的救赎，就必须禁绝世俗欲念，抛却肉体和情感上的欲望。

　　而音乐作为人类情感的自然宣泄，其本身能够给人带来愉悦的感受，这与基督宗教的禁欲主义正好是相违背的，因此基督宗教对于音乐的态度是极其矛盾的，既需要用音乐来赞美上帝，赞美耶稣，宣传上帝的福音，同时又要剔除音乐的娱乐功能，我们可以从著名的教父哲学家、思想家圣奥古斯丁（S.A.Augustinus，354-430）的深深忏悔中深切地感受到早期教会对于音乐的矛盾心理："声音之娱本来紧紧包围着我，控制着我，你解救了我。现在对于配合着你的言语的歌曲，以优美娴熟的声音唱咏而出，我承认我还是爱听的……听到这些神圣的歌词，通过乐曲唱出，比不了用歌曲更能在我心中燃起虔诚的火焰，我们内心的各式情感，在抑扬起伏的歌声中找到了适合自己的音调，似被一种难以形容的和谐而荡漾。这种快感本不应使神魂颠倒，但往往欺弄我；人身的感觉本该伴着理智，驯服地随从理智，仅因理智的领导

6　岳军：《早期基督教音乐的功利性抉择与格里高利圣咏》，《广西师范大学学报：哲学社会科学版》2010 年第 3 期。

而接纳，这时居然要反客为主地超过理智而自我领导。在这方面，我不知不觉犯了错误。……我在快感的危险和具有良好后果的经验之间真不知如何取舍。……但如遇音乐的感动我心过于歌曲内容时，我承认我在犯罪，应受惩罚，这时我是宁愿不听歌曲的。"[7]正是这样的矛盾观念，直接影响了基督宗教对于音乐的取舍，"基督教会在选择仪式音乐时只能选择音乐相对于宗教功能的朴素需要（功利性抉择），而完全舍弃音乐的娱乐性"[8]。可以说整个中世纪的基督宗教音乐都是奉行这样的原则，格列高里圣咏就是这样观念的产物。即使是在宗教改革以后，加尔文派也仍旧将此作为准则，加尔文派特别下令禁止咏唱除圣经以外的任何歌词，在他看来，歌唱要以神的话为中心，所以他鼓励信徒以吟诵神的话参与崇拜。

但是，宗教音乐如果"完全舍弃音乐的娱乐性"显然是不切实际的，任何一种宗教音乐要想打动人心，感化信徒，其"娱人"功能应是非常必要的。如中国的佛教音乐与道教音乐，在其发展过程中，"娱人"的功能就表现得极为充分，在隋唐时期，佛教为了吸引更多的信徒，就涌现出很多优秀的唱导师，他们将佛经与佛教故事编成戏文，在寺院或者广场上宣唱，不仅吸引了众多民众信教，而且也直接影响了中国戏剧艺术的产生。迄今为止，中国的目连戏、道情等剧种还都在传唱着佛道故事。所以梁代慧皎说得明白："唱导者，盖以宣唱法理，开导众心也！"[9]而且一千多年以来，基督宗教音乐对于整个欧洲的音乐影响深远，甚至可以说是西方音乐的源泉，如果基督宗教音乐本身缺乏娱乐性，要想产生这样深远的影响绝对是不可能的。但是宗教音乐的娱乐性又不同于世俗音乐的娱乐性，它仍旧是以"信仰"为核心和前提的。

三、基督宗教关于音乐的规定

基督宗教是一个音乐的宗教，它与音乐的关系比其他任何宗教都要密切，基督宗教的礼拜活动自始至终都贯穿着音乐。而且基督宗教音乐的形式多种多样，其中最主要的就是圣诗唱诵。圣经学者埃德蒙·基思（Edmond D.Keith）曾经说："基督教有两本书，即圣经和圣诗，前者是上帝对人的启示，后者是

---

7 [古罗马]圣奥古斯丁著，周士良译：《忏悔录》卷十第 33 章，商务印书馆 1996 年版，第 223 页。

8 岳军：《早期基督教音乐的功利性抉择与格里高利圣咏》，《广西师范大学学报：哲学社会科学版》2010 年第 3 期。

9 （南朝·梁）慧皎：《高僧传·唱导篇总论》，南京金陵刻经处光绪十年版。

人对上帝的回应。"[10]基督宗教继承了犹太教的传统,有专门的音乐侍奉队伍,即唱诗班(choir),也称"圣乐团",源于拉丁文 chorus,意即"合唱""合唱队",唱诗班负责在教堂内举行崇拜礼仪时唱圣歌。他们身着特定的礼服,一般都在固定的位置,或坐或立,分为男高、男低、女高、女低四个声部。除此之外,教会内的每个信众都参与音乐侍奉,无论是在教堂等公共的礼拜场所,还是家庭聚会以及个人独祷,都随时随地有音乐侍奉。可以说,音乐是基督宗教敬拜礼仪的灵魂。

关于圣诗,圣奥古斯丁在注释《诗篇》148 篇时曾说:"你愿否知道什么是圣诗吗?圣诗就是向神唱出的赞美。如果你向神赞美而不歌唱,那么你的赞美就不是圣诗;如果你对着神歌唱而没有赞美的心,那还不是圣诗;如果你用歌唱来赞美,但对象不是神,你所唱的赞美诗也不是圣诗。"[11]在这里他指出圣诗的三个条件:第一,圣诗首先是歌唱;第二,唱诗要有赞美的心;第三,圣诗的对象是神。因此,圣诗其实就是圣歌。自他之后,历代对圣诗的解释都很多。

罗马教廷对于圣乐历来都有详细的规定。在 1967 年 3 月 5 日发自罗马(礼仪圣部)的"礼仪圣部训令——论圣礼中的音乐"给圣乐(Musicam Sacram)下了这样的定义:a. 所谓圣乐,即指形式高雅及神圣,为举行崇敬天主的仪式,而创作的音乐。b. 此下均可称为"圣乐":额我略曲[12],各种新旧的复音音乐、管风琴及许可乐器的圣乐以及大众宗教歌曲及圣歌或礼仪歌曲。这一定义既规定了圣乐的含义,又指出了圣乐所包含的形式及种类,可以说这是目前罗马天主教会对"圣乐"最权威的规定。我们这里运用"圣乐"这一概念,不仅仅包括天主教的崇拜音乐,亦包括基督新教的崇拜音乐和东正教的崇拜音乐。就中国而言,因为东正教在我国信徒极少,而且主要集中在边疆的俄罗斯族和俄裔,影响比较小,所以中国的基督宗教圣乐就其内容来说,

---

10 转引自卫燕军:《关于圣诗的一点思考》,http://blog.sina.com.cn/s/blog_86deb1c
50100xc1p.html

11 转引自林玉解:《基督教圣诗发展概论(一)》,http://blog.sina.com.cn/s/articlelist_
2693371031_0_1.html

12 Gregorian Chant,在我国,新教一般称之为"格列高利圣咏(圣乐)",而天主教则称为"额我略圣咏(圣乐)",翻译不同,其实所指是一样的。为尊重传统,本书在指称新教或者整个基督宗教圣咏时用"格列高利圣咏",而专门指代中国天主教圣咏时,则仍用"额我略圣咏"。

主要是指新教教会崇拜音乐和天主教会的崇拜音乐。圣乐的概念大于圣诗（歌），圣乐既包括圣诗（歌），也包括用于赞美崇拜的纯音乐。

第二节　基督宗教音乐发展历史

一、《圣经》中关于音乐的记载

　　基督宗教圣乐的起源最早可以上溯到巴勒斯坦地区的犹太人，基督宗教最初是犹太教的一个异端教派，一开始仅在犹太人中间传播的，其礼拜仪式完全承袭了犹太教的礼拜仪式。因此，基督宗教的仪式音乐也是从犹太教的仪式音乐中脱胎而出的，其与犹太教仪式音乐有着千丝万缕的联系。犹太民族对音乐极为推崇，音乐是他们日常崇拜的一部分，他们常常以演唱赞美诗、朗诵《圣经》的形式来称颂上帝耶和华的伟大和荣耀。"哈利路亚！你们要在上帝的圣所赞美他！在他显能力的穹苍赞美他！要因他大能的作为赞美他，因他极其伟大赞美他！要用角声赞美他，鼓瑟弹琴赞美他！击鼓跳舞赞美他！用丝弦的乐器和箫的声音赞美他！用大响的钹赞美他！用高声的钹赞美他！凡有生命的都要赞美耶和华！哈利路亚！"[13]

　　犹太人之所以特别重视音乐崇拜，也源于他们的信仰。犹太教不允许偶像崇拜，十诫中的第二诫规定："不可为自己雕刻偶像，也不可做什么形像。"[14]所以犹太民族无法像其他异教民族那样通过眼睛或身体接触感受到神灵的存在和对世人的关爱，他们看不到、摸不到自己的神，唯有通过别的方式感知神，他们通过音乐、诗歌、故事等载体来描绘和敬拜神灵，感受神的关爱。在犹太人看来，人的生命是由神恩赐的，弹奏乐器和歌唱并不单纯是个人的喜好，更重要的是，这是与神沟通的最有效手段，他们通过演奏乐器、高声歌唱来赞美神，并把这当成是人类对于神的爱的一种回应，通过奏乐和歌唱来传承对本民族历史的记忆和对神的崇敬与爱，因此在犹太人那里，其音乐是与神有密切关系的，是犹太民族对神的信仰告白。我们在旧约圣经中可以看到很多有关以犹太民族用音乐敬拜上帝的记载，可以说通过音乐和歌唱来赞美神、表达对神的爱戴在他们的日常生活中是非常普遍的事情。《诗篇》就是他们敬拜上帝时所用的圣诗集和祷文，共有 150 首，其希伯来原文的意思

---

13 《旧约·诗篇》150，简体和合本修订版。
14 《旧约·出埃及记》20：4，简体和合本修订版。

是"赞歌""颂歌"。早期的教会从一开始便在崇拜时采用，《诗篇》"也为历代信徒与圣经时代群体的信仰经验起着连结的作用"[15]。依照当时的习惯，《诗篇》是有乐器伴奏的，"以手抚琴而唱"[16]。《诗篇》150首，不仅有对神的创造、拯救的赞美；也有对神的求助——无论是个人、国家或是民族遇到危难时向神发出的哀求；也有人犯罪后祈求神的怜悯与赦免；还有在得到神的恩典、战胜苦难以后对神的欢喜、感恩。

除了《诗篇》以外，《旧约》中关于音乐的记载也比比皆是，如《创世纪》4：21中记载，该隐的后代"雅八的兄弟名叫犹八，他是所有弹琴吹箫之人的祖师"；摩西率领以色列人平安度过红海之后，他和女先知米利暗带领群众歌唱赞颂神耶和华，摩西唱到："我要向耶和华歌唱，因他大大得胜，将马和骑马的投在海中。耶和华是我的力量，是我的诗歌，他也成了我的拯救。这是我的上帝，我要赞美他；我父亲的上帝，我要尊崇他。"[17]女先知米利暗拿着铃鼓唱到："你们要歌颂耶和华，因他大大得胜，将马和骑马的投在海中。"[18]摩西临终前，又写长歌教导以色列人坚定对耶和华上帝的信仰，"我要宣扬耶和华的名，你们要把伟大归给我们的上帝。他是磐石，他的作为完全，他一切所行的都公平；他是信实无伪的上帝，又公义，又正直。"[19]女士师底波拉打胜仗后作凯歌，"君王啊，要听！王子啊，要侧耳！我要，我要向耶和华歌唱；我要歌颂耶和华——以色列的上帝"[20]。先知以利沙以音乐的方式领受神的旨意，"弹琴的人弹奏的时候，耶和华的手就按在以利沙身上……"[21]耶和华向他传达了以色列人战胜摩押人的信息，以坚定他们对神的信念。大卫王是伟大的音乐家和诗人，十分重视敬拜中的音乐，他创作很多歌曲歌颂耶和华，《诗篇》中有一半都注明是他所作，同时他还建立了专门的圣咏团来唱这

---

15 黄婉娴：《基督教圣诗简史（一）》，《圣乐良友》特刊，2008年版，哈利路亚圣乐社。www.hallelujahos.org/

16 《诗篇》有多处标出大卫的诗所用的伴奏乐器，如："大卫的诗，交与伶长，用丝弦的乐器。"（《诗篇》4：1）"大卫的诗，交与伶长，用吹的乐器。"（《诗篇》5：1）"大卫的诗，交与伶长，用丝弦的乐器，调用第八。"（《诗篇》6：1）"大卫的诗，交与伶长，用迦特乐器。"（《诗篇》8：1）。等等，如此多处。简体和合本修订版。

17 《旧约·出埃及记》15：1-2，简体和合本修订版。

18 《旧约·出埃及记》15：20，简体和合本修订版。

19 《旧约·申命记》32：3-4，简体和合本修订版。

20 《旧约·士师记》5：3，简体和合本修订版。

21 《旧约·列王记下》3：15，简体和合本修订版。

些歌曲；他的儿子所罗门王也继承了他的这些做法，在建成圣殿时，献殿典礼中非常重要的环节就是诗班和乐队的颂赞，"祭司从圣所出来的时候，所有歌唱的利未人……和他们的众儿子、众弟兄都穿细麻布衣服，站在祭坛的东边敲钹，鼓瑟，弹琴，和他们一起的还有一百二十个吹号的祭司。吹号的、歌唱的都合一齐声，赞美称谢耶和华。他们配合号筒、铙钹和其他乐器，扬声赞美耶和华。"[22]每当心灵忧伤时，用歌唱的形式来祈求神又给了他们心理安慰，《耶利米哀歌》就是五首哀悼耶路撒冷的长诗，传统上，犹太人会在埃波月九日（七月中）诵读耶利米哀歌，为圣殿被毁哀哭。

在大卫王和所罗门王的领导下，犹太人的圣殿里建立了完备的献祭制度，其中就有队伍庞大的专门乐队，负责演奏乐器和唱诗。根据上帝在西奈山上对摩西所颁布的诫命，利未族的人被选中在会幕和圣殿中专门负责祭祀，其中一项非常重要的工作就是从事圣殿祭祀仪仗乐队和唱诗。在进入圣殿之前，他们要进行严格的训练，考察合格者要轮班在圣殿从事圣乐献祭工作，他们各司其职，各负其责，"拿着耶和华的乐器，就是大卫王所造、为要颂赞耶和华的乐器，为大卫的赞美诗奏乐"[23]。从事圣乐事奉的人员必须是洁净的，上殿之前，他们都要"用水洗身……穿上圣衣"并且涂抹膏油。利未人除了以圣乐事奉神以外，不做其它任何事情，并由别族的人供养。他们使用的乐器也很齐备，如弦乐器有琴、瑟、竖琴、琵琶、迦特、十弦瑟等；管乐器有吹笛、笛、箫、号、角等；打击乐器则有锣、鼓、钹、磬等。这其实是后世天主教职业性（或半职业性）教堂音乐的雏形。[24]

《新约》时代的崇拜沿袭了旧约时代犹太会堂的崇拜方式，这种崇拜方式是在新、旧两约之间形成的，内容包括读律法书（神的话语）、教导、歌唱和祷告。而音乐赞美，无论在新约或旧约时代，都是信仰的一种表达。《新约》之中关于音乐的记述也有很多，《以弗所书》中说："要用诗篇、赞美诗、灵歌彼此对说，口唱心和地赞美主。"[25]当马利亚获悉自己童贞受孕时，怀着愉悦的心情唱起了《尊主颂》："我心尊主为大；我灵以上帝我的救主为乐……"[26]

---

22 《旧约·历代志下》5：11，简体和合本修订版。

23 《旧约·历代志下》7：6，简体和合本修订版。

24 杨民康：《〈圣经·旧约〉中的犹太教圣殿祭祀音乐解析——兼涉与云南少数民族基督教仪式音乐的几点比较》，《黄钟（中国·武汉音乐学院学报）》2007 年第 1 期。

25 《新约·以弗所书》5：19，简体和合本修订版。

26 《新约·路加福音》1：46-55，简体和合本修订版。

耶稣诞生时，众天使向牧羊人报喜讯，高唱《荣耀颂》："在至高之处荣耀归与上帝！在地上平安归与他所喜悦的人！"[27]施洗者约翰诞生时，他的父亲撒迦利亚也以歌唱来称颂上帝："主-以色列的上帝是应当称颂的！因他眷顾他的百姓，为他们施行救赎……"[28]受到圣灵启示，专心等候救世主基督的西面，在圣殿见到婴孩耶稣，欢喜称颂神，歌唱《西面颂》。[29]基督耶稣在最后晚餐之后，唱了诗以后就带了门徒往橄榄山去，他们在客西马尼园祷告。[30]基督宗教认为，耶稣来到世间就是为了完成一个圆满的献祭，他既是祭司也是仆人，他以自己的行为建立了新约的献祭礼仪，在他升天以后，人们用集会的形式纪念他和门徒最后的晚餐，而与饼和酒有关的仪式成了后世天主教最核心礼仪——弥撒的原型和由来，弥撒仪式中的音乐被称为"圣乐"。[31]使徒保罗非常重视圣乐事工，他教导人们"用诗篇、赞美诗、灵歌，彼此教导，互相劝戒，以感恩的心歌颂上帝"[32]。使徒约翰则预言将来天上的敬拜是充满音乐和诗歌的，有朝一日，"先知讲道之能终必归于无有；说方言之能终必停止；知识也终必归于无有"[33]，但对上帝的赞颂是永不停止的，末日审判到来之时，那些被耶稣基督拣选得救的人们，"他们在宝座前，和在四活物及众长老前唱新歌，除了从地上买来的那十四万四千人以外，没有人能学这歌"[34]。

二、早期的基督教会音乐

早期的教会音乐主要受到犹太教、古希腊音乐理论以及拉丁文化的影响。

（一）受犹太教的影响

早期的基督徒多在犹太人的会堂聚集敬拜，所以其敬拜形式也主要沿用犹太会堂的敬拜方式。犹太人的圣殿是举行崇拜仪式的场所，崇拜仪式主要

27　《新约·路加福音》2：13-14，简体和合本修订版。

28　《新约·路加福音》1：67-79，简体和合本修订版。

29　《新约·路加福音》2：28-32，简体和合本修订版。

30　《新约·马太福音》26：30；《新约·马可福音》14：26，简体和合本修订版。

31　贾文亮：《教会礼仪圣乐中应有的梵二精神》，http://www.chinacatholic.cn/html/ccic/report/14060592-1.htm

32　《新约·歌罗西书》3：16，简体和合本修订版。

33　《新约·哥林多前书》13：8，简体和合本修订版。

34　《新约·启示录》14：3，简体和合本修订版。

是献祭，通常每天上午和下午有两次献祭活动，安息日和节庆日还要增加公众的献祭，献祭过程中，由利未人组成的唱诗班要唱一首诗篇，一周内每天都有规定的诗篇，用弦乐器伴奏。在诸如逾越节等重要节日，人们做个人献祭时要唱带有哈利路亚叠歌的《诗篇》113-118，同时有乐器伴奏。基督宗教的弥撒和犹太人的圣殿献祭有很明显的相似之处，弥撒是一种象征性的献祭，以纪念最后的晚餐，神父以酒来代替耶稣基督的圣血，礼拜者把饼当作耶稣基督的身体分食，模仿犹太人的节日圣餐，并且吟唱《诗篇》，犹太人唱赞美诗和朗诵圣经的做法影响了初期的基督教会音乐。最早的基督宗教音乐形式主要是声乐，也就是合唱。由于一开始基督宗教被罗马帝国所禁止，信徒们为了躲避迫害，被迫在墓穴或地窖里做礼拜，为免于暴露，他们很少歌唱，只是偶尔会吟唱《诗篇》以及耶稣基督和他的门徒们在最后的晚餐时所唱的赞美诗——《最后的晚餐》等，这类赞美诗就成了基督宗教最早的教会音乐，但是并没有器乐伴奏。后来，他们又根据新约圣经的四福音书创造出许多"福音颂歌"，用作感恩颂歌圣事礼仪及祈祷音乐，这类颂歌采用主领人与会众对唱的形式，不讲究押韵和工整的乐律，曲调简朴庄重，只有单音，没有和声伴唱，也无乐器伴奏。这种启应式的唱颂方法从安提阿教会兴起，并很快流传到各地教会。[35]

（二）受希腊音乐理论的影响

公元前 300 年，马其顿帝国征服了整个希腊，希腊语成为地中海地区的通用语言。基督宗教产生于希腊文化最鼎盛的时期，教会音乐在很多方面深受希腊文化的影响，特别是东方教会承袭了希腊文化，逐渐发展成为今天的东正教，在东正教教会礼仪音乐中，希腊音乐的痕迹非常明显。

大约 1 世纪的时候，基督宗教从耶路撒冷传到西亚、东欧等地，新约圣经就是在这个时期形成的。面对异教徒的攻击，教会内部出现了护教运动，产生了很多教父哲学家，在音乐方面，他们受到希腊音乐理论的影响，注重理性和客观的思维，强调音乐的实用性和道德教化功能，明确反对音乐的娱乐功能。同时，为了将基督教徒与异教徒分开，他们还反对各种盛大集会如节日、竞赛、戏剧表演及其他场合的音乐及舞蹈形式，甚至一度禁止一切器

---

35 [美]唐纳德·杰·格劳特、克劳德·帕利斯卡著，余志刚译：《西方音乐史》（第六版），人民音乐出版社 2010 年版，第 19 页。

乐演奏。[36]另外，希腊以四音阶为基础的自然音阶（Diatonic scale）对后来的欧洲音乐产生了很重要的影响。

著名的希腊圣诗作者主要有被称为"基督教神学之父"的亚历山大神学院院长克雷芒（Clement of Alexandria, 150-216）、叙利亚的以法联（Ephraim of Syria，306-373）、昔兰的辛尼修（Synesius of Cyrene，373-414）、克里特大主教安德烈（Andrew of Crete，660-740）以及大马士革的约翰（John of Damascus，约 675-约 749）等人。

（三）受拉丁文化的影响

1 至 2 世纪时，罗马帝国不断向外扩张，成为地跨欧、亚、非三大洲的大帝国，2 至 4 世纪，拉丁文成为罗马帝国的官方通用文字。313 年基督宗教被定为罗马国教以后，《圣经》很快被翻译成为拉丁文，此后的西方拉丁教会中，拉丁语被尊为"圣语"，成为教会礼仪的唯一使用语言，所以基督教会的圣咏、圣诗等都是用拉丁语，直到 20 世纪 60 年代"梵二"会议以后，罗马教廷开始允许在弥撒时使用民族语言和民族音乐，拉丁圣咏的绝对统治地位才有所改变。

早期教会向西传播到非洲和欧洲，吸收了各地不同的音乐成分。初期教会圣乐最主要的来源地是罗马帝国的征服地叙利亚、罗马帝国的首都拜占庭、亚美尼亚以及犹太人所在地的巴勒斯坦。当时的教会礼仪音乐主要分为拜占庭圣咏（Byzantine Chant）、安布罗斯圣咏（Ambrosian Chant）、法国圣咏（即高卢圣咏，Gallican Chant）、摩色拉比圣咏（Mozarabic Chant）、格列高利圣咏（Gregorian Chant）五个派别。

基督宗教被确定为罗马国教以后，君士坦丁大帝为了加强统治，召开宗教会议，制定统一的宗教政策，基督宗教获得了合法的地位，这也促进了基督宗教音乐的蓬勃发展。最先倡导拉丁圣诗并教人唱颂的是曾任坡拉帖主教、人称"基督教圣诗之父"的希拉里（Hilarious of Poitiers，300-368），他的诗具有希腊圣诗的风格，历史学家称其为"亚流派的锤子"（Hammer against Arianism）[37]。当时教会开始流行一种在经文的基础上自由作词谱曲的新的仪

---

36 [美]唐纳德·杰·格劳特、克劳德·帕利斯卡著，余志刚译：《西方音乐史》（第六版），人民音乐出版社 2010 年版，第 19 页。

37 [加]区应毓、文庸：《西方音乐名家与基督教》，九州出版社 2012 年版，第 15-16 页。

式歌曲，东方的拜占庭教会首先采用这种形式的赞美诗，并成为其宗教仪式的重要组成部分。西方基督教会中，首先推动这种音乐发展的是米兰大主教圣安布罗斯（Ambrose of Milan，340-397），他引用希伯来音乐中的一些应答式唱诵（antiphonal singing），编成安布罗斯圣咏，并规定了一年中教会不同节日应当唱的歌曲，从而为弥撒作为教会中最重要的礼仪奠定了基础。这种安布罗斯圣咏乃西方教会唱诵调之肇始，它将已在教会中应用过的启应对唱方法正式规范化，对后来中世纪格列高利圣咏产生了直接的影响。现在，意大利米兰的教堂里，用的仍然是安布罗斯圣咏。

三、中世纪及文艺复兴时期的基督教会音乐

通常认为，自 476 年（西罗马帝国灭亡）到 1453 年（东罗马帝国灭亡）这一阶段为欧洲的中世纪（Medieval）。中世纪的欧洲基督教会，具有至高无上的权威，统治着一切意识形态。天主教的七大圣事礼仪此时得以确立，而音乐的功能也在圣礼中得到充分体现。中世纪欧洲的各种音乐机构如创作、研究、合唱队、学校等全部隶属于教会，由神职人员管理。在中世纪前期，西方音乐呈现出基督宗教音乐独霸天下的局面。在这一时期，教会音乐成为西方音乐的最主要表现形式，音乐成为宗教的仆人，完全是为基督宗教服务的。修道院制度对基督宗教音乐的发展起了至关重要的作用，修士和修女们每天礼拜的主要内容就是唱颂诗篇，一周之内要将 150 首诗篇通唱一遍。而教会礼仪的完善则为教会音乐的发展提供了条件，早期教会中集体回忆耶稣基督"最后的晚餐"的仪式发展为弥撒，而来自于犹太教的集体祷告、唱赞美诗则发展成为基督宗教的日课或者祈祷时刻。在这些教会礼仪中，音乐都是不可或缺的重要内容，尤其以有歌词的声乐为主。

中世纪罗马天主教会音乐主要有"福音颂歌"和"受难曲"两大主题，逐渐形成了经文歌、弥撒曲、赞美诗、合唱赞美诗等形式，并且发展出天主教的圣剧（即清唱剧）。

格列高利圣咏是中世纪基督宗教音乐的最杰出代表。基督宗教成为罗马帝国国教以后，地方教会最初是相对独立的，各地所使用的歌曲、礼仪都不统一，各成体系。在罗马主要使用拜占庭音乐，西部以米兰为中心的意大利使用安布罗斯圣咏，法国使用的是本国音乐高卢圣咏，西班牙、葡萄牙等地则使用摩色拉比圣歌，苏格兰、爱尔兰和英国部分地区使用凯尔特圣咏（Celtic

Chant）。教会要加强在帝国境内的统治，迫切需要将教会礼仪及所使用的音乐进行统一。6 世纪时，当时的罗马教皇格列高利一世（Gregory I the Great，540-604）收集了东西方教会中原有的各种曲调进行修改，编成一本《启应对唱歌集》，后人称其为格列高利圣咏。它形成后，很快便在欧洲流行开来。9 世纪，罗马天主教会统一了教会礼仪，格列高利圣咏被视为是规范的礼拜音乐而在整个教会进行推广。直到 14 世纪，在天主教会中还只有格列高利圣咏。在今天的天主教会中，格列高利圣咏也常被采用。格列高利圣咏对欧洲音乐的发展产生了非常重要的影响。

在人类未发明记谱法之前，音乐都是按照口授心传的方式传承的。格列高利圣咏一开始也是这样，大约 8、9 世纪时，教会音乐家们为了便于记忆，在歌词上方标注一些符号，以表示音的升降，这种记录方法叫做“纽姆”（Neume）记谱法，但这种方法只能标识出旋律起伏的大致趋势，并不能精确表示音高。后来，教会中一些抄写词谱的人对其进行了改良，先画一条红线，代表固定音，并把纽姆符号写在这条线上，表示音的高低。在此基础上，后来又增加至两条、三条线，11 世纪时，圭多·达雷佐（Guido d'Arezzo，991-1033）修士于 1026 年向教皇约翰十九世（John XIX，1024-1032 在位）陈述了他的三线、四线记谱法，这是目前所知有关四线谱的最早记录。12 世纪，出现了标记音符时间长短的方法。13 世纪，随着复调音乐的出现，又出现了记录这种音乐的五线谱。

格列高利圣咏在整个中世纪一直占据着欧洲音乐的统治地位。后来，天主教会的一些神职人员试验在格列高利圣咏的上方或下方加一个平行四度或五度的声部伴奏，这样单声的格列高利圣咏音乐就变成了复调音乐（Polyphonic music），这种简单的复音形式自 9 世纪时开始在教堂中使用，被称作“奥尔加农”（Organum，也被译为平行调）。奥尔加农产生于法国的利摩日，最初多为二声部，巴黎圣母院的作曲家们将其发展到了最高水平，最著名的奥尔加农作曲家是巴黎圣母院的乐师雷翁南（Leoninus，1159-1201），他是巴黎“第斯康特”学派的重要代表，曾创作了大量的奥尔加农，其中最有名的一本歌集为《奥尔加农总集》，是按天主教全年节日创作的，全部歌曲皆属于二声部花腔式的奥尔加农。13 世纪的时候，复调音乐开始在基督宗教音乐中得到广泛运用。1450 年，欧洲音乐开始进入文艺复兴时期，这一时期最主要的音乐形式就是复调音乐。随着复调音乐的发展，其形式由简单走向复杂，又产生了两种新的多声部乐曲体裁：复调合唱歌曲（Polyphonic conductus）和经文歌（Motets）。复调合唱歌曲兴盛于 13 世纪初，其主要特点是突破了以往多声部中必须有一个声部使用格列高利圣咏的限制，各个声部皆由作曲家自由创作，自由进行，声部之间的节奏大致相同。复调合唱歌曲的歌词通常是道德说教或礼仪性的。经文歌就是在圣咏曲调上加上一个或几个具有不同歌词的新的声部，它最终取代了奥尔加农和复调合唱歌曲。

从 13 世纪起，弥撒成为教会中最重要的礼仪，以纪念耶稣受难。弥撒礼仪发展到 14、15 世纪已达到非常完善的地步。从那时起，弥撒音乐就成了教会中主要的音乐形式，直到今日仍是如此。欧洲的古典音乐大师们，几乎全都创作过弥撒曲。

到了 16 世纪，以声乐为主的宗教音乐发展到很完美的地步，这时的代表人物则是意大利的帕勒斯特里那（Giovanni Pierluigi da Palestrina，1525-1594），他终生致力于教会音乐，自幼就在教堂的圣诗班中歌唱，历任风琴师、圣诗班教练，最后成为罗马圣彼得大教堂的总圣乐师。帕勒斯特里那一生写过 93 首弥撒，260 多首经文曲，他将和声发展到很完善的地步，时至今日，他的很多作品仍在世界各地的教会中咏唱，对天主教音乐产生了极其深远的影响。我国基督新教教徒们所用的《赞美诗（新编）》第 105 首在复活节诵唱的赞美诗，就是他的作品。

四、宗教改革对基督教会音乐的影响

1517 年 10 月 31 日，马丁·路德在德国维滕贝格大教堂门前贴出反对教皇销售赎罪券的《九十五条论纲》，从而揭开了欧洲宗教改革的大幕。宗教改革动摇了天主教会的神权统治，改变了欧洲政教合一的局面。由于受人文主义思潮的影响，新教更重视人的个性与现实生活，宣传民主思想，冲击了神学对科学和自由思想的禁锢，使文学、艺术、科学、哲学、教育等领域都发生深刻变化。中世纪的教会具有垄断的性质，马丁·路德宗教改革就是要革除教会的特权，强调"因信称义""人人皆祭司"和《圣经》是唯一无误的最高权威这三大原则，主张每个人都可以不通过教会神职人员而同上帝直接交流。

宗教改革使基督宗教音乐也发生了很多变化。马丁·路德本人很有音乐天赋，他不仅擅长唱歌、演奏长笛和琉特琴，而且还会作曲，他熟悉各种宗教音乐，尤其推崇法国佛兰德的复调音乐。他十分相信音乐的精神作用和教育作用，在他看来，音乐教育应成为道德教育的一个重要组成部分。路德一生共创作了 38 首赞美诗，其中最著名的就是《坚固堡垒》。路德也鼓励信徒创作圣诗。

在路德之前，一切教会音乐，包括经文曲、启应对唱曲、弥撒曲、赞美诗等，都只有教堂中的神职人员与圣诗班的人才能唱诵，普通信徒只是听他们唱，而且所有的弥撒均使用拉丁文进行，这就造成了非拉丁语系国家的大多数信众无法理解弥撒的内容。路德则认为，弥撒应该在庄严肃穆的大教堂和大修道院里进行，参加弥撒的大部分人应该能听懂这种弥撒的语言，所以他主张用本地语言进行弥撒，参加弥撒的全部会众要参与到弥撒仪式的活动中来，不仅仅是被动地听神父和诗班唱诵，会众也都要成为唱诵者，唱诵是每个会众的权利，这种变革使得教会音乐变得更加广泛和深入人心，深刻影响了以后的弥撒仪式以及教会音乐的发展，为后来将圣经、赞美诗、弥撒等翻译为各国语言奠定了基础。路德在宗教音乐上的最大、最有特色的贡献就是确立了分节歌形式的会众赞美诗，即众赞歌（chorale）。众赞歌是一种四部和声的赞美诗，但与 Hymn（赞美诗）不同的是，Chorale 是对位化的和声，能扩展成四部和声的大型音乐形式；而 Hymn 多是"主调音乐为某旋律配以和声"。经过路德的推广，众赞歌成为德国新教音乐的主体，也是德国新教音乐的主要特色。路德和他的追随者们借用各种不同的音乐素材——包括天主教弥撒和圣事所用的祈祷词、非礼仪性宗教歌曲、民歌、创作词曲等等，并对其加以改编或进行新的创作，这种雅俗共赏的会众赞美诗形式是路德"人人皆祭司"神学信仰理念在会众唱诗方面的具体落实。

宗教改革对于法国、瑞士等国教会音乐的影响则完全与德国大相径庭。加尔文派以及其他宗教改革派别比路德更强烈地反对保留天主教仪式的程序。当时的圣诗分为圣诗派和格律诗篇派（Metrical Psalm），加尔文（John Calvin，1509-1564）提倡以诗篇和圣经中的颂歌作为会众敬拜诗歌。他极力反对天主教的经文歌，主张废除希腊和拉丁圣诗。他认为崇拜的歌颂必须"朴素""谦虚"，因此特别下令禁止咏唱除圣经以外的任何歌词。所以加尔文派的音乐作品就只有格律诗篇（或叫韵文诗篇），不过，多数情况下，这些旋律不是新创作的，而是改编于世俗音乐或者是素歌。加尔文派影响深远的音乐作品是《日内瓦韵文诗篇》（Genevan Psalter），此诗集奠定了加尔文宗圣乐的典范，后来被译成欧洲多国文字，成为欧洲大陆和英国格律诗篇的典型。[38]另外，加尔文还反对在礼拜中使用乐器。

英国的宗教改革并不彻底，其国家教会英格兰教会虽然承认罗马教会的首要地位，但并不受教皇统治，英格兰教会也称作安立甘教会。他们保留了罗马教会圣乐的精华，将《公祷书》翻译为英文，配上曲调，成为"安立甘式圣咏"（Anglican Chant）。与国教分离的独立教会则主张极端的宗教革新，他们完全推翻了天主教的崇拜形式，以至于在宗教改革初期的两百年间，英国独立教会崇拜时完全不使用圣诗。有些教会则仿效加尔文把诗篇翻译为英文韵文诗，并出版了宗教改革后的第一本《韵文诗篇》，影响至深。由于长期以来英国教会偏重于使用这种韵文诗篇，这也导致了 18 世纪以前英国圣诗发展极其缓慢，这一局面直到"英国圣诗之父"以撒华兹（Isaac Watts，1674-1748）那里才得以改变。[39]以撒华兹创作了大量圣诗，他的诗歌一改英国教会只用韵文诗篇的沉闷气氛，开创了英国圣诗的新纪元，是英国现代圣诗的奠基者。

五、巴洛克时代的基督教会音乐

巴洛克时期自 1600 年欧洲第一部歌剧产生起至 1750 年 J.S.巴赫（Johann Sebastian Bach，1685-1750）去世，整整跨越了一个半世纪。在风格上，早期巴洛克音乐的特点是由文艺复兴时期多声部复调音乐转变为突出一个单旋律的有和声的主调音乐，继承了文艺复兴时代的宗教音乐形式，于此同时涌现了不少新的音乐体裁，在声乐方面有歌剧、康塔塔、清唱剧、受难曲等；在器乐曲方面有协奏曲、大协奏曲、组曲、奏鸣曲等。在巴洛克时期，器乐曲逐渐兴盛，改变了过去声乐一统天下的局面，器乐变得与声乐一样重要，并发展成为独立的艺术体裁。在宗教音乐中除了传统的大型圣乐作品如弥撒曲以外，新教圣咏作为普及型圣歌有了极大的发展。巴洛克时期宗教音乐方面成就最大的两位大师是亨德尔（George Friedrich Handel，1685-1759）和 J.S.巴赫。亨德尔被称为"神曲之父"，他一生共创作 33 部清唱剧，题材大多取自圣经，时至今日仍经常上演的有《扫罗》《以色列人在埃及》《弥赛亚》《参孙》《犹大·玛可白》《约书亚》《所罗门》等。他的最伟大的作品是《弥赛亚》，

---

38 黄婉娴：《基督教圣诗简史（二）》，新加坡《圣乐良友》特刊，2008 年第三&四版，哈利路亚圣乐社。

39 黄婉娴：《基督教圣诗简史（三）》，新加坡《圣乐良友》特刊，2009 年第一&二版，哈利路亚圣乐社。

它以圣经福音书为题材，叙述了耶稣诞生、传福音受难、被钉死在十字架上以及显圣复活的经历。他的创作将清唱剧推至顶峰。J.S.巴赫是欧洲音乐史上一位划时代的大师，他是一名忠实的路德宗教徒，曾认真地研读圣经，他的音乐作品充分体现了他的宗教信仰，所有作品均注明"SDG"——"单单归荣耀于神"。他一生创作了 52 部圣咏清唱剧、6 首经文曲、5 首受难曲、200首宗教康塔塔、一首 B 小调弥撒，还有多首以众赞歌为基础的风琴曲和其他一些钢琴曲及管弦乐曲。他的《尊主颂》《马太受难曲》《约翰受难曲》等都是天才之作。

六、古典主义时期的基督教会音乐

J.S.巴赫的去世标志着巴洛克时代的结束，西方音乐发展到了古典主义时期，从时间跨度上是指从 1750 年到 1820 年。这一时期涌现出三位杰出代表：海顿（F.J.Haydn，1732-1809）、莫扎特（Wolfgang Amadeus Mozart，1756-1791）和贝多芬（Ludwig van Beethoven，1770-1827）。他们生活与创作主要都在维也纳，因此又被称为"维也纳古典乐派"或"维也纳古典主义音乐"。

海顿是欧洲古典主义风格最主要奠基者，他确立了古典主义的体裁和形式。海顿自幼便显露出很高的音乐天赋，8 岁时前往维也纳加入了斯蒂芬教学合唱团。在这里他接受了初步音乐教育，接触了大量的宗教音乐，在以后的生活中他创作了大量宗教音乐作品，包括 14 首弥撒曲，其中《纳逊弥撒曲》最为著名，此外还有很多宗教声乐作品，包括两首清唱剧《创世纪》和《四季》。

音乐神童莫扎特以其杰出的才华推动了古典主义风格趋于完美，他一生虽然短暂，却留下了诸多传世名作。宗教音乐方面，他创作了 18 首弥撒曲、4 首康塔塔和几十首宗教合唱歌曲，其中最为著名的有《C 小调弥撒曲》《加冕弥撒曲》《安魂弥撒曲》《忏悔的大卫》《马松小康塔塔》《欢呼圣体》等。

贝多芬被认为是古典主义的集大成者，同时也是浪漫主义风格的开创者。他的宗教音乐主要有《约瑟夫二世葬礼清唱剧》《李奥波德二世加冕大典清唱剧》《合唱幻想曲》《C 大调弥撒》《平静的海和幸福的航行》《庄严大弥撒》《基督在橄榄山上》及康塔塔《光荣的时刻》等。

这时期，英国的圣诗也进入繁荣时期，循理宗的创立者约翰·卫斯理（John Wesley，1703-1791）和查理·卫斯理（Charles Wesley，1708-1788）兄弟是当时最伟大的圣诗作家，他们借着圣诗传扬福音，并且带动了全英国教会的大复兴。兄长约翰擅长讲道和组织事工，是布道家；弟弟查理则擅长诗歌创作，他一生创作了 6500 多首圣诗，在全世界广泛传唱。这一时期，英国还涌现出很多著名的圣诗作家，如乔治·怀特腓（George Whitefield，1714-1770）、托马斯·奥利弗（Thomas Olivers，1725-1799）、皮罗尼（Edward Perronet，1726-1792）、约翰·牛顿（John Newton，1725-1807）、威廉·柯珀（William Cowper，1731-1800）、福斯特（John Fawcett，1740-1817）等。此时期英国的圣诗对于当时世界圣诗的繁荣与发展起了很大的推动作用。[40]

七、浪漫主义时期的基督教会音乐

18 世纪中叶以后，随着工业革命和科学技术的发展及法国大革命的冲击，欧洲社会发生了深刻变革。这时期的人们透过宗教改革挣脱教会的控制，获得了充分的信仰自由，无论是基督新教，还是天主教，都开始注重个体与上帝之间独特的联系与交往。西方音乐则进入到了浪漫主义时期（1820-1900），这一时期的音乐更注重表达人的精神境界与主观感情，上帝或宗教已经不再居于音乐中的主体性地位[41]，对自然景物的表现也愈加突出，创作上更加重视对民族和民间音乐的吸收与利用。这时期的圣诗创作"要求文学上的素质、诗的意境与着重个人的宗教情感，不应以说教为主，圣诗的曲调有较丰富的和声和较自由的风格"。这时期比较著名的圣诗作家有詹姆斯 蒙哥马利（James Montgomery，1771-1854）、希伯（Reginald Heber，1783-1826）和托马斯·凯利（Thomas Kelly，1769-1855）等。

自 19 世纪始，美国教堂音乐中兴起了黑人灵歌及福音圣歌，其他各地教会中民族音乐及流行音乐的成分也日渐增多。此时期的音乐家们仍旧创作出了许多优秀的宗教音乐作品，如罗西尼（Gioacchino Rossini，1792-1868）创作了《圣母悼歌》《小庄严弥撒曲》；舒伯特（Franz Schubert，1797-1828）创作了《AB 大调弥撒曲》和《圣母颂》；柏辽兹（Hector Louis Berlioz，1803-1869）创作了《安魂弥撒曲》《感恩曲》，他的清唱剧《基督的童年》也堪称清唱剧史上的佳作；门德尔松（Jakob Ludwig Felix Mendelssohn Bartholdy，1809-1847）创作了《赞颂西雍》及清唱剧《圣保罗》和《以利亚》；

---

40 黄婉娴：《基督教圣诗简史（二）》，《圣乐良友》特刊，2008 年第三&四版，哈利路亚圣乐社。

41 黄婉娴：《基督教圣诗简史（三）》，《圣乐良友》特刊，2009 年第一&二版，哈利路亚圣乐社。

弗朗克（Cesar Franck，1822-1890）创作了清唱剧《八福》；李斯特（Franz Liszt，1811-1886）创作了《格兰弥撒曲》和《Ungarische Kronungs-Messe》；威尔第（Giuseppe Verdi，1813-1901）创作了《安魂弥撒曲》和梵帝冈国歌《教皇进行曲》；布鲁克纳（Anton Bruckner，1824-1896）创作了《教堂交响曲》《安魂曲》《弥撒曲》《感恩曲》；勃拉姆斯（Johannes Brahms，1833-1897）创作了《德国安魂曲》《感恩曲》《弥撒曲》等。

八、20 世纪以后的近现代基督教会音乐

进入 20 世纪，人类历经了两次世界大战，使世界局势发生了重大变化。于此同时，世界经济呈现出现代化快速发展模式，而信息化和数字化的迅猛发展，使世界呈现出多元化和一体化交织的发展趋势，在这种形势下，西方基督教会也发生了很多变化。经过 18 世纪的英国清教徒运动和 19 世纪美国复兴运动，涌现出了许多优秀圣诗作者，他们创作出大量基督宗教圣诗；同时，这一时期，圣诗集的出版也达到顶峰，各个教派甚至很多个人，都在出版各种各样的圣诗集，很多优秀的作品被选入不同的圣诗集中，甚至被翻译成多种不同的文字，配以不同的曲调，迄今仍在世界各地的基督徒中间广为传唱，感染无数教徒。经历了 18 世纪和 19 世纪赞美诗创作和诗集编纂的高潮以后，20 世纪的西方教会，宗教音乐创作也出现多元发展的局面，现代化、民族化和本土化纷繁杂陈。许多音乐家从基督宗教中汲取灵感和创作激情，写出了不少优秀的基督宗教音乐作品，如迈克尔·蒂皮特（Michael Tippett，1905-1998）、梅西安（Olivier Messiaen，1908-1992）、布里顿（Benjamin Britten，1913-1976）、加德纳（John Eliot Gardiner，1943- ）、哈密尔顿（Iain Hamilton，1922- ）、豪厄尔斯（Herbert Howells，1892-1983）、欣德米特（Paul Hindemith，1895-1963）、科达伊（Kodaly Zoltan，1882-1967）、戴维斯（Peter Maxwell Davies，1934- ）、H.帕里（Hubert Parry，1848-1918）、普朗克（Francis Poulenc，1899-1963）、沃恩·威廉斯（Ralph Vaughan Williams，1872-1958）、塔文纳（John Tavener，1944- ）、斯坦福（Sir Charles Villiers Stanford，1852-1924）、沃尔顿（Sir William Turner Walton，1902-1983）、伯恩斯坦（Leonard Bernstein，1918-1990）等人的宗教音乐作品都很出色，比较著名的如斯特拉文斯基（Igor Fedorovitch Stravinsky，1882-1971）的《弥撒曲》、法国作曲家普朗克的《G小调弥撒曲》、英国作曲家威廉斯的《圣诞颂歌幻想曲》及布里顿的《圣诞歌

仪式》等。而美国黑人灵歌和福音诗歌则如清泉一般为传统圣乐注入了新的生命与活力。

天主教 1960 年代的"梵二"公会议，提倡并鼓励各地方教会团体在礼仪中使用地方语言作对答及歌唱，具有划时代的意义。此后圣乐的民族化与本地化成为各地天主教音乐的重要特点。此外，供教会音乐中伴奏之用的乐器，也由传统的教堂管风琴发展到用庞大的管弦乐队和各种现代电子风琴等进行伴奏或演奏。而过多流行音乐的渗入与福音短歌的流行又使得现今的教会音乐显得肤浅、苍白，缺乏深度与神圣感，受到了一些人的批评。

第三节　基督宗教音乐的形式

基督宗教音乐在其两千年的发展过程中，因为时代和功能需求的不同，产生出诸多音乐体裁，其中不少都对西方音乐产生了重大影响。为了便于理解，我们有必要对一些比较重要的教会音乐体裁进行简单介绍。

一、安布罗斯圣咏

圣安布罗斯是罗马天主教早期四位伟大的教父之一，他是圣奥古斯丁的老师，374 年至 397 年担任米兰大主教，他第一个将叙利亚应答式诗篇咏唱（responsorial psalmody）引进西方。圣安布罗斯演唱方式是由一个独唱者或领唱者唱圣诗的前半部分，会众唱后半部分予以呼应；或者是两个唱诗班相互呼应对唱。他还规定了一年中教会不同节日应当唱的歌曲，从而为弥撒作为教会中最重要礼仪的奠定了基础。安布罗斯最有名的教堂圣咏是《赞美你，上主》。这种被称为安布罗斯圣咏的音乐体系被视为西方教会颂调之始，它将已在教会中应用过的启应对唱方法正式规范化。由于米兰是罗马以外天主教另外一个最为重要的中心，所以安布罗斯圣咏出现以后，对法国、西班牙和罗马的教会音乐都产生了重要影响，并且直接影响了中世纪格列高利圣咏的产生。现在，意大利米兰的教堂里，用的仍然是安布罗斯圣咏。

二、格列高利圣咏

格列高利圣咏（Gregorian Chant）亦被称为素歌或平歌（Cantus Planus, Plansong 或 Plianchant），是罗马天主教会举行弥撒和每日定时祈祷所唱的圣歌，其拉丁文歌词全部来自圣经经文，采用散文的形式，曲调也是单声部的，节奏自由，不分小节。格列高利圣咏是中世纪基督宗教音乐的最杰出代表。6
世纪时，罗马教皇格列高利一世为了统一教会的礼拜制度，亲自对教会音乐
进行了整改。他收集了东西方教会中原有的各种宗教音乐曲调，并对其进行
修改，又加入了自己的新作，明确制定出演唱的方法以及在不同的宗教节日
应用的不同礼仪和音乐，编成一本《启应对唱歌集》，这就是格列高利圣咏，
被尊为罗马天主教会的音乐准则。它形成后，迅速传向欧洲各地，特别是在
意大利北部、英国、爱尔兰、法国等地得到了普及发展。格列高利圣咏奠定
了欧洲音乐发展的第一块基石，对欧洲音乐的发展产生了非常重要的影响。
到 8 世纪时，格里高利圣咏已经成为西方的主流礼拜仪式音乐。即使在今天
的天主教会中，格列高利圣咏也常被采用。

三、弥撒曲

　　弥撒（Miass）是天主教和东正教中最重要、最庄严的礼仪活动，即天主
教中的圣体圣事，称为感恩祭或弥撒祭，简称为"弥撒"。Missa 在拉丁文中，
是"遣散"之意，源于礼仪结束最后一句话："礼毕，会众可以退席"（Ite missa
est）。早期教会的主要敬拜仪式就是圣餐礼，福音书中记载，耶稣在最后晚餐
上，将无酵饼及葡萄酒分给门徒，以纪念他的受难。他告诉门徒们说，这饼
"是我的身体"，这酒"是我立约的血"，耶稣基督的身体和血是为众人免罪
而舍弃和流出来的，他要求门徒们以吃饼和喝葡萄酒的方式来纪念自己，由
此形成了后来教会的圣体圣事，所以就用"弥撒"一词来指代这一特殊仪式。
天主教"弥撒"的基本结构在教会初期已经成形，其仪式庄严、隆重、肃穆，
在乐器的伴奏下，进行祈祷并唱拉丁文赞美诗。

　　早期时候，各地的弥撒次序和组成部分都不一样，后来罗马的礼仪占据
了主导地位，7 世纪晚期，罗马教皇颁布了"罗马第一规程"，确立了弥撒的
程序。1570 年，教皇庇护五世（Pope St. Pius V，1504-1572，1566-1572 年在
位）颁布了弥撒规范，使弥撒标准化。该弥撒规范在"梵二会议"前沿用了
400 年未改变。15 世纪以前，弥撒曲是没有伴奏的清唱平咏，15 到 17 世纪改
为由清唱平咏和管风琴交替进行。17 世纪起采用管弦乐伴奏，并插入独唱、
重唱等。从用途上来说，弥撒曲分常规、专用、安魂、婚礼、主教等类型，
以常规弥撒用途较广，通常包括慈悲经（kyrie eleison）、荣耀经（Gloria）、信
经（Credo）、圣哉经或三圣经（Sanctus）、祝福经（Benedictus）、羔羊经（Agnus

Dei）等六个乐章。从规模形式上分，弥撒可分为四种：（一）静弥撒（Missa Privata），又称"小弥撒"，是一种简短的弥撒，只口述祈祷文及颂词，不加音乐。（二）康塔塔弥撒（Missa Cantata），全部都是咏唱，包括独唱、合唱、启应对唱。这种弥撒形式是近代小弥撒和大弥撒的折中形式，只有一名神父主持，唱诗班和会众一起或分别加以配合。（三）精简弥撒（Missa Brevis），只有"恳求主赐怜悯"和"荣耀颂"两段。（四）庄严弥撒（Missa Solemenis），完整的弥撒，也称"大弥撒"，由一名主礼教士、一名助祭和一名辅助祭进行大量吟诵，唱诗班和会众一起或分别进行吟诵或复调咏唱。有乐器伴奏，有合唱及独唱。14、15 世纪庄严弥撒已经发展得极为完善，自此以后，弥撒就成为教会中最主要的音乐形式，直至今日仍是如此。

弥撒中某些部分的唱词固定不变，有些则根据教会中的节日或纪念日而有所改变，变化的部分称为"专用弥撒"。特用祈祷文、使徒书信、福音书、序祷和"领圣体后诵"及其它一些祷文均属专用弥撒；专用弥撒中的主要音乐段落为《进台经》《升阶经》《哈里路亚》《特拉克图斯》《奉献经》和《圣体经》。仪式中固定不变的部分就是所谓的"常规弥撒"部分。常规弥撒部分在基督教会的早期会众也可以唱，但发展到后来就由专业的唱诗班来唱了。自 14 世纪以后，这些常规弥撒常常配以复调音乐，因此音乐家们就常用"弥撒曲"一词来指代它们。宗教改革之后，不少信奉新教的作曲家们也创作了很多弥撒曲，不过，其内容和结构与天主教的弥撒曲相比有所改变。最著名的弥撒曲为巴赫的《b 小调弥撒曲》及贝多芬的《d 大调庄严弥撒曲》。

四、安魂曲

安魂曲（requiem）也叫追思曲，罗马天主教仪式中的送葬弥撒音乐，在拉丁文中，追思亡灵的弥撒拼写为 miss à preo defunctis，因其进台经第一句是："Requiem aeternam dona eis, Domine"（望主赐彼安息），所以就用"requiem"来称安魂弥撒音乐。通常安魂弥撒包括八个部分：

1、进台经（赐彼安息）

2、慈悲经（天主怜悯我等）

3、继叙经（震怒之日）

4、奉献经（主耶稣，荣耀主）

5、圣哉经（圣哉、圣哉、圣哉）

6、降福经（福哉，因主名而来者）

7、羔羊经（上帝的羔羊）

8、圣餐经（灵光承照）

最后还可以加上一句应答句："主拯救我。"常规弥撒中的荣耀经和信经这里不用。历史上，欧洲很多作曲家都写过安魂曲，其中莫扎特、威尔第和弗雷（Gabriel Faure，1845-1924）所谱写的安魂曲最为著名，被誉为世界三大安魂曲。

由于安魂曲的音乐庄严肃穆，加上使用人声演唱，带有很丰富的情感，更容易打动人心，除了表达上帝赐给死者安息外，其实，也是希望能带给活着的人更大的力量支撑渡过伤痛，并且抚慰心灵。

五、受难曲

受难曲（passion）是用音乐表现《圣经》福音书中有关耶稣受难内容的一种古老形式。自 5 世纪起，罗马天主教会把福音书中有关耶稣受难的过程改编成格列高利圣咏（素歌），在棕榈主日（复活节前的星期天）期间唱诵，这就是受难曲的起源。经文由一位歌手唱诵，对基督、群众和福音书讲述者的话用不同的唱诵手法或不同的特定音高来区分，类似于戏剧。受难曲的名称来自于歌词内容所采用的福音书，根据《马太福音》记载的词句谱写的受难曲称作《马太受难曲》，根据《约翰福音》记载的词句谱写的受难曲称作《约翰受难曲》，等等。自 13 世纪以后，开始由三位神父分别用不同的音高和节拍速度来表现基督（低音区）、福音书讲述者（中音区）和群众（高音区）。14 世纪后半期，群众唱段的歌词开始采用主调合唱，其它声部则用素歌，这种由单声部的圣咏构成的受难曲也叫"素歌受难曲"，这是受难曲发展的第一个阶段。

15 世纪起，受难曲中开始采用复调音乐，最初复调音乐只是用在群众唱段的部分，这种受难曲叫做"应答受难曲"，三位演唱的神父把三种不同的吟诵音调结合成一种表达群众情绪的复调音乐。

路德派也继承了演唱受难曲的传统。1550 年前后，约翰·瓦尔特（Johann Walter，1496-1570）根据路德翻译的德文圣经创作出两部受难曲，这成为路德派教会"应答受难曲"的样本。法国作曲家安多万·德·朗古瓦尔（Antoine de longueval，1507-1522）最早把四福音书的内容综合起来创作受难曲。1541 年，意大利作曲家斯坎代罗（Antonio Scandello，1517-1580）把他的《约翰受难曲》带到了德语国家，将流行的经文歌风格与路德派众赞歌风格结合起来，用在"应答受难曲"中。后来，德国作曲家许茨（Heinrich Schütz，1585-1672）则在此基础上，借用了歌剧中的咏叹调和宣叙调的手法，采用无伴奏的声乐形式，创作了三部受难曲（路加、约翰和马太）。这是受难曲发展的第二个阶段。

1650 年以后，开始出现"受难清唱剧"，这是受难曲发展的第三个阶段。这种受难曲直接借鉴了清唱剧的形式及歌剧的写作手法，启用乐队伴奏咏叹调与合唱，并演奏序奏和间奏。在作品的开头和结尾演唱由唱诗班或会众合唱的众赞歌。一些圣经以外的、自由释义的歌词段落被加入到受难乐当中。最早创作这种新型受难曲的是托马斯·塞勒（Thomas Selle，1599-1663），他在 1641 年创作的《约翰受难曲》第一次采用了器乐间奏。在他之后，很多作曲家都创作过这样的受难曲，其中最著名的是 J.S.巴赫，他的《约翰受难曲》和《马太受难曲》将受难曲的创作推向了顶峰。

六、康塔塔

康塔塔（Cantata）是一种类似小型神曲（Oratorio）的乐曲，是包含合唱、重唱、独唱等演唱形式的声乐套曲。1600 年以前，康塔塔是一个声部独唱，并有一种乐器伴奏的乐曲，后来在意大利发展为多声部的牧歌。当时也有多声部的康塔塔，是一个声部演唱，而其它声部则由笛子演奏。随着康塔塔的发展，其唱词有了一定的规格，也有的是世俗戏曲的内容，但所有的康塔塔在演唱时都不化装，不要布景，也无动作。到了 17 世纪和文艺复兴后期，康塔塔加入了合唱、宣叙调、歌调和重唱等声乐形式，有时还加入一些小交响曲、间奏曲等器乐曲。蒙泰威尔第（Claudio Giovanni Antonio Monteverdi，1567-1643）、罗西（Salamone Rossi，1570-1630）、卡里希米（Giacomo Carissimi，1605-1674）等人不仅丰富了康塔塔的内容，而且更重要的是他们将康塔塔引入教堂的崇拜中，成为宗教仪式的一部分。

康塔塔从唱词和音乐上看都更像是歌剧中独立出来的一个场景，它与歌剧的主要区别在于康塔塔的词曲都比较亲切，适用于在一个房间中进行小范围演唱而不是在剧院的大舞台上演唱，因此没有舞台布景及专门服装，听众人数也比较少，但听众的鉴赏水平却很高，康塔塔在技艺上要求比较精致，放在歌剧中会显得格格不入。

17 世纪后期，康塔塔在意大利、法国、德国等地广泛流行，德国的作曲家许茨、布克斯特胡德（Dietrich Buxtehude，1637-1707）等创作了宗教康塔塔，并将其引入到路德宗教会的仪式中。而此后的巴赫则将宗教康塔塔发展到极致，他曾专为教堂谱写了 300 多首宗教康塔塔，保留下来的约有 200 多首。宗教康塔塔是巴赫一生创作的重心，他对康塔塔的贡献在音乐史中是绝无仅有的。巴赫的其它作品中如经文歌（Motet）、神曲（Oratorio）、受难曲（Passion）甚至他的世俗康塔塔，也都与他所创作的宗教康塔塔有关。

近代也有许多作曲家创作宗教康塔塔，如巴托克（Bartok，1881-1945）写的"世俗康塔塔"，韦伯恩（Anton Webern，1885-1945）的第 1 与第 2 号康塔塔，斯特拉文斯基的《诗篇交响曲》（1930）、《康塔塔》（1952）、《圣歌康塔塔》（1955）与《哀歌》（1958），布里顿（E. B. Britten，1913-1976）的《学院康塔塔》《怜悯康塔塔》等。

七、清唱剧

清唱剧（Oratorio）又称"神曲""神剧""圣剧"等，是将圣经中的经文谱曲，用合唱、独唱、重唱与乐队演出的方式进行的清唱表演，有人物、情节及剧情。

16 世纪后半叶，圣菲利浦·内里（St.Philip Neri，1515-1595）在瓦利切拉一所教堂的小礼堂内演出了清唱剧，并定为制度，清唱剧由此产生。17 世纪时是清唱剧发展的顶峰时期，涌现出许多杰出的创作清唱剧的音乐大师，意大利的卡里希米和德国的许茨是其中最著名的两位。卡里希米创作的 16 首清唱剧，都是根据基督宗教的经典圣经写成的，其中较著名的有《耶弗他》《所罗门断案》《伯沙撒》和《最后审判》。许茨创作的清唱剧多以基督生平传略、圣经福音书为题材，被称为"受难清唱剧"，其中较著名的有《复活节清唱剧》《十字架上耶稣的七言》《圣诞节的故事》等。清唱剧的风格与歌剧十分接近，有人物，有事件，用宣叙调、咏叹调和合唱来演唱。不同的是清唱剧没有戏剧动作和戏剧表演，清唱剧中演员不化装、不表演、只歌唱，无舞台布景、灯光、道具，演唱者一直在台上，没有出入场和其它戏剧化的动作，整场演出自始至终不分幕，而只有章节之分，专有一名叙诵者，叙说情节。清唱剧的合唱不仅数量多，规模大，而且处于全剧的中心地位。这一点和受难曲相似，与受难曲不同的是：受难曲主要是描绘耶稣的受难过程，而清唱剧的范围则没有限制。正因为如此，清唱剧的演唱场合十分广泛，不仅在教会圣乐演奏会以及教会的祈祷室演唱，而且还在其它地方，甚至是王公和红衣主教的宫殿、教会学院等地方演出，多数情况下，清唱剧演出间歇会夹以布道，在私人宅院演出时有时会供应茶点。

早期的清唱剧分为两种：一种是使用拉丁文的清唱剧，专以圣经为题材，是真正的教会音乐，这种清唱剧到 17 世纪后半期就消失了；另一种是使用意大利文的清唱剧，取材较自由，主要在音乐会上演唱，被称为通俗清唱剧。这种清唱剧虽然不是教会礼仪音乐，但其大部分都以基督宗教为主要内容。

清唱剧创作最有成绩的作曲家首推巴罗克时代的亨德尔，他一生共创作了 32 部清唱剧，多数以圣经故事为题材，他的《弥赛亚》《以色列人在埃及》《参孙》等是清唱剧创作上的巅峰之作。与亨德尔同时代的另一位杰出的音乐大师巴赫也曾创作了数部卓越的清唱剧，内容都取材于四福音书。古典主义时期海顿的《创世纪》和浪漫主义时期门德尔松的《以利亚》也都是清唱剧中的精品，贝多芬、伯辽兹等也都有很著名的清唱剧作品。近代清唱剧以奥涅格（Arthur Honegger，1892-1955）的《大卫王》（1921）和科达伊的《匈牙利诗篇》（1923）最为著名。

八、奥尔加农

奥尔加农（Organium）是西方最早有记载的复调音乐形式，最初的奥尔加农只是圣咏的一种演唱方式，即在歌唱圣咏的同时歌唱另外一个被称作奥尔加农的附加声部，这种简单的二声部歌唱因此被称作奥尔加农。10 世纪时奥尔加农开始在基督宗教的礼拜仪式中流行，但多是即兴演唱，是"圣咏的不记写下来的陪伴物"。世俗音乐的繁荣促使奥尔加农的形式也发生了变化，在圣咏的旋律上加上了八度、五度和四度的音程，也有三度和六度。奥尔加农在巴黎圣母院发展到了最高水平，增强了各声部的独立性，原来的圣咏旋律不再是音乐的主调，旋律变得更加复杂。最著名的作曲家是巴黎圣母院的乐师雷翁南，他曾创作了大量的奥尔加农，其中最有名的一本歌集为《奥尔加农总集》，是按天主教全年节日创作的二声部花腔式的奥尔加农，包括《升阶经》《哈利路亚》和应答圣咏等。

九、经文歌

经文歌（motet）是流行于 13 世纪到 18 世纪中叶的一种短小无伴奏合唱音乐形式，题材来自于圣经，词源来自于法语 mot，意思为"词"，即用圣经中的词句所写成歌曲，后来便将复调合唱歌曲都称为经文歌。通常经文歌有三声部，最低声部是经文歌的基础，称作固定旋律声部，唱拉丁语经文歌词。另两个声部是第二和第三声部，可以唱宗教的或世俗的不同歌词。有的经文歌会有更多声部，如巴赫就创作过四首八声部经文歌。经文歌具有多曲调、多节奏、多主题、同节奏合唱等特点。

从 13 世纪起，历代很多作曲家都创作过经文歌。著名的有马肖（Guillaume de Machaut，约 1300-1377）、纪尧姆·迪费（Guillaume Dufay，1397-1474）、奥克冈（Johannes Ockeghem，1410-1497）、若斯坎（osquin des Prez，1450-1521）等。16 世纪的经文歌创作最为辉煌，当时帕勒斯特里那、维多利亚（Tomas Luis De Victoria，1548-1611）、塔弗纳（John Taverner，1495-1545）、伯德（William Byrd，1543-1623）、泰利斯（Thomas Tallis，1585-1625）、乔万尼·加布里埃利（Giovanni Gabrieli，1554/1557-1612）等都创作了极为出色的经文歌。其中帕莱斯特里纳谱写了大约 180 首经文歌，都是标准的无伴奏合唱形式；乔万尼·加布里埃利则开创性地为经文歌增加了器乐伴奏声部。此后，经文歌创作逐渐减少，但却一直没有间断，许茨、阿莱格里（Gregorio Allegri,1582-1652）、吕利（Jean-Baptiste Lully，1632-1687）、拉莫、巴赫、莫扎特、勃拉姆斯等都创作过经文歌，其中阿莱格里的九声部经文歌《求主垂怜》迄今仍在西斯廷教堂使用。

十、众赞歌

众赞歌（chorale）是一种基督教会众合唱的颂赞诗歌。马丁·路德宗教改革在音乐上的主要成就就是确立了这种分节形式的会众赞美诗，德文称为 Choral（众赞歌）或 Kirchenlied（教堂歌曲），英语称作 Chorale（众赞歌）。众赞歌是一种四部和声的赞美诗，但与 Hymn（赞美诗）不同的是，Chorale 是对位化的和声，能扩展成大型音乐形式；而 Hymn 多是"主调音乐为某旋律配以和声"。二者都具有通俗、短小、严谨的结构特点，都是会众可以接受的四部和声的圣歌，因此有时通称它们为"圣咏"。16 世纪以后，众赞歌成为众多作曲家改编、创作的重要源泉，17、18 世纪的德国音乐，如巴赫、贝多芬、瓦格纳以及博拉姆斯等都深深地受到众赞歌的影响，巴赫的很多康塔塔、清唱剧就是在众赞歌的基础上创作的。

众赞歌的歌词主要来源于德文诗、德译拉丁文诗以及宗教改革以前的德国圣诗等，也有一些众赞歌是世俗歌曲填入宗教歌词而成的。路德本人写过很多众赞歌歌词，他谱写的《坚固堡垒》被看作是德国宗教改革的战歌。约翰·瓦尔特是当时著名的音乐家，他在 1524 年出版了一本曲集，除少数几首拉丁经文歌之外，大多数是多声部的众赞歌。

十一、赞美诗

赞美诗（Hymn）一词来源于希腊语，意为"赞美歌"，它最早出现在古希腊罗马时期，泛指从古代起向英雄或圣人表达敬意或赞美神的诗歌。基督宗教产生以后，为了区别于"诗篇"（Psalm），一般把赞美上帝的诗歌都统称为赞美诗。赞美诗是为信徒会众们唱的，曲调简单，都是传统古曲音乐和声，和声工整。基督宗教在所有的节日、节令、礼仪中都有该唱的赞美诗，如婚礼、丧礼、洗礼、圣诞节、复活节等，都要唱有关的赞美诗。"从音乐的角度来看，赞美诗包括了西方音乐发展中各个阶段的各种形式的乐曲，有古代的平咏，如安布罗斯平咏、格里高利平咏，有诗篇赞美诗，有众赞歌，有各国各民族的民歌，有黑人的灵歌，有经文歌，有圣诞节歌曲，还有各时代古典作曲家的作品片断。"[42]如巴赫、贝多芬、亨德尔、门德尔松、莫扎特、西贝柳斯、舒曼等人的作品等。各国的赞美诗又有许多本国人自己创作的作品。目前中国教徒所用的赞美诗中，有相当一部分是中国曲调和中国人自己创作的诗、曲。从内容上讲，赞美诗的内容是宣扬基督宗教信仰和灵性经验的，所以所有的赞美诗都是根据《圣经》或根据基督宗教神学创作的。

西方教会一直到 4 世纪时才模仿希腊教会唱赞美诗，并把希腊赞美诗介绍到西方教会中来。坡拉帖主教圣希拉里和米兰大主教圣安布罗斯起了很关键的作用。据说希拉里是第一位拉丁赞美诗的作者，并编写过一本《赞美诗集》。圣安布罗斯将赞美诗引入米兰的教会。将赞美诗正式编入教会礼仪中并说明如何应用的是意大利的圣本尼狄克（即圣本笃，Saint Benedict of Nursia，480-547）。于是从意大利教会开始，各地教会都在教会礼仪中唱诵

---

42 杨周怀：《基督教音乐》，宗教文化出版社 2001 年版。

安布罗斯赞美诗：每天的早祷、晚祷、午祷，教会的节日，纪念某些圣者、殉教者的节日或其它特殊节日，都唱不同的赞美诗。此时赞美诗已成为教会礼仪中的不可缺少的部分，但歌唱赞美诗的人，是教会中的神职人员与圣诗班，一般信徒不能唱。6 世纪，教皇格里高利一世统一了教会使用的赞美诗。

　　路德宗教改革以后，大众赞美诗在新教教会中有了很大的发展，马丁·路德把过去教会中只有神职人员及圣诗班才能颂唱的赞美诗扩大到全教会的信徒都能唱，这样不仅促进了赞美诗的发展，而且其影响也大为增加。另外，赞美诗的曲调来源也广泛多了，除去教会内神职人员谱写的以外，非神职人员信徒、信徒中的音乐家们也谱写了许多曲调，甚至一些民间曲调也被运用于基督教赞美诗。目前，赞美诗只是基督教新教所用，天主教偶尔在重大节日时，由圣诗班诵唱一些，平时信徒们不唱。

十二、圣歌

　　圣歌（Anthem）一词最初是教堂里应答轮唱的赞美诗歌，牧师领唱，唱诗班作答。它来自希腊语 antiphona，其字面含义是"应答轮唱"的意思，anti即"against"或"in return"，phone 即"sound"，也就是"对歌"。基督新教的崇拜仪式中取消了牧师的领唱，就变成了专门由圣诗班献唱的较为复杂、音乐水平较高的赞美诗歌，内容多为歌颂或者祈求，曲目也比较广泛，有众赞歌、神曲选段以及非宗教乐曲改编的"圣诞颂歌"（carols）等，如《平安夜》《铃儿响叮当》等都是著名的圣诞颂歌。[43]

十三、黑人灵歌

　　黑人灵歌（Negro spirituals/ Soul Music）是北美洲黑人的民间赞美诗，是美国黑人民间世俗音乐与基督宗教相结合而产生的，在本质上是一种带有强烈节奏感的基督新教赞美诗歌。其题材丰富多彩，歌词形象生动，一方面表达出黑人奴隶向上帝倾诉苦难，乞求死后升入天堂；另一方面表达出他们祈求摆脱奴隶制枷锁，获得自由的强烈愿望。黑人灵歌来源于 18、19 世纪北美殖民地宗教活动中的野营会歌曲，其旋律朴素，风格简约，多数为五声大调式或七声小调式，节奏多采用二拍子，最突出的节奏特点是切分音贯穿整首歌曲。

---

43 [加]区应毓、文庸：《西方音乐名家与基督教》，九州出版社 2012 年版，第 3 页。

19 世纪晚期，黑人灵歌的特征表现为欧洲赞美诗的曲调与非洲切分节奏相融合，从单一旋律的歌曲发展为四个声部的灵歌。我们现在熟悉的很多音乐风格或形式，如福音歌曲（Gospel）、爵士音乐（Jazz）以及摇滚音乐（Rock and Roll）等都能从黑人灵歌中找到其来源。黑人灵歌保持了黑人原始仪式音乐的应启形式，通常领唱者唱主歌，他一面演唱一面即兴创作歌词和曲调，其他礼拜者不断反复合唱部分（即副歌或叠句），同一首合唱还会出现在不同的歌曲中，歌曲旋律简单且不断反复，即兴演唱的成分比较多，同时歌唱时常用拍手或顿足等来加重节奏感，每次演唱都不完全相同，因此黑人灵歌无法用记谱来展现其全部特征。

黑人灵歌在 19 世纪通过黑人学校的唱诗班而引人注意。《没有人知道我的痛苦》《下来，可爱的马车》等歌曲，至今还常在音乐会上演唱。目前各国教会与当地的民族文化相融合的过程中，也出现了很多信徒自己创作的、具有民族音乐特点、能够反映个人灵修体验的灵歌，这些歌曲主要采用现代流行音乐的旋律，篇幅短小，注重旋律，没有和声，歌词内容通俗易懂，伴奏常用现代电声乐队，用通俗唱法进行演唱，有时还伴有活泼的舞蹈动作，在教会内部得到了很多人的喜爱，尤其是年轻教徒更愿意接受这些灵歌。

十四、福音音乐

福音音乐（Gospel Music）也是起源于美国的黑人音乐，美国黑人农奴接受了基督宗教的信仰之后，常在劳动间歇时聚在一起唱诵经过他们自己改编的、具有非洲音乐元素的赞美诗，很快便演变成即兴的音乐表演。后来这种音乐形式便成为黑人教堂礼拜活动的一部分。托马斯·多尔西（Thomas A. Dorsey）被认为是"福音音乐之父"，他为福音音乐的发展做出了重大贡献，早在 20 世纪的二三十年代，他把黑人音乐中的"布鲁斯"音乐元素和爵士音乐旋律融入到了基督宗教音乐里，这种新的音乐形式很快便在教会中流传开来，在一定程度上改变了传统的教会音乐形式，托马斯·多尔西的代表作品有《我信，你呢？》《假如你看见我的救世主》《请接受我，至尊无上的主》等，其中《请接受我，至尊无上的主》被翻译成 30 多种文字，在世界各民族中广为传唱。20 世纪中期，猫王把这种福音音乐形式引进到自己的音乐风格中，之后汽车城唱片公司将这种音乐商业化。20 世纪 70 年代后期，福音音乐逐渐流行化，并采用流行音乐的制作和造星方式，演变成当代基督宗教音乐。

目前，这种强调有节奏的器乐伴奏和即兴演唱的教会音乐已经在世界各地的教会中大行其道。福音音乐于 20 世纪三四十年代传入中国，《园中同行歌》和《奇异恩典歌》等都是中国教徒非常喜欢的福音诗歌。

第一章　元代以前中国基督宗教音乐的传播

第一节　唐代景教（Nestorianism）及景教赞美诗

一、景教碑的发现以及景教在中国的流传

　　明朝天启三年（1623）年初春，陕西盩厔（今陕西周至县）大秦寺出土了一块黑色石碑，碑身基本完好，下有龟座，全高 279 厘米，碑身上宽 92.5 厘米，下宽 102 厘米，碑顶端刻有十字架，四周环以莲花和飞云图案。此碑看似平常，但碑文的内容却震惊了世界，并由此揭开了世界三大宗教之一的基督宗教在中土传播的历史。这块石碑题额"大秦景教流行中国碑"，简称"景教碑"，碑上疏汉字 1780 个，撰文者为叙利亚人景净（Adam），书写者为朝议郎前行台州司士参军吕秀岩，碑的底部和两侧用古叙利亚文刻着 82 位景教教徒的名字，其中 77 位是叙利亚人。景教碑是迄今发现的能够证明基督宗教传入中国的最早、最宝贵的实物资料，并因此成为世界四大石刻之一，其重要地位可见一斑。

　　据碑文所载，唐太宗贞观九年（635），叙利亚籍景教传教士阿罗本（Alopen）来到长安，受到唐太宗的礼遇，特许其在皇宫藏书楼内翻译经典，并于 638 年为其修建礼拜堂"大秦寺"（初称"波斯寺"），有教士 21

人。[1]唐太宗死后，景教继续受到唐朝几代皇帝的礼待，高宗时，阿罗本被尊为"镇国大法王"并在长安、洛阳、沙州、周至、成都等地建了景教寺，德宗时立"大秦景教流行中国碑"，碑成于 781 年（唐建中二年）2 月 4 日。至于为何称作"景教"，据景教碑记载："真常之道，妙而难名，功用昭彰，强称景教。"明代中国天主教徒李之藻在《读景教碑书后》中言："命名景教，景者，大也；炤也，光明也。"[2]葡萄传教士阳玛诺（Emmanuel Diaz，1574-1644）也认为："景者，光明广大之意。"[3]

自太宗直到文宗末的两百余年间，景教一直受到唐朝政府的礼遇，"大秦景教流行中国碑"记载的"法流十道""寺满百城""天姿泛彩，英朗景门"等，虽然不乏夸大之词，但也可以看出景教在当时的盛况，它与祆教和摩尼教一起并称为唐朝"三夷教"。但唐武宗会昌五年（845），武宗李炎为了诛灭佛教，实施了著名的"会昌发难"，株连到了景教、回教等外来宗教，武宗的灭佛诏书中提出："是逢季时，传此异俗，因缘染习，蔓衍滋多。以至于耗蠹国风，而渐不觉……而岂可以区区西方之教与我抗衡哉！"[4]由此可知，一切与中国文化有悖的外来宗教均列入取缔范畴。此后，景教在中国风流云散，当时教徒为了保护景教碑，将之埋于地下。此后数百年，除在北方蒙古等少数民族中存有余绪外，景教在中原大地上迅速消失殆尽。980 年，景教总部曾派 5 名教士来中国整顿教会，从他们后来呈献给总部的报告中，我们可以看出其绝望的心情："中国之基督教已全亡……，遍寻全境，景无一人可以授教者，故急归回也。"[5]

其实，在唐代传入中国的景教并非基督教的正统，而恰恰是正统基督教会所一心想要取缔的异端教派——聂斯托里派。其创始人聂斯托里（Nestorius，

---

1 基督教神学家汪维藩先生 2002 年在对江苏徐州汉画像石艺术馆珍藏的汉画像石研究时发现，东汉画像石上有圣经故事和早期基督教图案，据此他认为基督教自东汉时期就传入中国；清光绪年间法国天主教传教士樊国梁所著《燕京开教略》认为基督教在三国时传入中国，并称关羽为基督教徒；此外，也有东正教徒认为东正教在南北朝时就传入中国。但以上这些说法均缺少有力证据，目前学界仍以贞观九年（635）阿罗本来华作为基督教传入中国之始。

2 （明）李之藻编，黄曙辉校：《天学初函》，上海交通大学出版社 2013 年版。

3 [葡]阳玛诺：《唐景教碑正诠》，上海慈母堂刻本 1878 年版。

4 （宋）王溥：《唐会要·封建杂录下》卷 47，四库全书史部政书类，景印本，第1231-1232 页。

5 转引自江文汉：《中国古代基督教及开封犹太人》，知识出版社 1982 年版，第 26页。

380-451）原为叙利亚神甫，428-431 年曾出任君士坦丁堡总主教，他在神学观点上，属于东方的安提阿学派，坚持"基督二性二位说"，认为马利亚并不是天主的母亲，她只生了基督的肉身，而基督的神性并非马利亚所生；基督具有神人二性，既是神又是人。这种观点直接与正统基督教的"三位一体"教义相冲突，所以在 431 年举行的以弗所宗教会议上被判为异端，遭革职流放，最后客死埃及。此后，其教徒一直中亚、波斯一带活动。489 年，东罗马帝国皇帝芝诺（Flavius Zeno，474-491 在位）取缔了聂斯托里派在爱德萨的修道院并没收其财产，数百名聂斯托里派神学生被迫迁移到波斯境内，受到波斯国王的礼遇。498 年，聂斯托里派宣布脱离基督教主流，而自称为迦勒底（Chaldea）教会或亚述（Assyria）教会。由此可见，聂斯托里派既不属于东正教派，也不属于天主教派，而是东方教会的一个异端派别。652 年，波斯萨珊王朝被信仰伊斯兰教的阿拉伯人所灭，但聂斯托里派主教得到阿拔斯朝哈里发的信任，得以继续传教，其本部后来迁移至巴格达，兴盛一时。

　　景教传入中国后，为了尽可能地本地化，使中国人容易理解，借用了大量的儒家、佛家、道家经典术语来表达基督宗教的概念，如景教碑将"教堂"称作"寺"，将"教士"称作"僧"，将"礼拜"称作"佛事"，将"耶稣"称作"世尊"，将"三位一体"称作"三一妙身"等等，而且还大量引用《易经》《诗经》《春秋》等典籍。所以，景教碑一开始被认作是佛教遗物，搁置在西安府西郊外的金胜寺（崇仁寺），并未引起人们的太多注意。后来，当地一位名叫张赓虞的举人偶然看到此碑，他曾与著名的意大利来华传教士利玛窦（P.Matthoeus Ricci，1552-1610）有过交往，感觉碑文内容与其在利玛窦处所听到的内容相似，于是便将碑文拓片寄给远在杭州的利玛窦的中国学生李之藻，李之藻对张赓虞寄来的拓片进行了细致的研究，并撰写了著名的《读景教碑书后》一文，自此，景教碑的内容才开始被世人所知晓。李之藻又将拓片送给在杭州的葡萄牙传教士曾德昭（Alvaro Semedo，1586-1658）。天启五年（1625），曾德昭亲赴西安考察景教碑，并将之写入自己的著作《大中国志》（The History of That Great and Renowned Monarchy of China）中。李之藻的《读景教碑书后》被法国传教士金尼阁（Nicolas Trigault，1577-1629）翻译后寄往欧洲，顿时在西方世界引起很大反响。此后，众多西方传教士和汉学家对景教碑进行了系统研究，包括刊布拓片、释读碑文、考证史实、编制译注本等与景教有关的研究活动一直不断。

景教碑的内容主要包括三个方面：景教传入中国的历史，景教教义及在中国的发展状况，因唐朝皇帝礼遇景教而给予的赞扬。目前，在敦煌发现了七件有关景教的文献，它们是：《序听迷诗所经》（约 635-638）、《一神论》（贞观十六年，即 642 年）、《宣元（至）本经》（不晚于 781 年）、《大秦景教大圣通真归法赞》（疑伪造）、《大秦景教三威蒙度赞》（唐德宗时，即 780-805 年间景净译）、《尊经》（唐德宗时，即 780-805 年间景净译）、《志玄安乐经》（晚唐）。其中《尊经》中罗列了汉文景教经典书目，共计有三十余种。另外，2006 年，河南洛阳发现了景教经幢残石，上刻《大秦景教宣元至本经》，内容大体同于敦煌文书《宣元本经》，二者可以相互印证。[6]

也正是因为景教在本土化进程中的"佛教化""道教化"，使得景教在后来的发展中丧失了自己的独立性，并随着"禁佛"而走向灭亡，最终在中国传教彻底失败。

二、《大秦景教三威蒙度赞》与《大秦景教大圣通真归法赞》

宗教音乐——诵经、唱诗等作为基督宗教最重要的礼拜内容，自然在唐代遍布各地的景教寺院中也是不可缺少的，在景教流传中国的 200 多年中，应该也有不少赞美诗被信徒传唱。清光绪三十四年（1908），法国汉学家、探险家伯希和（Pual Pelliot，1878-1945）在中国敦煌千佛洞发现一些手抄经卷，其中就包括上文所述的七件重要的景教文献。在这七件景教文献中，《大秦景教三威蒙度赞》和《大秦景教大圣通真归法赞》经考证被认定为景教的赞美诗手抄稿，这也是迄今为止发现的最早的汉文基督宗教圣诗。英国著名东方学家、基督教史学家阿·克·穆尔（Arther Cristopher Moule，1873-1955）曾言："这篇景教颂文，就其重要性而言，仅次于西安《大秦景教流行中国碑颂》，但有些方面确实要比后者更有意义。"[7]

《大秦景教三威蒙度赞》（原件现藏巴黎国家图书馆，3847 号希伯和文献收藏室[8]）经学者考证，其母本应是西方基督教会普遍使用的《荣归主颂》

---

6 可参考葛承雍主编：《景教遗珍——洛阳新出唐代景教经幢研究》，文物出版社 2009 年版。

7 [英]阿·克·穆尔著，郝镇华译：《一五五〇年前的中国基督教史》，中华书局 1984 年版，第 59 页。

8 [英]阿·克·穆尔著，郝镇华译：《一五五〇年前的中国基督教史》，中华书局 1984 年版，第 59 页。

（Gloria in Excelsis），全文 44 句，每句 7 字，但第 23 句是 8 个字，共 309 字，成文于 800 年前后，由景净所译，该诗的翻译借用了很多佛、道术语，如"诸天""善众""真性""善根""慈恩""救度"等等，文辞结构运用唐诗七言绝句，充满时代色彩，可惜该诗原来的乐谱已不复存在。诗中用"慈父、明子、净风王"指称圣父、圣子、圣灵。日本研究中国景教的权威佐伯好郎博士认为"三"指"三位一体"，"威蒙度"是叙利亚语 imudu（浸礼之意）的音译。"三威蒙度"意即奉父子圣神三位一体的名在受洗者头上浇水三次。香港学者龚天民牧师则认为"蒙度"是借用佛教"蒙度彼岸"，意为"得救"，因此"三威蒙度赞"可解释为"赞美三一真神救赎之功"。[9]"阿罗诃"乃来自于犹太语 elohim，即"耶和华"，"弥施诃"即为"弥赛亚"。

根据内容判断，这是基督教重大节日教堂中"常规弥撒"的第二部分。在长达千年的中世纪，《荣归主颂》在西方共有 50 余种不同的演唱形式，800 年前后使用的是其中最简单的一种，即单旋律的格列高利圣咏。当时侨居的外籍人士不少，845 年后光景教教徒就有 2000 多人被逐，说明当时外来景教教徒还是有一定的社会影响的，他们在日常礼拜时所唱诵的赞美诗应该是叙利亚原文和原曲调，对中国教徒也应有所影响。由此推断，唐代的基督教音乐应为此类。不过，冯文慈先生亦认为，《大秦景教三威蒙度赞》歌词是汉化的民间诗歌形式，类似变文的韵文部分，因此，其曲调亦有可能是源于中原汉族民间，用"依声填词"的办法配置翻译的歌词。[10]

1934 年，燕京大学的学生梁季芳重新为其配曲，并收录于 1936 年出版的《普天颂赞》，为第 2 首；《赞美诗（新编）》亦收录此首赞美诗，为第 385 首。1996 年，香港基督教文艺出版社出版了《普天颂赞》中英文新修订版，又将其翻译成英文，从英文可以明白其阐明的意义。

该诗全文如下：

无上诸天深敬叹，　　大地重念普安和。
人元真性蒙依止，　　三才慈父阿罗诃。
一切善众至诚礼，　　一切慧性称赞歌。
一切含真尽归仰，　　蒙圣慈光救离魔。
难寻无及正真常，　　慈父明子净风王。

9　陈伟：《基督教圣乐发展概况》，《中央音乐学院学报》2003 年第 3 期。
10　冯文慈主编：《中外音乐交流史》，湖南教育出版社 1998 年版，第 386 页（后记）。

于诸帝中为帝师，　　于诸世尊为法皇。
常居妙明无畔界，　　光威尽察有界疆。
自始无人尝得见，　　复以色见不可相。
惟独绝凝清净德，　　惟独神威无等力；
惟独不转俨然存，　　众善根本复无极。
我今一切念慈恩，　　叹彼妙乐照此国。
弥施诃普尊大圣子，　广度苦界救无亿。
常活命王慈喜羔，　　大普耽苦不辞劳。
愿赦群生积重罪，　　善护真性得无繇。
圣子端在父右座，　　其座复超无量高。
大师愿彼乞众请，　　降筏使免火江漂。
大师是我等慈父，　　大师是我等圣主；
大师是我等法王，　　大师能为普救度；
大师慧力助诸赢，　　诸目瞻仰不暂移。
复与枯燋降甘露，　　所有蒙润善根滋。
大圣善尊弥施诃，　　我叹慈父海藏慈。
大圣谦及净风性，　　清凝法耳不思议。

香港版英文翻译如下：

All heav'n worships in great awe, All men long for earth's accord,
Man's true nature is assured, Gracious, three-powered, Yahweh, Lord.
Righteous men show true respect, All with wisdom sing Your praise,
All the truthful yield in trust, Saved by You from evil ways.
You are peerless, constant, true, Father, Son and Spirit, one,
Master of all other Lords, Through all time true sovereign Son.
Veil'd on boundless mystery, Search we fully without end,
Never, from beginning, seen, Never by us mortals sensed.
Only You are purest good, Only You true pow'r possess,
Only You remain unchanged, Root of lasting righteousness.
Now we ponder mercy, love, Fill the nations with Your joy,
"Messiah" is Your holy Son And salvation without alloy.
Ageless King and willing lamb Sharing bitter toil and pain,
Pray, remove man's heavy guilt 'Til our nature's freed again.

Holy Son at Your right hand, From Your throne above the world,

Master, hear the call from those In the fire-stream tossed and whirled.

Master, and most gracious Sire, Ruler and good Lord of all,

Teacher, law creator, King Leader, who saves those who fall.

Lord, provide the meek of strength, Eyes on You be fixed thereto.

Drop sweet dew upon the parched, Till our roots be fed in You.

Righteous and adored Messiah, Mercies wider than the seas,

Great and humble Holy Ghost, Laws are our sure verities. (A-men.)

另一首《大秦景教大圣通真归法赞》，经末注明抄录于"开元八年五月二日"，即 720 年。诗中称耶稣基督为"大圣慈父阿罗诃""大圣法王"，称信徒为"善众""法徒"，称使徒约翰为"瑜罕难法王"，大卫为"多惠圣王"。据日本研究中国景教的权威专家佐伯好郎博士考证，此应是今日教会在"耶稣变貌日"即天主教耶稣显圣容日所唱的赞歌。"大圣"指耶稣基督，"通真归法"可能为"升天归父"，"大圣通真归法赞"即为"赞美耶稣基督被接升天"。[11]郝镇华先生在翻译英国东方学者及基督教史家阿·克·穆尔的名著《一五五〇年前的中国基督教史》时，为其加了 7 篇附录，收录了穆尔原著中因为著作时间关系而未曾发掘的相关景教文献，其中就有这首赞美诗。根据郝氏所言，此经卷原件初为天津大收藏家李盛铎先生所藏，1943 年为日本小岛靖所得，小岛将此拍照寄予佐伯好郎，佐伯好郎将此卷附载《清朝基督教研究》，署题《小岛文书 A》，1945 年小岛离开天津时将原件遗失。[12]不过，《小岛文书》一出，就遭到了一些学者的质疑，认为其是伪作，尤其是林悟殊、荣新江二位的考证[13]更是得到诸多学者的支持[14]。

11　陈伟：《基督教圣乐发展概况》，《中央音乐学院学报》2003 年第 3 期。

12　[英]阿·克·穆尔著，郝镇华译：《一五五〇年前的中国基督教史》中郝镇华编纂的附录四，中华书局 1984 年版，第 327 页。

13　林悟殊、荣新江：《所谓李氏旧藏敦煌景教文献二种辨伪》，《九州学刊》(香港) 4：4 敦煌学专号，1992 年版，第 19-34 页；荣新江：《李盛铎藏卷的真与伪》，《敦煌学辑刊》1997 年第 2 期。

14　可参考张雪松：《刍议现存敦煌唐代景教文献的真伪问题》，《上饶师范学院学报》2016 年第 1 期，他认为《小岛文书 A》(《大圣通真归法赞》)、《小岛文书 B》(《宣元至本经》) 均为伪造，《小岛文书 B》的《宣元至本经》不同于敦煌的《宣元本经》和洛阳发现的经幢版的《大秦景教宣元至本经》。冯其庸等人也持此观点，参考冯其庸：《〈大秦景教宣元本经〉全经的现世及其他》，《中国宗教》2007 年第 6 期。

《大秦景教大圣通真归法赞》即《小岛文书 A》原文如下：

　　礼敬大圣慈父阿罗诃，皎皎玉容如日月，巍巍功德超凡圣。
德音妙义若金铎，法慈广被亿万生。众灵昧却一切性，身被万毒
失本真。唯我大圣法王高居无等界，圣慈照入为灰尘。驱除魔鬼
为民障，百道妙治存乎仁。我今大圣慈父，能以慧力救此亿兆民。
圣众神威超法海，使我展拜心安诚。一切善众普尊奉，同归大法
垂天轮。

　　礼敬

　　瑜罕难法王位下

　　以次诵：天宝藏经、多惠圣王经、阿思瞿利律经

　　大秦景教大圣通真归法赞一卷

　　沙州大秦寺法徒索元定传写教读

　　开元八年五月二日

三、新疆高昌发现的叙利亚景教祈祷书断片

　　公元 845 年以后，由于受唐武宗"会昌法难"的株连，在中国流传了 200
多年的景教很快便在中原大地销声匿迹，景教音乐也随之沉寂，[15]只剩下记录
这种音乐的古老经卷被尘封于敦煌石屋中，直到一千多年以后才重现天日。
只是在北方地区和西北边区的一些少数民族地区，仍有景教遗续。

　　1905 年 6 月在新疆高昌（即吐鲁番地区）发现了叙利亚景教祈祷书断片，
共 4 页，其中前 3 页为叙利亚文，最后 1 页为以叙利亚文拼成的粟特文字。经
学者们考证，此为 9 世纪末至 10 世纪初的景教遗书，即晚唐至五代的遗物。[16]
郝镇华先生在《一五五〇年前的中国基督教史》附录六刊录了该祈祷书断片
原文。在发现该祈祷书断片的同年，时任皇家柏林大学教授的爱德华·赛乔
博士（Edward Sachau），在对文献作了些许必要的修正和学术性界说后，在《普
鲁士科学院会刊》第 67 期上发表了文献的抄本。文献的汉译本则是"张文凯

15　在道教经典中混杂有一些景教的赞美诗，道教经典《吕祖全书》中有一篇赞颂《救
　　劫证道经咒》，全称为《太上敕演吕祖救劫证道经咒》或《太上敕演救劫消灾赐福
　　解厄保运证真参同妙经》，据佐伯好郎考证其中的四篇灵章《天微章》《地真章》
　　《证仙章》《体道章》是唐代景教叙利亚文赞美诗。

16　[英]阿·克·穆尔著，郝镇华译：《一五五〇年前的中国基督教史》中郝镇华编纂
　　的附录六，中华书局 1984 年版，第 332 页。

同志译自佐伯好郎所著《中国基督教研究》第 1 卷（1943 年）"[17]。佐伯好郎先生在《中国景教文献和遗物》（The Nestorian Documents And Relics In China）一书不仅收录了文献的摹本及其英文对译本，而且还以"引言"的形式对其内容作了简要概述。他认为，3 页零散的祈祷书断片的前两页，是聂斯托利教派布道文中的赞美诗集部分，属于 11 或 12 世纪前的写本。首页上的颂诗为圣诞节当天做礼拜时所唱，而页二上的圣歌则是在圣母玛利亚纪念日（紧随圣诞节后那周的星期五）上所唱赞美诗的开头部分。页三的内容是聂斯托利派教会所用经书 Khudra 的一段，Khudra 意为"组歌"，是教会在礼拜日和其它节日时所唱的圣歌或赞美诗。[18]祈祷书中并出现"会众齐唱""赞美玛利亚的前歌咏和后歌咏开始"等歌唱提示语。

第二节　元代基督宗教音乐的传播情况

一、元代的也里可温教

元朝时代，随着大量中亚民族内迁，景教在中国本土再度流行。同时在中国传播的还有天主教以及东方的亚美尼亚派、拜占庭与雅各派等基督宗教教派，天主教以方济各会和多明哥会活动比较多。由于蒙古统治者对宗教采取宽容政策，尊重一切宗教信仰，所以景教和其他各派基督教在蒙古帝国境内都得到了自由发展，甚至不少达官贵人和皇亲国戚都信奉。在汉语典籍中，基督教徒被称为"也里可温"（Erkeum 或 Arkalm、Arkagun），陈垣先生在其著作《元也里可温教考》一书中引《元史国语解》解释为"福分人"或"有缘人"，意为"奉福音教人"[19]；张星琅先生认为是"上帝教或天主教"[20]；

17　刘振宁：《盖棺未必论定——高昌文献"景教"性质质疑》，载张新民、李红毅主编：《中华传统文化与贵州地域文化研究论丛（二）》，巴蜀书社 2008 年版。

18　刘振宁：《盖棺未必论定——高昌文献"景教"性质质疑》，载张新民、李红毅主编：《中华传统文化与贵州地域文化研究论丛（二）》，巴蜀书社 2008 年版。

19　陈垣：《陈垣史学论著选》，上海人民出版社 1981 年版，第 3-4 页。

20　张星琅云："景教碑之阿罗诃，西人考证为叙利亚文 Eloh，希伯来文 Elohim 之译音。其义即上帝也。景教碑文借用佛教经典名辞颇多。阿罗诃三字亦见于《佛说观无量寿经》。（Amitayur dhyana Sutra）佛经此节之阿罗诃，他经多译作阿罗汉，简称曰罗汉。梵语 Arhat＝Arhan 之译音也。其义犹云佛果（The fruit of Buddha.）也。景教徒借用佛经名辞，以译叙利亚文上帝也，今人称罗马加特力教为天主教。若也里可温果由阿罗诃转音而来，则其译义当云上帝教或天主教也。"张星琅编：《中西交通史料汇编》第 2 册 97 节，注 1，中华书局 1977 年版，第 92 页。

而方豪先生则认为是"上帝儿子"之意。但不管怎样，"也里可温"是蒙古人对基督徒的称呼，包括当时元朝蒙古人统治区域内所有信奉基督宗教的人。元代景教从突厥遗民中传入中原，蒙古族中的克烈（Kerait）、汪古（Ongut）、乃蛮（Nayman）三部族皆信奉景教，天主教传入之前，景教曾经一度遍布中国各地，《马可·波罗游记》曾记载，自喀什往东直至北京，沿途各地随处可见景教教徒。目前，在甘肃、新疆、内蒙、北京、河北、福建、浙江、江苏、云南等多个地方都发现了有关元代景教的相关文物碑刻及文献资料。根据元至顺（元文宗图帖睦尔年号，1330-1333）《镇江志》记载，镇江副达鲁花赤[21]马薛里吉斯在任期间（1278-1282）在镇江建了 6 所景教寺，在杭州建了一所景教寺。当时全国大约有景教教徒 10 万人。而元朝皇室后妃中，信仰景教者约有 30 人，其中包括几代掌握重权的皇太后，如元太祖窝阔台的六皇后乃马真氏是贵由汗的母亲，窝阔台死后，她曾摄政四年，对景教在元朝政府的传播与发展有较为重要的影响，在她的影响下，贵由汗的一位皇后及女儿都成了虔诚的景教徒。

天主教的传入则是在 13 世纪中叶。1240 年以后，蒙古大军自东向西，所向披靡，横扫西亚和欧洲，引起了欧洲各国的极大恐慌。教皇英诺森四世（Innocent IV，原名 Sinibaldo Fieschi，1195-1254，1243-1254 在位）听说蒙古君主保护基督教，企图以柔克刚，以宗教说教阻止蒙古大军西进。1245 年，他派方济各会士[22]约翰·柏朗嘉宾（Gio-vanni de Prano Carpini，约 1180-1252）出使蒙古，柏朗嘉宾历尽艰辛，于 1246 年 7 月到达蒙古大汗驻地——哈剌和林（今蒙古国哈尔和林市），并于 8 月 24 日参加贵由大汗的登基典礼。在接受定宗贵由的接见时，他递交了教皇致蒙古大汗的两封信札，劝大汗罢战言和，并率臣民皈依基督教。贵由断然拒绝了这些要求，并以"众生之王"的名义复函教皇："你们西方人，自以为独奉基督而鄙视别人……但我也信上天，

---

21 达鲁花赤，蒙古语原意为"掌印者"，成吉思汗在各城设置"达鲁花赤"，而元朝的各级地方政府里面，均设有达鲁花赤一职，掌握地方行政和军事实权，是地方各级的最高长官。在元朝中央政府里面，也有某些部门设置达鲁花赤官职。达鲁花赤一般由蒙古人或色目人担任。

22 方济各会（Franciscan），也译作"方济会"，又称"小兄弟会"，是天主教托钵修会之一。1209 年由意大利阿西西城的圣方济各（San Francesco di Assisi，1182-1226）在教皇英诺森三世的批准下成立，1223 年教皇洪诺留三世批准其会规。方济各会提倡过清贫生活，托钵行乞，会士间互称"小兄弟"，会士穿灰色会服，亦称"灰衣修士"。是最早来华传教的天主教派。

赖上天之力，我将自东往西，征服世界。"而且，"你在信中说，我等应该领洗，成为基督教徒，我们对此仅给以简单之回答：我们不解，为何我们必须如此"[23]。柏朗嘉宾的使命未果。其后，教皇及法王路易九世又多次派教士前来，但均没有结果。

　　然而，事情的转机却得益于两位前来东方寻找宝藏的威尼斯商人——意大利著名旅行家马可·波罗（Marco Polo，1254-1324）的父亲尼古拉·波罗和叔父冯弗·波罗，他们于1265年到达蒙古都城上都，并蒙世祖忽必烈接见。忽必烈改变了前几任大汗对待基督教的强硬态度，他让波罗兄弟带信给教皇，请教皇派100名能言善辩兼通七艺的传教士前来，证明基督教比其他所有宗教都高明，若能如此，他便可以让臣民信奉基督教。忽必烈还让波罗兄弟去"圣地"，到耶稣墓前的长明灯里取一点"圣油"以作纪念。他们回国后转交了忽必烈的信，并专门到耶路撒冷取得圣物，于1275年携子侄马可·波罗再度前来，向忽必烈呈上了教皇的书信和礼物，受到了蒙古大汗的礼遇。他们虽然未能完成教会在中国传播基督教的使命，但却给后人留下了一部珍贵的《马可·波罗游记》，如实记录了在元大都和全国各地的所见所闻，而马可·波罗笔下东方帝国的繁华与富庶也成了欧洲航海家们进行环球航行的直接动力。

　　而真正在传教方面有所突破的是意大利方济各会士约翰·蒙特高维诺（John Montecorvino，1247-1328）。1291年，他携带教皇尼古拉四世致东方所有宗派主教和君主的信件，由波斯出发到东方传教，于1293年登陆泉州，1294年到达大都，适逢忽必烈驾崩，受到了成宗铁木耳的接待，并获许在大都传教。至此，天主教首次获得了在华传教的批准，揭开了天主教在华传播的大幕。

　　1298年，元大都出现了第一座天主教堂，是由汪古部首领、元朝少中大夫阔里吉斯捐资兴建的。阔里吉斯原来信仰景教，在蒙特高维诺的劝说下改信天主教，随后其部众也都改信了天主教。教堂雄伟富丽，上面高耸着钟塔，里面放置三口大钟，按时鸣响，提醒教徒进行祈祷。阔里吉斯亲自为教堂题写匾额"罗马教堂"。蒙特高维诺还将西方宗教音乐引进中国，在皇宫内为蒙古大汗演唱童声合唱弥撒曲，深得大汗的喜爱。

　　经过多年努力，蒙特高维诺在元朝大都的传教取得了一定进展，他先后在大都建造了三所教堂，在刺桐（拉康）建了两所教堂，并应阔里吉斯的要

---

23 顾卫民：《中国与罗马教廷关系史略》，东方出版社2000年版，第7页。

求将《新约全书》《诗篇》以及一些拉丁礼节、祈祷文翻译成蒙古文和维吾尔文，这是这两种文字的《圣经》在中国的最早译本。他收养了 40 位 7 到 11 岁的幼童，教授他们希腊文、拉丁文知识，还给他们讲解《圣经》，教他们颂唱赞美诗，然后给他们施洗，成为天主教徒。1307 年，教皇克雷芒五世（Clement V，约 1260-1314，1305-1314 在位）任命蒙特高维诺为第一任汗八里（即北京）总主教，授予他很大权力，"可以任命东方各城和各主教区的主教、教士和牧师。还任命他作为总主教通管各地主教和高级教士，犹如教皇作为圣彼得的代表、作为总管所有主教和高级教士的祭司长统辖西方教会和罗马教会" [24]。设立大都和泉州两个主教区，并在全国各地建有 72 座教堂。教皇还多次派教士来协助他工作。蒙特高维诺在中国传教 30 多年，自述曾为 6000 余人施洗。据说，忽必烈的母亲别吉太后也是蒙特高维诺的教徒。当时，天主教在元朝享有各种特权，教徒可以免除兵役徭役，免交租税，这样吸引了很多人入教。元朝政府设立崇福寺专门管理也里可温教，与分管佛教的宣政院和分管道教的集宣院并列，由此可见，也里可温教在元朝势力很大。

但好景不长，随着 1328 年蒙特高维诺的去世，天主教在中国失去了其蓬勃发展的势头。罗马教皇虽然又派出一些主教来接替蒙特高维诺的位置，但多数并未到任，有的即使到任未几却又匆匆归去，中国天主教失去了坚强的领导核心，教务渐趋废弛；再加上 1368 年元朝灭亡，信仰也里可温教的主要是蒙古人和色目人，他们随即遁往漠北，远离中原，基督宗教（包括景教）再度在中国绝大多数地区绝迹，只在边远的个别少数民族地区还残存着"星星之火"。天主教此次传入，主要是在蒙古人、色目人和外国来华移民中活动，在汉族中影响甚微，对中国主体文化也几乎没有产生任何冲击，这也是其随着元朝灭亡而迅速在中原地区消亡的重要原因。

二、元代的基督教音乐传播情况

在天主教传入之前，元朝初期在我国活动的主要是景教，目前已经发现多份资料记述了元代景教的宗教音乐活动，如 1908 年在整理清内阁档案时在北京午门城楼上发现了元代景教叙利亚文的咏唱歌抄本，有关学者鉴定为元

---

24 [英]阿·克·穆尔著，郝镇华译：《一五五〇年前的中国基督教史》，中华书局 1984 年版，第 214 页。

代景教礼拜仪式使用的赞美诗[25]；敦煌也发现了属于元代景教的叙利亚文祈祷文及圣经诗篇[26]，根据段晴女士的解读，认为此乃元代景教教徒在黄昏祷告唱诗时所用的圣经《诗篇》部分内容。[27]

柏朗嘉宾出使蒙古汗国以后，曾将自己的经历写成《柏朗嘉宾蒙古行纪》，在他的著述中，提到当时蒙古大汗贵由的宫廷官员中有不少是基督徒（即景教），在贵由的帐幕附近建有基督教小教堂，并公开举行礼拜仪式，歌唱赞美诗。[28]

继他之后，1253 年天主教方济各会会士、法国人威廉·鲁布鲁克（William of Rubruk）奉法国国王路易九世之命访问蒙古汗国，于 1254 年到达哈剌和林。他在其著作《鲁布鲁克东行记》中也记述了不少蒙哥汗时期关于景教即聂斯托里派基督教徒的活动情况，不仅蒙哥汗的帐幕附近建有教堂，而且蒙哥汗的母亲和一个妃子及这个妃子所生的女儿都是景教教徒，景教教士时常出入蒙哥汗的帐幕为其进行祈福，蒙哥汗甚至也进景教的教堂。鲁布鲁克多次提到景教教徒唱圣乐的情况：

　　……撒里答（拔都的儿子——引者注）……身边有敲板唱圣诗的聂思脱里[29]教士。[30]

在拔都（1209-1256，成吉思汗之孙——引者注）的翰尔朵，"接着我们被带到帐殿中央……在唱'上帝怜我'时我们站在他面前……"[31]

　　圣安德烈节（11 月 30 日[32]），……我们发现了一个完全是聂思

25　原文可见[英]阿·克·穆尔著，郝镇华译：《一五五○年前的中国基督教史》中郝镇华编纂的附录七，中华书局 1984 年版。

26　李伟明：《敦煌莫高窟北区石窟揭密中国基督教史又获珍贵文献》，《中国天主教》2000 年第 6 期。

27　段晴：《敦煌新出土叙利亚文书释读报告》，载敦煌研究院编：《2000 年敦煌学国际学术讨论会文集——纪念敦煌藏经洞发现暨敦煌学百年》，甘肃民族出版社 2003 年版；段晴：《敦煌新出土的叙利亚文书解读报告（续）》，《敦煌研究》2000 年第 4 期。

28　耿昇、何济高译：《柏朗嘉宾蒙古行纪·布鲁布克东行记》，中华书局 1985 年版，第 104 页。

29　即聂斯托里。

30　耿昇、何济高译：《柏朗嘉宾蒙古行纪·布鲁布克东行记》，中华书局 1985 年版，第 237 页。

31　耿昇、何济高译：《柏朗嘉宾蒙古行纪·布鲁布克东行记》，中华书局 1985 年版，第 239-240 页。

32　指 1253 年——引者注。

脱里人的村子。我们进入他们教堂，愉快地高声吟唱"圣母万岁"。……[33]

我们返回我们的住所时，蒙哥汗来到教堂即礼拜堂……他们现在要我们按我们的方式念赞美诗和吟唱，我们唱如下的诗句："圣灵显降"。……现在那位夫人（指蒙哥的夫人——引者注）捧着一杯盛满的酒杯，跪下请求祈福，同时教士们（指景教教士——引者注）齐声高唱。……当夫人醉醺醺时，她登上车，教士们唱着嚷着……[34]

聂思脱里教士向他（指蒙哥——引者注）献香，他把香放进香炉，他们就这样把他熏香了。然后他们唱圣诗，为他欢饮而祈祷。[35]……

这些聂思脱里教徒经常朝着两根连在一起、有两人拿着的树枝，唱他们自己编的圣诗，我简直不知道那是什么诗句。……[36]

无辜婴儿节后第八天（1254年1月3日）我们被带到宫廷（指蒙哥汗的宫廷——引者注）。……他们让我们站在宫室门口，……时值圣诞节，我们开始唱到："从太阳升起的地方，直到大地的尽头，我们赞颂主耶稣，圣母玛利亚所生。"……[37]

在契丹有十五个城镇居住着聂思脱里教徒，他们在称作西安[38]的城市里有一个主教区。……那里的聂思脱里教徒什么也不懂，他们作祈祷，有叙利亚文的圣书，但他们不懂语言，因此他们唱圣诗就跟我们的僧侣不懂语法一样。……[39]

---

33 耿昇、何济高译：《柏朗嘉宾蒙古行纪·布鲁布克东行记》，中华书局1985年版，第256页。

34 耿昇、何济高译：《柏朗嘉宾蒙古行纪·布鲁布克东行记》，中华书局1985年版，第271-272页。

35 耿昇、何济高译：《柏朗嘉宾蒙古行纪·布鲁布克东行记》，中华书局1985年版，第273-274页。

36 耿昇、何济高译：《柏朗嘉宾蒙古行纪·布鲁布克东行记》，中华书局1985年版，第278页。

37 耿昇、何济高译：《柏朗嘉宾蒙古行纪·布鲁布克东行记》，中华书局1985年版，第263页。

38 即今大同。

39 耿昇、何济高译：《柏朗嘉宾蒙古行纪·布鲁布克东行记》，中华书局1985年版，第255页。

棕树主日（1254 年 4 月 5 日），我们接近哈剌和林……到第九个时辰，我们进入该城，举着十字架和旗帜，穿过有一个广场和市集的撒剌逊人的城区，再进向教堂，聂思脱里教徒排队出来迎接我们。进入教堂后，我们发现他们正准备做弥撒。做完仪式，他们都进圣餐。……唱完弥撒已是午后……[40]

聂思脱里教徒们让我们站在唱诗班的入口处，看他们如何作法。……[41]

以上所谈这些都是景教即聂斯托里派宗教音乐的情况，他们使用叙利亚文歌唱赞美诗，相关文物资料也证实了这一情况，但是可能他们并不懂叙利亚文。当时，蒙古统治者对于景教还是非常宽容的，包括很多宫廷人员也都是景教徒，教徒和教士可以随便活动，并得到了最高统治者的支持，他们公开举办各种宗教活动，包括唱圣诗、做弥撒等，而且这些活动非常普遍。当时赞美诗的歌唱形式是将唱诗班分开为两组交替唱诵，直至唱完。这种歌唱形式最早开始于叙利亚东方教会，并为东方教会系统所沿用。[42]而罗马天主教音乐的传入则是由前文已经提到的意大利方济各会士约翰·蒙特高维诺开始的。

约翰·蒙特高维诺是一个具有较高音乐修养的传教士，在他传教活动中，组织了教堂唱诗班，演唱赞美诗。他在写给欧洲的信中提到：

我已逐渐买下了四十名男童，……年龄在七岁至十一岁之间。……我在此为他们施行了洗礼，并且教他们拉丁文和我们的宗教仪式。我为他们写出了诗篇和赞美诗约三十首，每日祈祷书二篇。他们之中，有十一名男童现已学会应用这些来举行礼拜仪式。不管我在不在教堂，他们都组成唱诗班唱诗并举行礼拜仪式，好像在修道院里一样。……皇帝陛下非常高兴听他们唱歌。在定时祈祷时，我就敲那三口钟，并和由"乳臭未干的小伙子和幼童"组成的唱诗班一道唱祷告词。但是，我们是凭记忆来唱，因为我们没有配乐谱的书。……

---

40 耿昇、何济高译：《柏朗嘉宾蒙古行纪·布鲁布克东行记》，中华书局 1985 年版，第 286 页。

41 耿昇、何济高译：《柏朗嘉宾蒙古行纪·布鲁布克东行记》，中华书局 1985 年版，第 287 页。

42 王旋：《基督教赞美诗在近代中国的传播及其影响》，《黄钟（武汉音乐学院学报）》2006 年增刊。

我恳求小兄弟会的会务处，寄给我《唱和歌集》《圣徒故事集》、渐进的并配以乐谱的《诗篇集》各一册，以便作为样本，因为我除了有《每日祈祷书》（附有经过缩短的日课）和《弥撒书》各一小册外，其它书籍都没有。……

上述阔里吉斯王生前，我曾同他计划过，把拉丁文祷告词全部翻译出来，以便可在他管辖的领土内广为歌唱。在他生前，在他的教堂里经常按照拉丁仪式用他们自己的语言（弥撒的序祷和中心部分都用他们自己的语言）举行弥撒。……

我们在我们的礼拜堂利用普通调子庄严地唱祷告词，因为我们尚未得到配有乐谱的《诗篇集》。大汗在宫里可以听到我们歌唱的声音……

我们的第一座教堂和新建的第二座教堂，都在城里（这个城市是很大的），两处相距约二英里半。我把男童们分为两部分，让一部分男童在第一座教堂，另一部分男童在第二座教堂，由他们自行唱祷告词。但是，我每隔一星期轮流到每座教堂去，作为教士举行弥撒，因为男童们还不是教士。[43]

与约翰·蒙特高维诺书信同时代的著作《约翰·温特瑟尔编年史》（Johannis Vitodurani Chronicon）所载一位德国传教士发自中国的信札，也印证了约翰·蒙特高维诺的事迹：

这位修士（指约翰·蒙特高维诺）收买来四十个当地儿童，教他们拉丁文和文法。……教他们学习音乐和经文。他们也学习祷告时刻。他们唱得很熟练，可以十分协调地进行轮唱；其中有些比较聪明、声音较好的儿童荣领唱歌队。大汗非常喜欢听他们歌唱，因此，大汗常常邀请那位修士、即他们的主人和老师带四个或六个儿章为他歌唱、使他欢心。他也愿意服从大汗命令，以此取得大汗的满意和欢快，常常轮换带四个、六个或八个儿童来皇宫中在大汗和地方官面前唱优美悦耳的歌曲，使他们欢喜愉快，心旷神怡。[44]

---

43 顾伟民：《中国天主教编年史》，上海书店出版社 2003 年版，第 25-29 页。

44 [英]阿·克·穆尔著，郝镇华译：《一五五〇年前的中国基督教史》，中华书局 1984 年版，第 233-234 页。

意大利籍耶稣会士鄂多立克（Odoricu）于 1318 年启程东来，他于 1322 年经印度达到中国泉州，后又北上到达都城汗八里，见到了晚年的约翰·蒙特高维诺，在其著作《鄂多立克东游记》中，他提到：

> 有一次，他（大汗）正登程去汗八里，我们听到他驾临之消息，我们的一位主教、还有几位修士和我赶二日路程去迎接。快要接近时，我将一十字架置于杆头，以便他能明显看到。此外，我还一手端一随身携带之香炉。我们开始高声歌唱"伏求圣神降临"（Veni Creator Spiritus）。[45]

此外，教皇使节约翰·马黎诺里（Giovanni de' Marignoli）于 1342 年达到北京觐见元顺帝，他在后来记述其出使元廷情形时说：

> 觐见时，我身着礼服，在我面前有人持一极为精美十字架，灯烛辉煌，香烟缭绕，我口唱"笃信唯一真神"（Credo in Unum Deum），进入豪华壮丽宫殿朝见大汗。圣歌毕，我为大汗祝福，大汗虔诚领受。[46]

从以上资料我们可以窥知元代中国基督教会礼仪和音乐的一些情况，当时在中国传播的主要是景教和天主教，景教的礼拜仪式和音乐受到东方教会的影响较大，主要使用叙利亚文；蒙特高维诺所带来的是西方十二、十三世纪左右的天主教音乐的曲式，他培养了 40 名幼童组成唱诗班用拉丁文演唱圣诗。这些孩子的演唱技巧很高，可以"十分协调地进行轮唱"。而且，蒙特高维诺和他的儿童诗班非常受蒙古大汗的喜欢，他时常带着几个诗班成员去皇宫为大汗及王公大臣献唱。当时，蒙特高维诺为蒙古族天主教徒举行弥撒主要用的是蒙古语，"弥撒的序祷和中心部分都用他们自己的语言"，只是男童诗班的唱诗则是用拉丁语，唱的主要是圣经诗篇的内容。蒙特高维诺曾经写信向罗马教廷要《唱和歌集》及配有乐谱的《诗篇集》，后来受罗马教皇派遣的三位主教来华协助蒙特高维诺工作，很可能他们会把这些书籍带到中国。

由于缺乏更多的文献资料，今天我们已经很难全面了解当时中国基督教会礼仪和音乐的具体情况了，也没有资料能够证实当时的教会音乐是否吸收

---

45 [英]阿·克·穆尔著，郝镇华译：《一五五○年前的中国基督教史》，中华书局 1984 年版，第 221 页。

46 [英]阿·克·穆尔著，郝镇华译：《一五五○年前的中国基督教史》，中华书局 1984 年版，第 286 页。

了中国民族音乐的成分，他们所使用的音乐应为西方天主教会圣乐。由于元代信教的主要是蒙古人和色目人，随着元朝政府的覆灭，蒙古民族远遁漠北，景教和天主教在中原地区再一次销声匿迹，其礼拜仪式和音乐亦随之绝迹。唐元时代在中国传播的基督宗教音乐对中国传统音乐几乎没有产生任何影响，它们作为异域文化并没有像隋唐时代西域音乐那样与中国传统音乐文化融合而落地生根，它们在中土只是昙花一现，很快便随着基督宗教在中国的消失而踪影全无。

第二章　明末清初天主教音乐在中国的传播

第一节　明代末期天主教在中国的发展

一、天主教在明末再次传入

14 至 16 世纪，欧洲封建制度逐渐解体，新兴的资本主义生产关系开始在一些新兴起的民族国家出现萌芽。地理大发现和新航路的开辟，使得欧洲人沿着非洲西海岸绕过好望角到达印度以及远东的中国和日本。欧洲的天主教传教士们随着商人的船队来到这里传播福音。但是在中国，由于东南沿海倭寇滋扰，整个明朝都实行严厉的海禁政策，中国官府严禁外国人入境，所以最早来华的天主教传教士，很难叩开中国紧闭的国门，他们有的被捕入狱，有的遇险丧命，更多的是至死都未能踏进中国的大门。

明清之际在华活动功效最显著的主要是耶稣会（the Society of Jesus）。耶稣会是由西班牙人圣伊纳爵·罗耀拉（St.Igntius Loyala，1491-1556）于 1534年在法国巴黎蒙塞特拉修道院创立的，1540 年经教皇保罗三世批准立会，总部设在罗马。其宗旨是振兴罗马教会，重树教皇的绝对权威，反对宗教改革。西班牙人沙勿略（Francisco Xavier，1506-1552）是第一个来叩问中国大门的耶稣会士，他于 1552 年 8 月来到广东台山县的上川岛，并建立了一座教堂。由于明朝海禁甚严，沙勿略虽穷尽其力，但至死都未能进入中国大陆。

1554 年，葡萄牙人通过贿赂得到了在濠境（澳门）经商和居住的权利，将澳门变成他们固定的据点，此后大量葡萄牙商人和传教士便涌入澳门，到 16 世纪 80 年代，澳门已经成为天主教一个远东传教中心，奥斯定会[1]、多明我会[2]、方济各会以及耶稣会都在这里拥有据点。很多传教士都想以此作为进入中国大陆的基地，但都以失败而告终。1580 年，意大利籍耶稣会士罗明坚（Michele Ruggleri，1543-1607）随葡萄牙商人到达广州，其汉语流利，举止文雅，很符合中国礼仪，于是赢得了当地中国官员的好感，准许其在每年接待暹罗贡使的驿馆里居住，这样他就成为明朝第一位获准在中国内地居留的传教士。1583 年 9 月，罗明坚和另一位意大利耶稣会士利马窦到达广东肇庆，受到肇庆知府王泮的盛情款待，并获许在当地建立圣堂和会院，这可以说是中国天主教的肇始。1588 年，罗明坚返回欧洲，此后再也未能回到中国。真正实现天主教在中国内地流传的则是利马窦。

二、利玛窦在中国的传教

利玛窦于 1552 年出生在意大利马知拉塔（Macerata）一个官宦家庭，他于 1571 年加入耶稣会。1578 年他和罗明坚及葡萄牙耶稣会士孟三德（Duarte de Sande S.J.，1547-1599）等一道乘船前往印度果阿传教，并在沙勿略创办的果阿修道院学习神学。1580 年晋升为神父，1582 年 4 月到达澳门学习汉语和中国的历史文化及风土人情，为到中国内地传教作准备。1583 年利玛窦和罗明坚一道来到广东肇庆，并获准在此建寺居住。

通过与中国人接触，利玛窦意识到"士"这一阶层在中国的特殊地位，作为"四民"之首，他们既掌管着中国的政权，又垄断了中国的文化思想，要想在中国传教成功，首先就要让士大夫接受基督教。于是利玛窦改穿儒服，留须蓄发，并仔细研读儒家经典，熟读五经四书，自称为"西儒"，还根据中国儒士习俗为自己取号"西泰"。正是这样，利玛窦在当时赢得了文人士大夫和达官贵人的好感，很多显贵和文人都和他保持着很好的交情，尤其著名的

---

1 奥斯定会，天主教托钵修会之一。也译作奥古斯丁派，他们主张遵守奥古斯丁所倡导的守则，即按福音书所说抛弃家庭、财产而追随耶稣基督，过集体清贫生活。1256 年被教皇亚历山大四世正式批准为修会。

2 多明我会，天主教托钵修会之一。也译为"道明会"，亦称"布道兄弟会"。会士披黑色斗篷，故又称"黑衣修士"，以区别于方济各会的"灰衣修士"、加尔默罗会的"白衣修士"。

是明代中国天主教"三大柱石"——李之藻、徐光启和杨廷筠三人，都是在他的影响之下成为基督教徒的。

1600年，利玛窦乘船沿运河北上，翌年抵达京城，从此他就再也没有离开过北京城。利玛窦在北京向万历皇帝进献了很多西洋珍宝，万历皇帝赏赐馆舍让利玛窦等传教士居住，并允许他们在北京传教。自此，天主教在中国得到了社会上层的认可，获得了有利的发展机遇。1605年，利玛窦在北京宣武门外建立了一座教堂，这就是北京南堂，他以此为据点广泛结交公卿士大夫，不失时机地进行传教活动，那时北京地区已经有逾200人信教，其中不少是朝廷命官。1610年，利玛窦积劳成疾病逝于京，万历皇帝为嘉其对中国的贡献，将阜成门外占地20亩的"仁恩寺"[3]赏赐给他作为墓地，并为他举办了隆重的葬礼。

利玛窦博学多才，兼通天文、历法、地理、算学、几何、语言等学科，他主要是以学者的身份同中国文人士大夫阶层交往，而极少以传教士的身份直接向中国人传教，更多的是以潜移默化的形式来影响中国人接受天主教的理论。利玛窦不遗余力地向他结交的中国知识分子和官绅宣传西方的自然科学和人文思想，用汉语撰写了大量涉及天文、历法、地理、数学、几何、力学、逻辑学、哲学、伦理学以及音乐等方面的著作，其中最为著名的当属天文历法和数学。徐光启根据利玛窦传授的方法准确推断出了日食，而此前的一百多年间，明朝政府根据中国原有历法推算的日食大都不准确，其结果是明政府改组历局，让耶稣会士进入历局工作，这一传统一直持续到道光十七年（1837）清朝最后一位传教士钦天监高守谦告病回欧洲为止。于是明清两朝近200年时间里，中国天文部门的最高负责人大多由西洋传教士担任，正是利玛窦所传授的西洋历法奠定了这一基础。在数学上利玛窦最重要的学术成就是在徐光启的帮助下翻译了欧几里德的《几何原本》前六卷，此书一经问世，就得到了中国士大夫们的高度评价。其次，利玛窦注重在知识分子阶层中传播天主教教理。他写过一本关于天主教教理的著作《天学实义》，修改后改名为《天主实义》，修改再版后的书中大量引用五经四书儒家经典，试图将儒教思想与天主教教理相融合，借用中国儒生比较容易接受的方式介绍天主教的基本观念。他的著作赢得了中国知识分子的青睐，当时最著名的中国天主教徒徐光启就是因为他的书中所叙述的道德原则十分严谨细致，因而受

---

3 在今北京市委党校院内。

感动才受洗入教的。事实证明，利玛窦等一些传教士的这种传教方法在当时是比较成功的，他们采取的上层传教路线赢得了中国政府的信任，因而中国政府对传教士的宗教活动采取比较宽容的态度，这就使得天主教在 16、17 世纪的中国获得了一定的发展空间。首先，他们的学识和品行赢得了部分中国知识分子的信任，这些人最终成为中国最早的一批天主教徒，他们主动吸收西方传教士所带来的先进的科学技术知识和宗教观念，积极推动天主教在中国进行传播。与此同时，还有另外一些传教士依赖利玛窦等人在朝廷上所争取到的比较宽松的宗教政策，积极在社会下层中传教，他们在各地广建教堂，举行弥撒和各种宗教仪式，劝诫普通百姓领洗信教。据统计，1636 年，全国有天主教徒 38200 人，其中包括朝廷一等大员 14 人、进士 10 人、举人 11 人、生员 300 余人，普通百姓占了中国天主教徒的绝大多数。[4]

三、以"三大柱石"为代表的中国天主教徒

当时，通过利玛窦等传教士而信仰天主教的中国教徒，最为著名的当推徐光启、李之藻和杨廷筠三人，他们被称作是明朝中国天主教的"三大柱石"。徐光启（1562-1633），字子先，号玄扈，上海县徐家汇人。李之藻（1571-1630），字振之，又字我存，号凉庵、凉庵居士，浙江仁和（今杭州）人。杨廷筠（1557-1627），字仲坚，号淇园，浙江仁和人。他们三人是同时代人，皆进士出身，儒家弟子，杨廷筠还是佛教居士。徐光启 1596 年在广东韶州时，就认识了意大利传教士郭居静（Lazare Cattaneo，1560-1640），因看到由利玛窦带来的《山海舆地全图》而对他产生出敬仰之情，1600 年春二人在南京会面，相谈甚欢，彼此视为知己。1603 年徐光启在南京由葡萄牙传教士罗如望（Jean de Rocha，1566-1623）神父施洗入教，教名"保禄"，受其影响，其父亲及岳父均受洗入教。1604 年，徐光启考中进士，入翰林院为翰林庶吉士，并任礼部尚书、文源阁大学士。此后他常驻北京，与利玛窦有了经常性的交往，他虚心从利玛窦那里学习西方各种自然科学知识。自 1605 年秋开始，二人开始共同合作翻译《几何原本》，利玛窦口述，徐光启笔录，经过反复推敲，三易其稿，历时一年有余，终于在 1607 年将前六卷译完刊行，此书翻译水平极高，其所创造的基本平面几何术语一直沿用至今，奠定了中国几何学的基础。另外，二人还合作翻译了《测量法义》《测量异同》《勾股义》等著作，在利玛

4 晏可佳：《中国天主教简史》，宗教文化出版社 2001 年版，第 59 页。

窦去世后，徐光启还向意大利传教士熊三拔（Sabbatino de Ursis，1575-1620）学历水利、向德国传教士汤若望（Johann Adam Schall von Bell，1592-1666）学习历法，成为明代著名的科学家。1625 年，因受魏忠贤排挤，徐光启潜居乡间研究农学，为后世留下了《农政全书》这部不朽的著作。后来，徐光启又升任礼部尚书，他奏请皇帝设立历局，自认监督，李之藻为副手，并推荐启用意大利耶稣会士龙华民（Nicolas Longobardi，1559-1654）、罗雅谷（Giacomo Rho，1593-1638），德国传教士邓玉函（Johann Schreck，1576-1630）以及汤若望等人推算历法，在他的主持下修订《大统历》，并编撰了《崇祯历法》。1633 年徐光启在北京病逝，归葬上海徐家汇。

李之藻于 1598 年中进士，曾任工部水司郎中、南京太仆寺少卿、河道工部郎中、广东布政使、光禄寺少卿等职。在利玛窦居京期间，李之藻一直追随左右，向利玛窦学习天文、地理、数学等科学知识。二人合作翻译了《浑盖通宪图说》《同文算指》《圜容较义》《乾坤体义》等著作，并刻板《坤舆万国全图》，晚年他还为利玛窦《天主实义》作序，并于 1628 年编辑刻印了我国最早的一部天主教丛书《天学初函》，丛书分"理"（宗教），"器"两篇，收录当时传教士和中国天主教徒所撰写、翻译的西方科学及天主教著作凡 20 种。他与利玛窦于万历四十一年（1613）合译的《同文算指》，是中国编译西方数学的最早著作。万历三十八年（1610），李之藻患重病，在利玛窦力劝下受洗入教，取教名"良"（Leo）。李之藻曾深入研究"大秦景教流行中国碑"，认为这是基督教传入中国的明证。前文已经讲过，他将研究成果简要地写成《读景教碑书后》，葡萄牙传教士曾德昭曾把他的研究成果对西方作了详细报道。

杨廷筠是万历二十年（1592）进士，1598 年升任监察御史。1602 年在京与利玛窦结识，遂成知己。与徐、李二人不同，杨廷筠对自然科学知识知之不多，但是他传统文化的根基很深，精通易经和章句之学，还曾一度对佛教产生过强烈兴趣，结交了不少江南的名僧大德。1611 年，他在杭州从传教士郭居静和金尼阁那里了解到一些天主教的教义，并目睹了耶稣的圣像，颇为触动，遂受洗，教名弥额尔（Michael）。杨廷筠入教后即成为一个虔诚的教徒，写了很多护教、传教著作，在当时流传很广。

当时，中国士大夫阶层领洗成为天主教徒的人还有很多，如陕西泾阳的大儒王徵（1571-1644）经西班牙传教士庞迪我（Diego de Pantoja,1571-1618）

学习天主教教义，并受洗入教，教名斐理伯（Philippe）。他曾为法国传教士金尼阁的著作《西儒耳目资》核校并作序，这是第一部用罗马字母为汉字注音的著作，供外国人学习中文之用；此外，他还与传教士邓玉函合作，由邓玉函口述、王徵笔录并编图，共同完成一部《远西奇器图说录最》，这是中国出版的第一部力学和机械学著作，王徵还另著有《新制诸器图说》一书。陕西绛州的韩霖（约 1596-1649），从徐光启习兵法，受其影响而受洗入教，教名多默（Thomas）。此外，李应试、金声、瞿太素（汝夔）、瞿式毂、瞿式耜、李天经、孙元化、冯应京、李祖白、陈于阶、韩云、张星曜、张庚、诸际南、段衮等等，也都是当时有名的士大夫天主教教徒。曾多次任宰相的叶向高虽然不是天主教徒，但他与利玛窦等传教士交情匪浅，并多次为传教士提供帮忙，利玛窦去世时墓地也是其奏请万历皇帝批复的。1624 年，其告老还乡时，意大利传教士艾儒略同其一同来到福建，自此天主教开始在福建境内传播，叶向高的 2 个孙子、1 个曾孙和 1 个孙媳都入了教，而且其长孙叶益蕃还捐资兴建了福州第一座天主堂——三山堂（Tripartite Hill Church）。

当时还有一位非常有名女教徒，即徐光启的次孙女，教名甘第大，因夫家是松江许家，史称许母徐太夫人（1607-1680）。她是一位十分虔诚的天主教徒，在其影响下，其夫许远度及子女 8 人，均受洗，天主教由此传至松江地区。她以乐善好施著称，曾将以前传教士赠送其祖父徐光启的礼物复送传教士，以便他们在与中国官员及士大夫交往时，作为馈赠礼物。她还通过在上海的传教士潘国光，将自己 30 年来与儿女辈从事女红所得的 5500 两白银周济全国传教士。为了传教，她不顾路途艰辛，随子许缵曾游宦江西，在南昌购宅建堂。此后，许缵曾又到四川、河南、湖广、云南等地任职，甘第大虽未亲至，但仍嘱托儿子每到一地都修建天主堂。据统计，许母徐太夫人先后在家乡捐资建教堂 35 所，在异地捐资建教堂 9 所。此外，她还出资刊印宗教书籍 126 种，科学类书籍 89 种，共 486 卷，分发给各地教堂并赠送给贵妇名媛、亲朋好友，使足不出户的妇女能接触到天主教教义。她还通过儿子许瓒曾呈请苏州抚台准许，在松江城西购买一处大宅，专门收养遗弃女婴。自 1675 年至 1696 年，育婴所共收救弃婴 5480 名。[5]清初杨光先教案发生时，全国传教士都被遣往广东，夫人又送银 3000 两作为生活之资。夫人死后，曾在中国传教的比利时传教士柏应理（Philippe Couplet，1623-1693）回到欧洲后用拉

5　周萍萍：《明清之际天主教三位女信徒》，《世界宗教文化》2008 年第 3 期。

丁文为其作传《一位中国奉教夫人许甘第大传》[6]，详细记述了她的事迹，并称赞说"在全国，恐无一圣堂、祈祷所、教区、善会，不曾沾夫人之恩"。该书在西方影响甚广，因此许甘第大也成了第一位在西方产生影响的中国天主教徒。

纵观明末这些天主教徒，他们中很多人是士大夫教徒，注重经世致用之学，跟从西方传教士学习西方科学知识，并积极翻译、推介西方科学著作，推动了中西方科技交流，对中国近代科学的发展产生出深远影响；同时，他们力图将儒学与天主教融会贯通，利用天主教教理来"补儒易佛"，以实现革除时弊、重振朝纲的社会政治理想。有这样一批朝廷重臣和知识分子参与，极大地加快了天主教在中国的传播。

明末，在中国影响最大的天主教派是耶稣会，此外，方济各会和多明我会也已在华传教，当时教徒主要集中在北京地区和江南地区，1617 年统计的教徒人数有 13000 人，1636 年为 38200 人，到了清初顺治 7 年（1650），已达到 15 万人，全国 15 省除云、贵外均有传教士活动。[7]天主教不仅在民间和士大夫之间传播，而且宫廷内部也开始信教。汤若望等人因修订历法深得崇祯帝信任，被委任管理历局，并监制火炮。崇祯帝特赐"钦褒天学"匾额，悬挂天主堂中，且允许汤若望、龙华民、罗雅各三人出入大内，三人借机传教，1632 年，太监庞天寿由龙华民施洗入教；1640 年，包括天启皇后在内的 178 名皇室成员受洗，同时受洗的还有 140 多名太监。宫中还设立了一座教堂，汤若望经常在此主持弥撒等圣事。十数年间，明廷宫中受洗人数竟达 540 余人。[8]

第二节　明末天主教音乐及西方乐器的在华传播

一、澳门教会音乐及乐器

随着天主教在华的传播，在其进行宗教仪式时，宗教音乐亦是不可缺少的。但是，由于天主教在仪式方面一直遵循罗马教廷的规定，其仪式音乐也

6　中文版本主要有：许采白译《许太夫人传略》，上海徐汇益闻馆铅印 1882 年版；徐允希译《一位中国奉教太太——许母徐太夫人事略》，土山湾印书馆 1938 年版。

7　徐宗泽：《中国天主教传教史》，上海书店 1990 年版，第 323 页。

8　萧若瑟神父：《天主教行传中国考》，上海书店 1931 年版。

主要是拉丁语的格列高利圣咏，初入中国，在这方面改变不大，传教士著述中关于这方面的情况多集中于一些书信中的零星记述；另外，在中国一些官员和文人的著述中，关于天主教的音乐和乐器情况的记述也比较零散。从这些零散的材料中，虽无法了解当时中国教会音乐的全貌，但亦可以窥及一斑。

澳门是天主教在远东传播较早的地区，16 世纪 80 年代，澳门已经成为天主教一个远东传教中心，建有多所教堂、学校，其中最大、最著名的修院是耶稣会建的圣保禄修院，俗称"三巴寺"，包括一座教堂和一所学院，学院自1594 年开始招生，主要目的是"培养入华及到亚洲邻国宣教的传教士"[9]，因此严格遵循中世纪西方教会学校的校规，所有要到中国内地传教的传教士都需要先在这里学习汉语和中国文化，然后再进入内地，学院也非常重视音乐教育。关于这里的早期天主教音乐情况，孙晨荟在其《明清时期的天主教音乐》[10]一文中较多介绍。

圣保禄修院在历史上遭遇了三次火灾：第一次是1595 年，第二次是在1601年，第三次是 1835 年。1601 年的第二次大火使得教堂和学院皆被毁，1637年澳门市政府又筹巨资重修，教堂内置有大型管风琴，吸引了许多名人前往听其音乐并写文章纪念管风琴的样式和音色。1601 年，时任刑部主事王临亨（1557-1603）奉命到广东审案，他根据自己途中见闻著成《粤剑编》一书，书中记载：

> 澳中夷人，……有自然乐，……制一木柜，中置笙簧数百管，
> 或琴弦数百条，设一机运之，一人扇其窍，则数百簧皆鸣；一人拨
> 其机，则数百弦皆鼓，且疾徐中律，铿然可听。[11]

这是迄今所见对澳门管风琴的最早记录，当时澳门虽有多所教堂，但除了圣保禄修院外，其他条件都比较简陋。规模最大、建造最好的乃属圣保禄修院，此琴虽未指明是在何处，但根据描述"笙簧数百管""琴弦数百条"，体形庞大，很可能就是三巴寺之琴[12]，因该寺在王临亨访问当年便遭遇火灾焚

---

9 孙晨荟：《明清时期的天主教音乐》，《黄河之声》2014 年第 24 期。

10 《黄河之声》2014 年第 24 期。

11 （明）王临亨：《粤剑编·志·外夷》（卷三），中华书局 1987 年版，第 92 页。

12 苏明村：《中国管风琴史料初探（早期至清初）》（《神思》第廿九期，1996 年 5 月，第 52-60 页）；张娟：《13 世纪中叶至 20 世纪初管风琴在中国传播考略》（《中国音乐学》2006 年第 1 期）；孙晨荟：《明清时期的天主教音乐》（《黄河之声》2014 年第 24 期）等均持此观点。

毁，他所见应为 1601 年火灾之前的琴，也是目前对此琴的唯一记载，而此后其他作者所记录则应为 1637 年重建之后的琴，二者不可相混。关于重建之后三巴寺之管风琴，史料记载较多：如明末清初的文学家屈大均（1630-1696）在其著作《广东新语》中曾记道：

> 一寺曰三巴，高十余丈若石楼，雕镂奢丽，奉耶稣为天主居
> 之。……男女日夕赴寺礼拜，听僧演说。寺有风乐，藏革柜中，不
> 可见，内排牙管百余，外按以囊，嘘吸微风入之，有声呜呜自柜出，
> 音繁节促，若八音并宣，以合经呗，甚可听。[13]

康熙年间任两广总督的吴兴祚（1632-1697）在初次访澳时（约 1682），听过三巴寺的管风琴后，曾写诗道："坐久忘归去，闻琴思伯牙。"[14]他以钟子期自喻，恋恋不忘三巴寺优美的琴声。另外，康熙二十三年（1684），三巴寺的若瑟·蒙坦耶神父也曾写道："（教堂）旁有一条走廊，连接北面的大学。……唱诗班席位十分宽敞，那里有二座风琴，大小各一。"[15]由此证明，三巴寺中不止有一架管风琴，而且还有唱诗班的专席。此外，还有一些史料也记述了澳门三巴寺管风琴的情况：

> 其室之右有风琴台，悬铜弦琴，时时自鸣。又有钲鼓管箫诸器，
> 藏机木柜，联以丝绳，轮牙纷错，互相撞击，旋转既穷，则诸音自
> 作，如出乎口。[16]

> （三巴）寺有风琴，其琴铜弦，弹之以和经呗，并管箫诸乐器，
> 藏木柜，联以丝绳。轮牙相错，人转机，则诸音并奏。[17]

> 西洋风琴似凰笙，两翼参差作凤形。青金铸筒当编竹，短长大
> 小递相承。以木代鞄囊用革，一提一压风旋生。风声簧动众窍发，
> 牙签戛击音砑訇。奏之三巴层楼上，十里内外咸闻声。声非丝桐乃

13　（清）屈大均：《广东新语》（卷二），载《清代史料笔记丛刊》，中华书局 1985 年版，第 36 页。

14　（清）吴兴祚：《三巴堂》，载《留村诗钞》，康熙年间刻本。

15　转引自汤开建：《16 世纪中叶至 19 世纪中叶西洋音乐在澳汀的传播与发展》，《港澳研究》2002 年第 6 期。

16　（清）杜臻撰：《粤闽巡视纪略》（卷二），中国第一历史档案馆；暨南大学古籍所编《明清时期澳门问题档案文献汇编》（第 6 册），人民出版社 1992 年版，第 592 页。

17　（清）王士祯撰：《香山澳》，载《池北偶谈》（卷二十三），中华书局 1982 年版，第 517 页。

金石，入微出壮盈太清。传闻岛夷多任务巧，风琴之作亦其征。我友今世之儒将，巡边昨向澳门行，酋长欢迎奏此乐，师旋仿作神专精。器作更出澳蛮上，能令焦杀归和平。[18]

通过以上介绍，我们可以窥知三巴寺管风琴的一些情况：初建遭焚毁后又重建，寺中有大小两架琴，当时人们称之谓"风簧""风琴"或"风乐"，形似"簧笙"，有数百铜音管，声音宏大，十里内外能闻其声。当时已经有中国人能够仿制，其效果甚至更胜一筹。可惜，1835 年，三巴寺再次遭遇大火，目前仅存石刻教堂前壁，即著名的"大三巴牌坊"留给世人凭吊。

由于澳门早在 16 世纪就被葡萄牙人占据，天主教随着葡萄牙人进入澳门，并在这里落地生根。早期时候信徒主要是葡萄牙人，华人教徒比较少，但是随着时光的推移，华人信教人数日益增多，澳门天主教教堂数量在 17 世纪的乾隆时期就已经达到了 15 所之多[19]，虽然多数比较简陋，但是能够满足教众的日常礼拜。有宗教活动就有宗教音乐，可以想象，当时澳门的天主教音乐还是比较丰富的，日常弥撒、礼仪、重要节日庆典、教会学校的音乐教学等等都会演奏唱诵圣乐。有关澳门教会音乐情况，我们也可以从一些史籍中窥得一斑。1596 年月 1 月 16 日的《澳门圣保禄学院年报》记载了"圣母献瞻节"当天的演出活动：

> 公演了一场悲剧，……演出在本（圣保禄）学院门口的台阶上进行，结果吸引了全城百姓观看，将三巴寺前面街道挤得水泄不通，……因为主要剧情用拉丁文演出，为了使不懂拉丁文的观众能够欣赏，还特意制作了中文对白……同时配音乐和伴唱，令所有的人均非常满意。[20]

当时澳门天主教礼仪还主要是遵从罗马教会的礼仪，因此其弥撒、圣乐等也都是使用拉丁语。在另外的文献中，也有关于士兵参加弥撒的记述：

> 大门旁，百姓们坐在低矮的板凳上；士兵们集中在大殿中央；市民教徒们坐在靠近讲道台和唱诗班的椅子上。唱诗班的成员分

---

18 （清）梁迪撰：《西洋风琴》，载《岭海名胜记》，中国第一历史档案馆、暨南大学古籍所编《明清时期澳门问题档案文献汇编》（第 6 册），人民出版社 1992 年版，第 773 页。

19 汤开建、田渝：《明清之际澳门天主教的传入与发展》，《暨南学报（哲学社会科学版）》2006 年第 2 期。

20 转引自孙晨荟：《明清时期的天主教音乐》，《黄河之声》2014 年第 24 期。

别排成队站立在圣坛两旁。随着十一时钟声的响起，主持人走上讲台，士兵们把刺刀插在枪上。突然间音乐响起，效果特别的音乐似乎让人难以接受，因为乐队演奏的仿佛是一首舞曲。不过，一阵过后，人们不再惊讶。尽管场面新奇、粗俗，却很壮观。随着人们下跪或合手祈祷，士兵们收起刺刀全体跪下，而后一声号响使全场鸦雀无声……[21]

法籍耶稣会传教士裴化行（Henri Bernard，1889-1975）也曾这样记述当时澳门的教会活动："一五六三年圣主日内——复活前之一星期——举行庆祝圣妇味落尼加（Ste.Veronique）游行大会，……街上装饰得非常美丽，圣堂宛似天堂，恭捧圣体在市内游行，以音乐舞蹈相伴……仪式异常庄严……"[22]引来无数当地居民前来围观天主教宗教音乐和舞蹈。

当时，澳门圣保禄学院根据在中国传教的需要，设置课程主有中文、拉丁文、哲学、神学、数学、天文学、物理、医学、音乐、修辞学等。音乐在学校日常教学及其他活动中占有重要的地位。有记载说，学院考试或学位答辩时"所有候选者都在朋友和教父的陪伴下，骑着马，携带着风笛，从他们的家乡赶来"。艺术班首次结业考试的时候，学院院长和主考官入座后，在音乐伴奏下，搬一块石头进场摆放好，"典考委员会主席首先讲话，然后由合唱团唱歌，接着一名考官站起来走到石头后边发言。讲完话后再次奏乐，音乐一停，第一名考生走来坐在石头边，考试正式开始"[23]。这种"石上考试"在音乐的伴奏下充满了仪式感和神圣性。一位耶稣会视察员在 1620 年的报告中记录了学院管理规定（校规内容第 6 条）"每天必须进行应答祈祷，演唱连祷等圣歌"。曾有日本传教士的使者在圣保禄学院里举行音乐会，"旅途中他们没有荒废时间，而是学习弹奏各种乐器……他们一人弹竖琴，一人弹击弦古钢琴，另外两人拉小提琴"。[24]

---

21 [法]G.维沃勒尔斯：《古老的中国及其资料》，转引自孙晨荟：《明清时期的天主教音乐》，《黄河之声》2014 年第 24 期。

22 [法]裴化行著，萧浚华译：《天主教十六世纪在华传教志》，商务印书馆 1936 年版，第 110 页。

23 李向玉：《中国历史上的第一所西式大学——澳门圣保禄学院》，《中国大学教育》2002 年第 7-8 期。

24 转引自孙晨荟：《明清时期的天主教音乐》，《黄河之声》2014 年第 24 期。

二、传教士带到内地的乐器及其音乐活动

西洋乐器是随着传教士来到中国的[25]，第一位获准到中国内地居住的耶稣会士罗明坚，在其会所中就陈列着"声调悠扬的新乐器"[26]。而作为明清之际在中国内地传教成就最显著的传教士的利玛窦，他的传教方式是借助文化交流与沟通来实现传播福音的目的，音乐交流亦是其传教方式之一。1583年，利玛窦从广东登上中国大陆的土地，他和罗明坚在肇庆建立了内地第一所天主教堂，教堂里的西洋乐器，引起了很多中国人的兴趣："他们也羡慕我们的乐器，他们都喜欢它那柔和的声音和结构的新颖。"[27]但他并未指明此是何乐器。1598年利玛窦第一次到北京，呈献给皇帝的礼物中有八音琴一座[28]，但觐见皇帝失败。1600年利玛窦为再度进京做准备，澳门神学院院长李玛诺（Emmanuel Diaz Senicr，1559-1639）热心为他筹措礼物，其中包括定制几架风琴，但因制作时间拖得太长，直至利玛窦他们临行也未能及时完成，因而最终没有作为礼物带走。1601年利玛窦第二次到达北京，呈献的礼物中包括"西琴"一张。关于这张琴，清代钦定《续文献通

---

25 最早传入中国的西洋乐器应为管风琴，最初传入中国是在元中统年间（1260-1263），当时称作"兴隆笙""殿庭笙"，在元朝宴乐乐器中位居首位。《元史·礼乐志》有记载："兴隆笙，制以楠木，形如夹屏，上锐而面平。镂金雕镂枇杷、宝相、孔雀、竹木、云气，两旁侧立花板，居背三之一。中为虚柜，如笙之饱。上竖紫竹管九十，管端实以木莲苞，柜外出小搩十五，上竖小管，管端实以铜杏叶。下有座，狮象绕之，座上柜前立花板一，雕镂如背，板间二皮风口，用则设朱漆小架于座前，系风囊于风口，囊面如琵琶，朱漆杂花，有柄。一人按小管，一人鼓风囊，则簧自随调而鸣。中统间回回国所进，以竹为黄，有声而无律。玉宸乐院判官郑秀乃考音律，分定清浊，增改如今制，其在殿上者，盾头两旁立刻木孔雀二，饰以真孔雀羽。中设机，每奏工三人，一人鼓风，一人按律（拍盘），一人运动其机，则孔雀飞舞应节。殿廷笙十，延佑间增制，不用孔雀。兴隆笙，世祖所作。或曰西域所献，而世祖损益之。凡宴会之日，此笙一鸣，众乐皆作，笙止，众乐亦止。"元末明初陶宗仪的《南村辍耕录》及王祎的《兴隆笙颂序》也都有记载。此乃阿拉伯人借鉴欧洲管风琴技术而作，并进献给元世祖忽必烈，经元世祖改造后用于宫廷宴乐。元亡后此乐器失传。

26 [法]裴化行著，萧浚华译：《天主教十六世纪在华传教志》，商务印书馆1936年版，第277页。

27 [意]利玛窦、金尼阁著，何高济、王遵仲、李申译：《利玛窦中国札记》，中华书局1983年版，第216页。

28 [意]利玛窦、金尼阁著，何高济、王遵仲、李申译：《利玛窦中国札记》，中华书局1983年版，第334页。

考》有两处提到，其一是："明万历二十八年，西洋人利玛窦来献其音乐。其琴纵三尺、横五尺，藏椟中，弦七十二。以金银或炼铁为之弦，各有柱，端通于外，鼓其端而自应。"[29]其二是："利玛窦自大西洋国来，自言泛海九年始至。因天津御用监少监马堂进贡土物。其俗自有音乐，所为琴，纵三尺，横五尺，藏椟中，弦七十二。以金银或炼铁为之弦，各有柱，端通于外，鼓其端而自应。"[30]两处关于琴的记载完全一样。艾儒略（Jules Aleni，1582-1649）的《大西西泰利先生行迹》称之为"铁丝琴"，利氏原奏章所附贡品清单中称其为"大西洋琴"，在《西琴曲意》小引中称之为"雅琴"[31]，《利玛窦中国札记》中称其为"翼琴""古翼琴"[32]。陶亚兵考证其为17世纪左右流行于欧洲的"击弦式古钢琴"（利玛窦用意大利文写为"manicordio"，即英文的"clavichord"），翻译成中文是克拉维科德。[33]法国音乐学家弗朗索瓦·皮卡尔称其为"羽管键琴"[34]。原本的礼品中是没有这张琴的，因为李玛诺所定制的作为礼品的琴未能及时给他们，这台琴原本是传教士们的自用物品，当利玛窦一行来到天津，前来引见的宫廷太监马堂看中了这件乐器，就要求利玛窦将其列入供品之中。[35]

利玛窦向万历皇帝进呈西琴的过程在其《西琴曲意》小引中有详细记述：

> 万历二十八年，岁次庚子，窦具贽物，赴京师献上，间有西洋乐器雅琴一具。视中州异形，抚之有异音，皇上奇之。因乐师问日："其奏必有本国之曲，愿闻之。"窦对日："夫他曲，旅人周知，惟

29 《续文献通考》卷一百十《乐考·丝之属·夷部·七十二法琴》，十通本，浙江古籍出版社1998年版。

30 《续文献通考》卷一二〇《乐考·夷乐部·穆宗万历二十八年·大西洋利玛窦献其国乐器》，十通本，浙江古籍出版社1998年版。

31 汤开建：《明清之际西洋音乐在中国内地传播考略》，《故宫博物院院刊》2003年第2期。

32 [意]利玛窦、金尼阁著，何高济、王遵仲、李申译：《利玛窦中国札记》，中华书局1983年版，第394页、407页。

33 陶亚兵：《明清间的中西音乐交流》，东方出版社2001年版，第14页。

34 [法]弗朗索瓦·皮卡尔著，贾抒冰译：《明清时期中西音乐文化交流概况》，《中央音乐学院学报》2007年第2期。

35 利玛窦所进贡的"西琴"及其后来者带到中国来的类似的琴，史书中屡有记载，只是所用名字不同，大概有十几种。参考陶亚兵：《明清间的中西音乐交流》，东方出版社2001年版，第9-11页；杨洪冰：《中国钢琴音乐艺术》，清华大学出版社2012年版。

习道语数曲，今译其大意，以大朝文字，敬陈于左。第译其意，而不能随其本韵者，方音异也。"[36]

利玛窦进献的古钢琴，颇得万历皇帝的喜爱。他派了在宫内乐队演奏弦乐器的四名太监来见利玛窦，要求学习弹奏古钢琴。与利玛窦同时来京的西班牙传教士庞迪我（Pantoja, Didaco de, 1571-1618），曾经学习过弹奏古钢琴，于是他就成了四名太监的音乐老师。据《利玛窦中国札记》记述：

过了些时候，在皇帝面前演奏弦乐器的四名太监奉皇帝之命来见神父。在中国人中间，演奏这种乐器被认为是一种先进的艺术。宫廷乐师的地位高于算学家，他们指导皇宫里一所高级的学校。他们前来是请神父教他们演奏古翼琴的，这架古琴也包括在送给皇宫的礼物之中。庞迪我神父从一个偶然的学徒已经成为精通这件乐器的人，他每天去皇宫给他们上音乐课。庞迪我神父还是很久以前在利玛窦神父的建议下向很有修养的音乐家郭居静神父学的古琴。利玛窦神父在提出建议时就已期待着这一天了。关于这种乐器中国人一无所知，而庞神父不仅学会了演奏而且还会和弦。[37]

庞迪我因此成为中国宫廷中第一个外籍音乐教师。音乐课持续了一个月，四名太监很希望他们演奏的乐曲能够配上中文歌词，于是利玛窦趁此机会编写了八首中文韵律诗，并编辑成册，名曰《西琴曲意》。

1601 年 2 月利玛窦致信罗马马塞利神父（P.Ludovico MaseIIi S.I.A Roma），信中谈到他在北京传教的情况："我们尚未建造正式圣堂，只有一间小型教堂，以便在里面举行弥撒、讲道理、听告解，在大节日还举行隆重的仪式，尽力而为。有的教友是从南京来的，还唱了三四台弥撒，用大键琴伴奏。"[38]这里的大键琴同进贡给皇帝的一样，是克拉维科德。1605 年 8 月，利玛窦在北京宣武门内购得一所房子作为耶稣会士的居所，并辟出其中一部分为教堂。[39]北京成为当时天主教在中国传教的中心。随后陆续有传教士来京，并带来了不

36 [意]利玛窦：《畸人十篇》，载朱维铮主编：《利玛窦中文著译集》，复旦大学出版社 2007 年版。

37 [意]利玛窦、金尼阁著，何高济、王遵仲、李申译：《利玛窦中国札记》，中华书局 1983 年版，第 407-408 页。

38 转引自陈小鲁：《基督宗教音乐史》，宗教文化出版社 2006 年版，第 316 页。

39 顾伟民：《中国天主教编年史》，上海书店出版社 2003 年版，第 102 页。

少西洋乐器，或进贡于朝廷，或用于教堂，如 1639 年，意大利籍耶稣会士毕方济向崇祯皇帝进献西琴一张并"风篁"（管风琴）一座。明朝文人冯时可在京述职时曾拜访过利玛窦，在其著作《蓬窗续录》中谈到在利玛窦那里看到过"番琴"："余至京，有外国道人利玛窦，……道人又出番琴，其制异于中国，用铜铁丝为弦，不用指弹，只以小板案，其声更清越。"[40]

此外，利玛窦还是第一个将中国音乐介绍给欧洲的传教士，在《利玛窦中国札记》中，他用了不少篇幅来介绍中国的戏曲、道教及祭孔宗教仪式音乐和中国乐器，不过或许是对中国音乐文化的隔膜，他对中国音乐的评价显然有失偏颇：

> 中国音乐的全部艺术似乎只在于产生一种单调的节拍，因此他们一点不懂把不同的音符组合起来可以产生变奏与和声。然而他们自己非常夸耀他们的音乐，但对于外国人来说，它却只是嘈杂刺耳而已。虽然事实上他们自称在和谐的演奏音乐领域中首屈一指，但他们表示很欣赏风琴的音乐以及他们迄今所听过的我们所有的乐器。也许他们听到我们的声乐和管弦乐曲后，他们也会以同样的态度加以评价。截至目前为止，他们在我们的教堂里还没有过这种机会，因为我们在这里的简朴的开端还没达到那样发展的阶段。[41]

他不止一次批评中国音乐"走调""杂乱""不和谐"。对于道教音乐，他认为"他们奏出来的音乐让欧洲人听起来肯定是走调的"[42]。1599 年他在南京观看了祭孔仪式的预演，对于中国人来说极其庄重、严肃的祭孔音乐，在他看来却是"乱作一团"：

> 组成乐队的祭司们穿上华贵的法衣就仿佛他们要去参加祭祀仪式那样。在向大臣致敬后，他们就开始演奏各式各样的乐器：铜铃，盆形的乐器，有些是石制的，上面蒙有兽皮像鼓一样，类似琵琶的弦乐器，骨制的长笛和风琴，不是用风箱吹而是用嘴吹。他们还有

40　（明）冯时可：《蓬窗续录·说郛》，载（明）陶宗仪等编：《说郛三种》之《说郛续》卷十七，上海古籍出版社 1986 年版，第 811 页。

41　[意]利玛窦、金尼阁著，何高济、王遵仲、李申译：《利玛窦中国札记》，中华书局 1983 年版，第 23 页。

42　[意]利玛窦、金尼阁著，何高济、王遵仲、李申译：《利玛窦中国札记》，中华书局 1983 年版，第 112 页。

一些别的乐器，形状也像动物，他们用牙齿噙着芦管，迫使管内的空气排出来。在预演会上，这些古怪的乐器一齐鸣奏，其结果可想而知，因为声响毫不和谐，而是乱作一团。[43]

据此，我们可以看出，当时利玛窦还怀着"上帝音乐在欧洲"的高傲心理俯视中国音乐，认为中国音乐只是"一种单调的节拍"，不懂得"变奏与和声""嘈杂刺耳""毫不和谐"，完全不能与他们的音乐相提并论。利玛窦之所以会对中国音乐有这样片面的认识，有人认为，这与其有限的音乐修养有关，"利玛窦作为一名传教士，职业要求他需要具备一定的音乐修养。而他的工作是传教，并非专业音乐家，他不可能花大量的时间和精力去进行音乐专业技能训练和从事音乐理论研究。他的音乐修养只是一名传教士所具有的音乐修养，而不是一名专业音乐家的音乐修养"。他的音乐素养不仅无法与"很有修养的音乐家"郭居静相比，同时也比不上跟随郭居静学习音乐的庞迪我，而且，"他的职业与中国音乐之间并没有必然的联系，他没有必要、可能也没有兴趣去深入的了解中国音乐"，所以造成了利玛窦"对中国音乐的了解有一定的偶然性和表面性"。[44]

由于当时利玛窦在北京只建了一间小型教堂，条件比较简陋，中国人仅仅听到过他们演奏风琴、大键琴等有限的西洋乐器，还没有机会欣赏到他们的声乐、管弦乐曲等，这里的"声乐""管弦乐曲"很可能是指在天主教重大节日举办隆重活动时所进行的大型合唱及交响乐演奏活动，而不是教堂日常弥撒及礼拜，因为上文的书信中利玛窦已经说过他们在教堂中"举行弥撒、讲道理、听告解，在大节日还举行隆重的仪式"，并"用大键琴伴奏"，显然，利玛窦没有把这些算成"声乐""管弦乐曲"，因为当时中国国信徒人数不多，传教士人数亦有限，不可能举行声势浩大的合唱及管弦乐合奏，他们在教堂中的弥撒、礼拜等活动参加人数也极其有限，除了几个在京的传教士外，可能有一些怀着好奇心前来看热闹的中国人，但中国教徒并不太多，所以利玛窦的教堂中应该是没有唱诗班的。此外，由于初期传教，其礼仪仍然遵守罗马天主教会的礼仪，再加上传教士们对中国音乐的偏见，教会所用音乐的曲调很可能只是西方曲调，用中国传统音乐配曲的情况可能极少或者根本没有。

---

43 [意]利玛窦、金尼阁著，何高济、王遵仲、李申译：《利玛窦中国札记》，中华书局 1983 年版，第 361 页。

44 本段引文均引自范晓君：《论利玛窦的中国音乐观》，载《利玛窦与中西文化交流国际学术论坛论文集》，广东肇庆学院 2010 年版。

当时，在广州、肇庆、韶州、南雄、南京、南昌、上海、杭州等地教徒人数不断增加，并陆续建有教堂，节日里教堂里时常举办活动，在举行宗教仪式和活动时，必定会有宗教音乐奉献。如 1607 年，受利玛窦之命，华人修士钟鸣礼到肃州[45]去迎请葡萄牙传教士鄂本笃（Bento Goes，1562-1607）进京，当时鄂本笃已病入膏肓，他见到钟鸣礼很高兴，唱起了颂歌"荣归天主"[46]；徐光启是非常虔诚的教徒，他到北京后的第一件事就是去教堂告解，并参加弥撒，在京期间，他与传教士比邻而居，从其住处到教堂有一通道，每天他都要去祈祷、拜圣体并参加弥撒；1607 年，徐光启父亲去世，分别在北京和上海按照天主教仪式举办了隆重的葬礼，并举办追思弥撒；1608 年圣诞节前夕，徐光启正奔赴南京，他星夜赶步入城，参加圣诞子时弥撒；第二年圣诞夜，上海第一所教堂开堂，入夜，徐光启和上海所有新老教徒 200 余人会聚教堂，传教士郭居静当众颂念晨课，做三台弥撒；1610 年 5 月 11 日，利玛窦在京逝世，北京天主教会为之举行了追悼弥撒，唱了祷歌；第二年 11 月他安葬西直门外"藤公栅栏"墓地，11 月 1 日诸圣节，北京天主教会为其举行安葬典礼，先行诸圣节大弥撒礼，继之举行追思弥撒，演奏了风琴等乐器。在当时所举行的弥撒仪式具体是怎样的，由于缺乏相应的资料，我们不得而知，但可以肯定的是由传教士举行的弥撒是拉丁弥撒。[47]

1613 年法国耶稣会士金尼阁受当时耶稣会中国传教区会长龙华民特遣，回罗马向教皇保禄（保罗）五世（Paul V，原名 Camillo Borghese，1552-1621）"奏陈教务，并请准翻译经典，司铎用华言行圣祭，诵日课，教宗一一允准"。1615 年 3 月 20 日，教皇保禄五世应金尼阁的请求，颁布圣谕，准许以中文举行弥撒圣祭，诵念日课，准许当地人担任神职，并准许翻译《圣经》、弥撒经

45 即今甘肃酒泉。

46 [意]利玛窦、金尼阁著，何高济、王遵仲、李申译：《利玛窦中国札记》，中华书局 1983 年版，第 563 页。

47 孙尚扬与比利时人钟鸣旦合著的《一八四零年前的中国基督教》中也明确指出了这一点："包括圣经诵读在内的弥撒仪式则一定是用拉丁文举办的。"学苑出版社 2004 年版，第 396 页。另：1545 年至 1563 年间，罗马天主教会在意大利北部小城特利腾举行了第十九届大公会议，史称特利腾大公会议（Council of Trent），会议制定了特利腾弥撒礼仪（Tridentine Mass），这就是直至 1962 年"梵二会议"召开之前天主教会一直执行特利腾大公会议所制定的拉丁弥撒，中国教会也一直执行此拉丁弥撒。

典、司铎日课、圣事礼典。[48]这在当时的罗马教廷是非常重要的事情，对于中国传教事业也是影响巨大的，可能此后，中国本地的圣乐逐渐萌芽了。

在利玛窦之后另一位非常著名的来华耶稣会士传教士是德国人汤若望，他于明朝天启二年（1622）来华，1630 年协助徐光启编修《崇祯历书》，制造天文仪器，并由于精通音乐而备受崇祯皇帝恩宠。一日他去皇宫安置日晷时，偶然发现了一架古钢琴，他就试着在钢琴上弹奏了一曲。崇祯帝因此命他修复此琴，并要求他按原样再制作一架，此琴乃多年前利玛窦所进贡之"西琴"，汤若望成功将其修复，并且还翻译了琴体上的拉丁文《诗篇》[49]，但其复制新琴的努力则归于失败。与此同时，汤若望还用中文为宫廷写了一本键盘乐器教程《钢琴学》，介绍西琴构造及弹奏方法，在书后还附了一首赞美诗旋律作为练习曲说明谱例，可惜此书未能流传下来。[50]

三、利玛窦的《西琴曲意》

在庞迪我教授宫中的太监学习弹琴一个多月后，太监们要求为他们演奏的乐曲配上歌词，利玛窦根据他所熟悉的"道语数曲"，"译其大意"，用古代汉语写下了八首歌词，并集成册，以中文命名为《西琴曲意》。有人认为，《西琴曲意》八章是最早中译的天主教赞美诗歌词。这些歌词都是涉及伦理题材、教导、道德品行的抒情诗。

具体内容如下：

一章《吾愿在上》：谁识人类之情耶？人也者，乃反树耳。树之根本在地，而从土受养，其干枝向天而竦。人之根本向乎天，而自天承育，其干枝垂下。君子之知，知上帝者，君子之学，学上帝者，因以择诲下众也。上帝之心，惟多怜恤苍生，少许霹雳伤人，常使日月照，而照无私方兮！常使雨雪降，而降无私田兮！

二章《牧童游山》：牧童忽有忧，即厌此山，而远望彼山之如美，可雪忧焉。至彼山，近彼山，近不若远矣。牧童、牧童，易居者宁易己乎？汝何往而能离己乎？忧乐由心萌，心平随处乐，心幻随处

<hr />

48 顾伟民：《中国天主教编年史》，上海书店出版社 2003 年版，第 121 页。

49 [法]弗朗索瓦·皮卡尔著，贾抒冰译：《明清时期中西音乐文化交流概况》，《中央音乐学院学报》2007 年第 2 期。

50 陶亚兵：《中西音乐交流史稿》，中国大百科全书出版社 1994 年版，第 60-61 页。

忧，微埃入目，人速疾之，而尔宽于串心之锥乎？已外尊己，固不及自得矣，奚不治本心，而永安于故山也？古今论皆指一耳。游外无益，居内有利矣！

三章《善计寿修》：善知计寿修否？不徒数年月多寡，惟以德行之积，盛量己之长也。不肖百纪，孰及贤者一日之长哉！有为者，其身虽未久经世，而足称耆耄矣。上帝加我一日，以我改前日之非，而进于德域一步。设令我空费寸尺之宝，因岁之集，集己之咎，夫诚负上主之慈旨矣。呜呼！恐再复祷寿，寿不可得之，虽得之，非我福也。

四章《德之勇巧》：琴瑟之音虽雅，止能盈广寓，和友朋，径迄墙壁之外，而乐及邻人，不如德行之声之洋洋，其以四海为界乎？寰宇莫载，则犹通天之九重，浮日月星辰之上，悦天神而致后帝之宠乎？勇哉，大德之成，能攻苍天之金刚石城，而息至威之怒矣！巧哉，德之大成，有闻于天，能感无形之神明矣！

五章《悔老无德》：余春年渐退，有往无复，龋老暗侵，莫我恕也。何为乎窄地而营广厦，以有数之日，图无数之谋欤？幸获今日一日，即亟用之勿失。吁！毋许明日，明日难保；来日之望，止欺愚乎？愚者馨日立于江涯，俟其涸，而江水汲汲流于海，终弗竭也。年也者，具有蜻翼，莫怪其急飞也。吾不怪年之急飞，而惟悔吾之懈进。已夫！老将臻而德未成夫。

六章《胸中庸平》：胸中有备者，常衡乎靖隐，不以荣自扬扬，不以穷自抑抑矣。荣时则含惧，而穷际有所望，乃知世之势无常耶！安心受命者，改命为义也。海岳巍巍，树于海角，猛风鼓之，波浪伐之，不动也。异于我浮梗荡漾，竟无内主，第外之飘流是从耳。造物者造我乎宇内，为万物尊，而我屈己于林总，为其仆也。惨兮惨兮！孰有抱德勇智者，能不待物弃己，而己先弃之，斯拔于其上乎？曰："吾赤身且来，赤身且去，惟德殉我身之后也，他物谁可之共欤！"

七章《肩负双囊》：夫人也，识己也难乎？欺己也易乎？昔有言，凡人肩负双囊，以胸囊囊人非，以背囊囊己愿兮。目俯下易见他恶，回首顾后囊，而觉自丑者希兮！观他短乃龙睛，视己失即瞽目兮。默泥氏一日滥刺毁人，或曰"汝独无咎乎？抑思昧吾侪欤？"曰"有哉？或又重兮，惟今吾且自宥兮！"嗟嗟！待己如是宽也，诚闇矣！

汝宥己，人则奚宥之？余制虐法，人亦以此绳我矣。世寡无过者，过者忏乃贤耳。汝望人恕汝大痫，而可不恕彼小疵乎？

八章《定命四达》：呜呼！世之芒芒，流年速逝，逼生人也。月面月易，月易银容，春花红润，暮不若旦矣。若虽才，而才不免肤皱，弗禁鬓白。衰老既诣，迅招乎凶，夜来瞑目也。定命四达，不畏王宫，不恤穷舍，贫富愚贤，概驰幽道，土中之坎三尺，候我与王子同场兮！何用劳劳，而避夏猛炎？奚用勤勤，而防秋风不祥乎？不日而须汝长别妻女亲友，纵有深室，青金明朗，外客或将居之。岂无所爱？苑圃百树，非松即楸，皆不殉主丧也。日渐苦，萃财贿，几聚后人乐侈奢一番，即散兮！[51]

从以上的歌词可以看出，第一章内容将人比喻为"反树"，表达了人与自然界其他生物相区别的人性论，歌颂上帝创造世界一切；第二章以"牧童游山"为喻，这山望着那山高，形容人的欲望永无止境，所以人要加强内心修炼，不要一心追求外在之物；第三章则指出人的生命有限，追求长生不老只是徒劳，人要加强道德修养，讨论的是人生价值的问题；第四章还是谈修德的问题，琴瑟之音虽然美妙，但其感染力有限，但德行的感染力确是无限的，不仅能感染人，而且能感染神；第五章承接第三章，说明人生有限，在有限的生命中要进行德性的修炼，追求德性的完满；第六章表达出荣辱不惊，坚定不移奉献于上帝的决心和勇气；第七章以人"肩负双囊"为喻，表达的是基督教的罪恶观，世人对己、对人往往是两种态度，宽己严人，但是基督宗教对人的要求恰恰是相反的：要严于律己，宽于待人；第八章感叹人生之短暂，上帝面前人人平等，虽然自己地位较低，但也要加强修养，回报上帝。这些歌词内容说教的成分较浓郁，体现出基督宗教歌曲的特点。

根据《利玛窦中国札记》推算，《西琴曲意》写作时间大约在 1601 年二三月间，历史学家吴相湘早在 1937 年就曾推断《西琴曲意》乃最早中译的天主教赞美诗歌词。[52]据利玛窦在《西琴曲意》"小引"中载，其最初是为了配合用汉语演唱西曲而译作的歌词。此曲一出，立即受到了文人士大夫们的欢

---

51 [意]利玛窦：《西琴曲意》，载朱维铮主编：《利玛窦中文著译集》，复旦大学出版社 2007 年版。

52 吴相湘：《明清之际西洋音乐传入中国纪略》，《大公报（史地周刊）》1937 年 2 月 19 日。

迎，很多人前去讨要歌词抄本。为满足人们的需求，"神父们把它们连同其它一些曲子用欧洲文字和汉字印刷成一本歌曲集"，大概是意大利文和中文相互对照的歌词集，这是目前中国最早刊行的西方歌词集。此后，1608 年，李之藻在编辑《天学初函》丛书时，将其附刻于利玛窦《畸人十篇》之后，这应是《西琴曲意》的第二个版本。《西琴曲意》的歌词很可能被那些学琴的太监们曾配合所弹的曲调而歌唱过，而那些非常喜欢这些歌词并得到抄本的文人士大夫们很可能也伴曲唱过，至于配合《西琴曲意》八首歌词进行演唱的、明朝四个太监乐手在古钢琴上学弹的曲调，长期以来学术界对此有比较大的争议，阴法鲁先生认为"乐谱没有传下来"[53]，杨沐先生则推测所用曲调为"格利高利圣歌"，[54]刘奇先生则认为这两种推断都很难成立，"因为从《西琴曲意》产生的背景来看，它的作用主要是用来填词。也许利玛窦意译的这八章赞美诗它们原有的曲调可以考源，但当时宫廷乐师学会演奏的那首曲子，由于是'凭记忆曲调'来学的四线谱、五线谱那时都还没传入中国，所以曲名问题历史上没有留下文字记载，我们就很难说明了，因此就不存在乐谱是否传下来的问题。另外，由于'格利高利圣咏'大部分的圣诗都是以单调的圣经文句为依据，而且大部分的圣歌都取自《圣经》中《诗篇》，因此利玛窦意译的《西琴曲意》八章显然不可能用'格利高利圣咏'。《西琴曲意》只可能是一种换词歌曲。"[55]陶亚兵则推测为比较简单的天主教赞美诗或其它歌曲曲调，还有人推测是根据中国曲调填词的。

但是，转机来自于 20 世纪 90 年代末，法国巴黎索邦大学教授弗朗索瓦·皮卡尔（Francois Picard）在巴黎国家图书馆发现了 18 世纪法国来华耶稣会传教士钱德明（Joseph-Marie Amiot，1718-1793）寄回法国的 54 首中国音乐乐谱和一些北京天主教北堂的音乐资料。前者包含钱德明搜集的 41 首俗乐《中国通俗音乐曲集》（Les divertissements chinois）和他编纂的 13 首圣歌《圣乐经谱》（Musique sacrée）；后者则包括了利玛窦的全套《西琴曲意》和残缺的北京天主教北堂即西什库教堂的圣母晚祷音乐。作为一位汉学家，皮卡尔深知这些资料的重要性，他将这些曲谱整理出来，并用五线谱重新记录，1998 年，

53 阴法鲁：《利玛窦与欧洲教会音乐的东传》，《音乐研究》1982 年第 2 期。

54 杨沐：《关于〈利玛窦与欧洲教会音乐的东传〉的通信》，《音乐研究》1982 年第 4 期。

55 刘奇：《中国古代传入的基督教会音乐探寻》，《音乐艺术》1987 年第 1 期。

他与由旅法华人组成的梅花乐团及法国音乐家让-克里斯托弗·弗里希（Jean-Christophe Frisch）的 18-21 光明音乐古乐队（XVIII-21 Musique des Lumières）合作，录制了法文 CD《MESSE DES JÉSUITES DE PÉKIN》，在巴黎出版。

同时皮卡尔还希望这些音乐能重回其故乡，2002 年，他费尽周折，辗转联系上了西什库教堂唱经班的负责人，并将这些资料的复印件赠送给西什库教堂，他希望这些几百年前的古老曲谱能够在西什库教堂重新演绎。在中央音乐学院教师的协助下，西什库教堂唱经班——北堂圣乐合唱团将这些曲目重新排练，2003 年夏天，他们去巴黎参加中法文化交流年活动时，与梅花乐团、18-21 光明音乐古乐队合作，联袂为此次活动奉献了一台别出心裁的宗教音乐会，演出的曲目均来自于皮卡尔发现的北堂音乐资料，包括利玛窦所创作的《西琴曲意》，伴奏都是中国传统民族乐器，曲调颇具古风。很快，他们又合作灌制出一张唱片《明清北堂天主教晚祷》（Vêpres à la Vierge en Chine），包括 15 支曲子，其中有两首词来自于《西琴曲意》，分别是第二章《牧童游山》和第六章《胸中庸平》，其封面是著名传教士画家郎世宁所画的中式圣母像，原作至今保存在西什库教堂。[56]

2010 年 5 月 5 日，为了纪念利玛窦去世 400 周年，西什库教堂的北堂圣乐合唱团在意大利罗马的救主堂举行了一场音乐会，演唱利玛窦翻译或填词作的圣歌，曲目包括：利玛窦翻译成中文的《天主经》和《圣母经》，他翻译填词传唱至今的《钦敬圣体仁爱经》，这些均由耶稣会士钱德明谱曲。此外，演唱会还演唱了利玛窦《西琴曲意》中几首歌曲：《吾愿在上》《牧童游山》《德之勇巧》《胸中庸平》等。圣乐团还前往利玛窦的故乡马切拉塔，献上了这位伟大传教士留下的歌曲。

四、艾儒略与《圣梦歌》

在利玛窦之后，还有一位传教士也翻译了一首很长的英国圣诗，即艾儒略的《圣梦歌》。艾儒略是意大利耶稣会士，他于万历三十八年（1610）来华，先是在澳门神学院教学，1613 年进入内地到达北京，并先后在江苏、陕西、

---

56 参考沙东：《关于宗教音乐会的畅想》，https：//www.douban.com/group/topic/4296156/；孙晨荟：《明清时期北京地区的天主教音乐》，《黄河之声》2014 年第24 期等。

山西、浙江、福建等地传教。他知识渊博，精通天文、历法，汉语水平也很高，是"继利玛窦之后最精通中华文化的传教士"[57]，被尊称为"西来孔子"。他在杭州传教时，应告老还乡的当朝宰相叶向高的邀请，于 1625 年来到福建传教，成为福建地区传教事业的开创者。1637 年，他在福建晋江举子张庚的协助下，翻译了这首英国圣诗《圣梦歌》，张庚还为之做序，序中说："此梦原有西士诗歌，聊译以中邦之韵；韵学余夙未谙，不堪讽诵览者，有味乎其概可矣。客子为谁？清源张子也，西方士为谁？耶稣会艾先生也，序者又谁，即客也。"[58]另一中国文人教徒李九标则为之作跋："宇内一场梦也，寓形其间者，梦中人也。营营焉、逐逐焉，升沉泡影，得失焦虑者，梦中景也。以梦偶梦，复以梦说梦，世有醒者推而使觉，反指醒者惟梦也，岂不悖哉？圣梦之歌，醒也，非梦也，余在梦中乌可语醒？得是歌而讽叹之、咏译之，醒矣！醒矣！其如开卷而醒，掩卷而仍梦，何嗟乎长夜漫漫孰呼之旦，举世蚩蚩，言笑宴宴，请与共歌斯篇，庶几东方之已灿。"[59]经台湾学者李奭学考证，此为"中译第一首'英'诗"[60]。

该诗反映的是天主教熙笃会创会者"明谷的圣伯尔纳"[61]（St.Bernard of Clairvaux，1091-1153）的一场梦，但作者并不是圣伯尔纳，"而是十二至十三世纪之交的一位不列颠的文人或僧侣，名姓已佚"[62]。该诗的源本应该是拉丁语版的《圣伯尔纳的异相》（Visio Sancti Bernardi），其源头可追溯至盎格鲁—撒克逊时期的《灵魂对身体所述之言》（The Soul's Address to the Body），但是《圣梦歌》并不是对其的完整对照翻译，而是进行了删减的"译述"，1637 年最早的版本在书题下有"远西后学艾儒略译述"等字，是既"译"且"述"，实际上包含了艾儒略本人的再创作。

57 倪斯文：《哈佛-燕京图书馆藏汉语基督教赞美诗集研究》，硕士学位论文，上海师范大学，2016 年，第 13 页。

58 张庚：《圣梦歌》序，[比利时]钟鸣旦、杜鼎克编：《罗马耶稣会档案馆明清天主教文献》（第六册），台北利氏学社 2002 年版，第 438 页。

59 [比利时]钟鸣旦、杜鼎克编：《罗马耶稣会档案馆明清天主教文献》（第六册），台北利氏学社 2002 年版，第 465 页。

60 李奭学：《中译第一首"英"诗〈圣梦歌〉》，《读书》2008 年第 3 期。

61 圣伯尔纳是明谷隐修院的创办者，信奉神秘主义、禁欲主义，是 12 世纪天主教内影响最大的人物，甚至超过教皇，曾发动了第二次十字军东征。在神学上反对对上帝、对基督教的基本教义"先理解而后信仰"，主张"无理解的信仰"。

62 李奭学：《中译第一首"英"诗〈圣梦歌〉》，《读书》2008 年第 3 期。

原诗《圣伯尔纳的异象》有 85 节，每节 4 行，共有 300 多行，而《圣梦歌》则采用七言律诗的形式，且对原诗进行了删减，仅有 276 行。全诗的主体是"魂"和"尸"，分为魂怨尸、尸怨魂、魂答尸、尸答魂、魔见、魔说、梦醒等七个部分，讲述了作者做梦的七个场景：梦中有一游魂和一僵尸，在"严冬寒雪夜分时"，因生前的种种罪恶，导致死后不能升入天堂，只能在地狱中受煎熬，遂相互埋怨，相互指责，魔鬼欲将僵尸抓进地狱，游魂大叫着哀求天主垂怜，向耶稣求救，魔鬼告诉他此时悔恨已晚。旋即作者从噩梦中惊醒，觉得梦中情形太恐怖，遂将梦中的情景记录下来，告诫人们肉体将亡，而灵魂永存，应该皈依天主，才能获得永生。[63]该诗主要宣扬了基督教"灵肉二分"的观念。

关于《圣梦歌》的版本，李奭学认为 1637 年晋江景教堂刻本最早，朱燕[64]、倪斯文[65]等人从其说，不确。据林金水考证，福州敬一堂刻本应是最早版本，1637 年晋江景教堂乃是其翻刻[66]，后来山西、北京等地的教堂又进行了翻刻，世存有"崇祯十二年绛州景教堂"梓本，清康熙甲子年福州三山钦一堂又重刻。[67]

《圣梦歌》刊行以后，由于其独特的写作手法和劝人信奉天主的宗旨，在教徒中还是有相当影响的，以至于各地陆续翻刻。艾儒略推行的是利玛窦式的传教方式，希望通过与中国传统文化的结合来达到传教的目的，他在翻译《梦圣歌》过程中借用了中国儒、释、道的词语和写作手法，"隐约反映了明末基督教试图中国本土化的努力"[68]，有一定的积极意义。

---

63 陆芸：《西来孔子—艾儒略其人其文》，《广西社会科学》2007 年第 9 期。

64 朱燕：《试论〈圣梦歌〉在中国的接受困境》，硕士学位论文，上海师范大学，2008 年，第 9 页。

65 倪斯文：《哈佛-燕京图书馆藏汉语基督教赞美诗集研究》，硕士学位论文，上海师范大学，2016 年，第 163 页。

66 林金水：《艾儒略与明末福州社会》，《海交史研究》1992 年第 2 期。

67 陆芸：《艾儒略与张赓——明末清初天主教在福建的传教策略》，《福建论坛·人文社会科学版》2008 年第 3 期。

68 陆芸：《艾儒略与张赓——明末清初天主教在福建的传教策略》，《福建论坛·人文社会科学版》2008 年第 3 期。

第三节　清朝前期天主教在中国的发展

一、清初政府对传教士的礼遇

明末清初政权交替，在京的耶稣会传教士汤若望、龙华民等人并没有远避他乡，而是留在城里寻求新政权的支持。清军入城后，他们被清廷恩准留住城内。不久，汤若望被任命为钦天监监正，主持重修历法。顺治二年（1645）新历颁行天下。汤若望因治历有功，被加封太常寺少卿，并获赐宣武门内天主堂侧空地一块，由孝庄文皇太后率亲王官绅出资，重建教堂。

顺治亲政后，对西方科学文化知识表现出极大的兴趣，他与汤若望关系甚密，亲政当年（1651），一天之内曾三次加封汤若望，从"通议大夫"到"太仆寺卿"，再到"太常寺卿"，从正五品跃至正一品，包括其父母都有封号。顺治帝称汤若望为"玛法"（满语"师傅"之意），还恩准他每日随意出入朝中，凡有启奏，可以径直进入内廷，不循常例，并免去三跪九叩之礼。1650年，汤若望在利马窦1605年所建教堂原址上盖起一座新教堂，即南堂，顺治帝多次赐书匾额。1654年，顺治帝将阜成门外藤公栅栏利玛窦墓旁的一块地赐给汤若望为墓地。正是得益于顺治帝对汤若望的恩宠，全国各地对传教士的传教都大开方便之门，天主教的传教活动蓬勃发展。据1664年统计，当时耶稣会已在中国直隶（今河北）、山东、山西、陕西、河南、四川、湖广（今湖南、湖北）、江西、福建、浙江、江南（今江苏）11省传教建堂，共有教徒114200人。[69]

康熙帝在位期间，对南怀仁（Ferdinand Verbiest，1623-1688）等传教士一直保持着十分信任、友好和尊敬的态度，他任用南怀仁等担任钦天监官员，主持修订历法，南怀仁曾制作多种天文仪器、物理仪器送达宫中供皇帝使用。在讨伐"三藩"战争中，由他主持铸造的300多门大小战炮发挥了重要作用。1689年，法籍传教士张诚（Gerbillon Jean Franois，1654-1707）和葡籍传教士徐日升（Thomas Pereira，1645-1708）作为翻译和顾问，跟随索额图参加了中俄《尼布楚条约》的谈判、签订工作。此后连续几年，徐日升、张诚、白晋（Joachim Bouvet，1656-1730）、安多等被招至皇宫，每日为皇帝讲解量法、测算、天文、格致等学问。1693年，康熙为感谢传教

69　王治心：《中国基督教史纲》，上海古籍出版社2004年版，第112-114页。

士为其治好疟疾，赐地建立教堂，名"救世主堂"，即今北京北堂[70]的前身，康熙还两次亲临视察，写下了"万有真元"的匾额。康熙历次南巡，所到之处，经常召见传教士，询问他们的生活与工作。此外，白晋、巴多明（Dominique Parrenin，1663-1741）、冯秉正（Joseph-Francois-Marie-Anne de Moyriac de Mailla，1669-1748）、雷孝思（Jean Baptiste Regis，1663-1738）等十余位传教士，奉命奔赴全国各地，用西洋三角测量方法，绘画地图。历时九年多，始成《皇舆全览图》，另有各省分图，这是中国最科学的第一幅地图，康熙大为赞赏。

　　因为康熙帝对传教士的礼遇，使得传教工作在康熙朝前 40 年，取得较大进展。1692 年，康熙帝颁布上谕："各处天主堂俱照旧存留，凡进香供奉之人，仍许照常行走，不必禁止。"[71]此即宣告可以自由传教，由是天主教在全国的传教活动又出现了一个高潮。康熙四十年（1701）年全国有教堂 229 座，教徒 30 万人。福建人罗文藻[72]还接受祝圣成为中国第一位天主教神父和主教，此后他又祝圣吴渔山、万起渊和刘蕴德三人成为中国籍神父。其中最著名的是江苏常熟的吴渔山，他本是江南一带的杰出画家，1688 年在南京被祝圣为神父后，在上海、嘉定地区传道 30 年。中国籍神父的产生标志着中国天主教本土化方面的重大进展。此时，除了耶稣会士以外，多明我会、方济各会以及巴黎外方传教会也派教士进入中国传教。罗马教廷在华开始实施宗座代牧制度，加强了对在华传教活动的管理。

　　虽则如此，康熙帝与传教士之间的关系，始终没有超过中国传统社会中的君臣关系，传教士因传播自然科学知识，为朝廷服务而得礼遇。一旦天主教内部的礼仪之争威胁到中国传统文化和社会秩序的稳定，他又毫不犹豫地采取禁教措施。

---

70 北堂原址在中南海湖畔蚕池口，后因中南海扩建拆除，于 1888 年在西安门内西什库易地而建，是清廷敕建教堂。

71 《熙朝定案》，转引自李宽淑：《中国基督教史略》，社会科学文献出版社 1998 年版，第 97 页。

72 罗文藻（1617-1691），乳名罗才，又名火沼，字汝鼎，号我存，拉丁名 Gregorio Lopez，福建省福安人。崇祯六年（1633）秋，由方济各会会士、意大利神甫利安当领洗入教，教名"额我略"。1685 年，在广州被方济各会祝圣为第一位中国籍主教。1688 年，他在南京祝圣吴渔山、万其渊、刘蕴德三位华人为神父。

二、中西礼仪之争与百年禁教

明末以来天主教在中国的传教活动一直由耶稣会所控制，尤以葡萄牙籍来华耶稣会士最多。利玛窦等人为了便于传教，处处迎合中国固有的风俗习惯，并取得了显著的效果。17 世纪中叶以后，西班牙人控制的多明我会、方济各会以及法国巴黎外方传教会相继派教士进入中国，他们多不懂中文，又不了解中国国情，为与耶稣会士争夺在华传教权，便对耶稣会的宽容政策提出非难，由此挑起了这场旷日持久的"中国礼仪之争"（The Chinese Rites Controversy）。这场教会内部因礼仪问题发生的争执最终演变成一场中西方文化的正面交锋，它改变了此后一百多年中国政府对天主教的宽柔政策，严重影响了天主教在中国的传播。

礼仪之争主要表现在三个方面：一是祭天、祭祖、祭孔礼仪；二是关于"译名之争"；再者就是一些涉及民俗的其他问题，如民间迎神赛会活动，基督徒是否可以参加？或者一个基督徒，其祖宗是非基督徒，是否适用基督教的仪式？或者神父为女教徒施洗，能否免去那些不甚符合中国习惯的礼节？如此等等。

明末天主教初传时，利玛窦即认识到儒家思想在中国文化中的主导地位，企图通过"融合儒家之道"来实现传教的目的，他因势利导，主张"力效华风"，并不阻止中国教徒继续奉行一些固有的礼仪，其传教策略和方式被称为"利玛窦规矩"，他的传教方式得到了中国上层统治者的认可，这也是他传教成功的关键所在。而多明我、方济各等派的传教士则严格奉行罗马教会的教旨，生搬在欧洲及美洲的传道路线，将此看成是偶像崇拜，严格禁止中国教徒参加各种祭拜仪式。而"译名之争"最早发生在耶稣会士之间。简单地说，就是如何在中文中选择恰当的词汇来翻译造物主之名。一开始译音为"陡斯"（Deus），后来利玛窦借用儒家经典，翻译为"天""上帝""天主"等，利氏死后，其后继者龙华民试图推翻其做法，仍用音译，此事在耶稣会士内部引起一场神学争论，最终大部分人肯定并支持利玛窦的做法，但多明我与方济各会教士，则大都持反对立场。

"中国礼仪之争"正式爆发是在福建。主持当地教会的耶稣会士艾儒略沿袭利玛窦的传教路线，对中国文化采取了十分开明的做法，包括允许教徒们祭祖、祭孔等等。这种情况引起了到福建传教的多明我会士的不满，他们联合方济各会士禀告到菲律宾马尼拉总主教处，1635 年马尼拉总主教将此上诉至教皇乌尔班八世（ Urban VIII，原名 Maffeo Barberini，1568-1644，1623-1644 年在位 ），陈言在华耶稣会士对于中国偶像崇拜和迷信行为过分宽容，但后来他又撤回上诉。1643 年，在闽东传教的西班牙籍多明我会传教士黎玉范（ Juan Bautista de Morales，1597-1664 ）专程赴罗马教廷，对中国耶稣会传教会提出 17 条指控，在教廷挑起一场争论。1645 年，新上任的教皇英诺森十世（ Innocent X，原名 Giovanni Battista Pamphili，1574-1655，1644-1655 年在位 ）发布禁令：严禁用"上帝"称呼造物主，禁止中国教徒参加祭祖祭孔活动，此即著名的 1645 年通谕。但此时中国正值清军入关，战乱频仍，社会动荡，此令并未得到认真执行。在华耶稣会士于 1651 年派卫匡国（ Martino Martini，1614-1661 ）神父专程赴罗马进行申辩，新教皇亚历山大七世（ Alexander Ⅶ，原名 Fabio Chigi，1599-1667，1655-1667 年在位 ）于 1656 年作出裁决：准许耶稣会按照他们的传教方式去做，中国教徒可以行祭祀之礼。这份裁决完全倾向于耶稣会。1659 年，罗马教廷还给三位在中国的巴黎外方传教会士发出这样指示："不要试图去说服中国人改变他们的礼仪、他们的风俗、他们的思维方式，因为这些并不公开地反对宗教和良善的道德。还有比把法国、西班牙、意大利，或者任何其他欧洲国家，出口到中国去更傻的事情吗？不是要出口这些欧洲国家，而是要出口这信仰。这信仰并不和任何种族的礼仪习俗相矛盾冲突。"[73] 1669 年 11 月 13 日，罗马教廷为了调停争议，又发布裁决，认定此前两个通谕又有效，实际操作由中国教会根据具体情况定夺。[74] 但实际上，多明我会、方济各会与耶稣会对两任教皇分别发布的内容相悖的通谕，各执一词，互不相让，礼仪之争愈演愈烈。

1687 年法国巴黎外方传教会教士阎当（ 亦称严裆或颜珰，Charles Maigrot，1652-1730 ）被任命为中国区主教，他在 1693 年发出《阎当训令》，要求在他的教区内只能以"天主"称唯一的神，禁止使用"天"和"上帝"两个称谓；严禁中国礼仪，传教士不得允许中国基督教徒参加敬孔祭祖仪式；摘去各地教堂中仿制的康熙帝赐给汤若望的"敬天"匾额。此外，阎当还发动了欧洲的神学家来支持他。巴黎大学神学院经过 30 次讨论，于 1700 年发表宣言，支持阎当，定中国礼仪为异端。此后，中国礼仪之争演变成罗马教皇与清朝皇帝的直接冲突。1704 年，教皇克雷芒十一世（ Clement XI，原名 Lorenzo

---

73 张国刚、杨莉苇：《中西文化关系史》，高等教育出版社 2006 年版，第 407 页。

74 张先清：《多明我会士黎玉范与中国礼仪之争》，《世界宗教研究》2008 年第 3 期。

Corsini，1649-1721，1700-1721 年在位）又谕批严禁入教的教徒行中国礼仪，并于 1705 年派遣以多罗（Carlo Tommaso Maillard de Tournon，1668-1710）主教为首的使团将此通谕带到中国。康熙皇帝两次接见多罗使团，明确阐明了他对中国礼仪和天主教信仰之间的看法，指出中国人不能改变祖传的礼仪，敬天祀孔祭祖礼仪与天主教教理并无抵触。多罗请来福建主教阎当与康熙讨论，阎当面见康熙后，在"敬天""祭祖""祭孔"等问题上坚持己见，当面顶撞康熙，再加上其长期在福建传教，只懂福建话而官话不熟，因此无法应对康熙的提问，引起康熙震怒，三天之内连批两谕："（阎当）愚不识字，擅敢妄论中国之道。""谕示多罗：阎珰既不识字，又不善中国语言，对话须用翻译，这等人敢谈中国经书之道，像站在门外，从未进屋内人，讨论屋中之事，说话没有一点根据。"[75]将其驱逐出境。1706 年 12 月 31 日，康熙帝下旨：凡是愿意在中国传教的传教士必须表明遵守中国礼仪，并向内务府申请"印票"才能传教，凡拒绝领票者一律驱逐出境。多罗主教在南京闻此，于 1707 年 1 月 25 日，给全国传教士发出通谕宣布教皇禁止中国礼仪的命令，明确指出"不守此令者，将被革除教职"。此举激起康熙的愤怒，将多罗驱逐至澳门。而那些不愿领印票的传教士，也被驱逐至澳门。

　　虽然在华耶稣会士向罗马提交请愿书，希望教皇能收回成命，但顽固而傲慢的克雷芒十一世却在 1715 年 3 月 15 日发布了更严厉的禁令，即著名的《自登基之日》。规定："自今以后凡西洋人在中国传教，或再有往中国去传教者，必然于未传教之先，在天主台前发誓，谨守此禁止条约之礼。"此谕传到中国，在中国教会中引起一片混乱。1721 年，康熙皇帝御览后，马上朱批："览此告示，只可说得西洋人等小人，如何言得中国之大理。况西洋人等，无一人同（通）汉书者，说言议论，令人可笑者多。今见来臣告示，竟与和尚道士、异端小教相同。彼此乱言者莫过如此。以后不必西洋人在中国行教，禁止可也，免得多事。"[76]至此，清朝政府开始了一百多年严厉的禁教政策，一直到鸦片战争之前。1742 年，教皇本笃十四世（Benoit XIV，原名 Prospero Lorenzo Lambertini，1675-1758，1740-1758 年在位）再次颁布通谕《自上主圣意》，全面回顾了礼仪之争和历届教皇的决定，严辞禁止中国教徒行中国礼仪，

75　方豪：《中国天主教史人物传》（中册），中华书局影印本 1988 年版，第 324 页。

76　《康熙与罗马使节关系文书》（影印本），"教王约禁释文"，北平故宫博物院 1932 年（中华民国二十一年）版，第 14 页。

禁止再讨论礼仪问题，礼仪之争暂告一段。1755 年，罗马教廷仍下令禁止弥撒中采用中文祈祷或圣歌，1773 年，教皇克雷芒十四世（Clement XIV，1705-1774，1769-1774 年在位）下令解散耶稣会，耶稣会在中国的传教工作由遣会使接管，天主教在中国的传教事业进入低谷。

自 1721 年康熙皇帝全面禁教开始，此后的几代皇帝——雍正、乾隆、嘉庆直至道光，全都奉行严厉的禁教政策，直到鸦片战争后的 1858 年，咸丰帝在西方列强枪炮威胁之下，被迫同意自由传教，天主教才又在中土大地蔓延。此间的 138 年就是中国天主教历史上的百年禁教时期。其间，因为一些传教士违背禁令，强行在中国传教，破坏中国礼仪，受到清政府的严厉制裁，引发多起教案。

虽则有严厉的禁教政策，但并未根绝天主教在中国的活动，据不完全统计，鸦片战争之前，中国境内仍有天主教徒逾 20 万人。19 世纪前 30 年，仍有 15 名传教士密潜之中国内地，常年在华秘密传教的传教士有 40 人左右。鉴于清廷对外国传教士的禁令，他们加强了对中国本土神父的培养，福建、直隶、北京、四川、云南等地均有专门学校培养中国神职人员，有些还被送往马尼拉、澳门、果阿甚至欧洲深造。1810 年，已经有 80 名中国籍神职人员同传教士一起举办各种圣事。[77]

第四节 清朝前期西洋传教士与天主教音乐的在华传播

一、顺治、康熙王朝传教士与清廷西洋音乐的传播

清入关后，传教士们凭借西洋音乐为其传教事业提供了许多便利，尤其得到皇帝们的赏识。汤若望在明亡以后并未离开北京城，他又以其渊博的学识受到清朝统治者的赏识，1650 年顺治帝将宣武门教堂旁一块空地赐给他修建新教堂，1652 新堂（即南堂）落成，汤若望在左塔楼中安置了管风琴，此外教堂内还置有古钢琴，此琴有 45 根弦，45 个键。清初历史学家谈迁曾于 1654 年造访汤若望，在其著作《北游录》中对宣武门教堂内的古钢琴曾有详细介绍：

> 记邮上：甲午癸巳，晨入宣武门，稍左天主堂，访西人汤道末（汤若望字道末），……登其楼，简平仪、候钟、远镜、天琴之属。

---

77 晏可佳：《中国天主教简史》，宗教文化出版社 2001 年版，第 137 页。

钟仪俱铜质，远镜以玻璃，琴以铁丝，琴匣纵五尺，衡一尺，高九寸。中板隔之，上列铁丝四十五，斜系于左右柱，又斜梁，梁下隐水筹，数如弦，缀板之下底，烈雁柱四十五，手按之，音节如谱。[78]

但比较奇怪的是，谈迁的著作中对汤若望所建造的管风琴却只字未提，因为无论从形制还是影响而言，管风琴都要比古钢琴重要得多。清代著名中国天主教神父吴历也曾撰诗称赞汤若望所修教堂里的西洋乐器："西洋馆宇逼城阴，巧历通玄妙匠心。异物每邀天一笑，自鸣钟应自鸣琴。"[79]

康熙王朝时代，康熙帝非常重视西方先进的科学技术，他在与西方传教士接触中广泛涉猎西方文化。西方传教士也籍着先进的科学文化技术，逐步开展在中国的传教事业。康熙皇帝本人对于西洋音乐怀有浓厚的兴趣，他先后聘请耶稣会传教士比利时人南怀仁、葡萄牙人徐日升以及意大利遣使会传教士德理格（Pedrini Theoricus，1670-1746）等精通西洋音乐的传教士为宫廷音乐教师，通过他们了解和学习西洋音乐。最早进宫为康熙皇帝讲解西洋音乐的是南怀仁，1671 年他向康熙皇帝讲论音乐时推荐了精通音乐的徐日升，康熙帝于是特派两位官员专程往澳门迎徐日升进京。徐日升奉诏于1673年1月到达北京，担任宫廷音乐教师，经常在御前演奏。他不仅精通西洋音乐，对中国音乐也颇有研究。徐日升每听到中国曲调时，能够随即记下曲谱或用古钢琴进行模仿而毫无差错。[80]对于徐日升的音乐才华，意大利传教士闵明我[81]（Philippus Maria Grimaldi，1639-1712）曾于康熙十九年（1682）有信函提及：

我等每月进宫，奉谕造钟楼三座。……常谈论一切，对于音符中的 sol、fa 之区别，研讨尤多。我等会奏云：徐日升对此最有研究，彼从幼即研究音乐。帝即取笔墨，考察徐日升所译中国歌曲，召乐

---

78 （清）谈迁：《北游录》，载《清代史料笔记丛刊》，中华书局1960年版（1981年重印），第46页。

79 （清）吴历：《读史偶述》，转引自《陈垣学术论文集》，中华书局1982年版，第226页。

80 陶亚兵：《中西音乐交流史稿》，中国大百科全书出版社1994年版，第76页。

81 历史上有两个闵明我，第一个是多明我会会士西班牙人 Domingo Fernández Navarrete（1610-1689），他因教案被监禁于广州寓所，康熙八年（1669）为掩护他离开中国，耶稣会会士意大利人 Philippus Maria Grimaldi（1639-1712）冒充闵明我的名字进入北京，作南怀仁的助手，史称小闵明我，此处是指小闵明我。

师若干人，这亦自取一乐器而奏。日升不仅能默记歌曲，且能用中国音符名称录出，并记中文歌词。[82]

康熙皇帝非常欣赏他的音乐才能，赏赐他丰厚的礼物。徐日升还擅长制作乐器，时常指导工匠制造各种西洋乐器，并指导皇帝用这些乐器演奏两三首曲子。1683年他曾制造过一台风琴，"高达12布拉沙（相当于26.4米），并会自动演奏中国舞曲"[83]。

徐日升除担任宫廷音乐教师外，还撰写了一部汉文西洋乐理著作《律吕纂要》，这是第一部系统介绍欧洲乐理知识的汉文音乐著作，"第一次以中国文字系统地介绍了欧洲音乐的五线谱、音阶、节拍、和声等乐理知识，换言之，此即为西洋五线谱传入中国之始"[84]。但是，限于当时条件，《律吕纂要》并未正式刊行，仅有抄本在皇宫中作为音乐教材使用，而未流通到社会。《律吕纂要》最初是由历史学家吴相湘于1936年在当时的北平图书馆发现的，共有三个版本，包括汉文草抄本1册、汉文精抄本1册以及满文抄本1册。草抄本1函4册，分两部分，前部分名《律吕纂要》，又分上下两篇，介绍西洋乐理知识；后部分名《律吕管窥》，介绍中国传统律学理论。前后两部分用统一的页码辑成，是中国第一部以抄本的形式成书的汉文西洋乐理著作，于1707年（康熙四十六年）由皇三子允祉等人"奉令纂辑入用之法"将二者编在一起。精抄本1函1册单行本，内容同于草抄本前一部分《律吕纂要》，乃由草抄本经点校而成，并存于清宫廷内务府。[85]此外，根据法国耶稣会传教士费赖之（Louis Pfister，1833-1891）所著《明清间在华耶稣会士列传及书目》记载：1660年比利时耶稣会传教士鲁日满（S.J.Franoisde Rotagemont，1624-1676）神父编写了《通俗圣歌集》，用以鼓励乡民增加热心，崇尚道德，抵制乡间的粗俗小调；1760年赵圣修也曾编辑过一本咏唱圣歌集，名为《奏乐歌经典礼》，共四册。[86]

---

82 方豪：《中国天主教史人物传》（中册），中华书局影印本1988年版，第261页。

83 张娟：《明清时期西方键盘乐器在中国传播管窥》，硕士学位论文，陕西师范大学，2006年，第11页。

84 肖承福：《清前期西洋音乐在华传播研究》，硕士学位论文，暨南大学，2010年，第37页。

85 陶亚兵：《明清间的中西音乐交流》，东方出版社2001年版，第48页。

86 [法]费赖之著，冯承钧译：《明清间在华耶稣会士列传及书目》，中华书局1995年版，第383页、913页。

此外，徐日升还扩建了原来汤若望所建的宣武门天主教堂，并置换了一座更大的管风琴，"式样之新、节奏之调，华人见之者莫不惊异"[87]，当时人称"西琴编箫"。

> 抚时，手不按弦，惟抚消息（机关），则机自动，而音自响。编箫，即管风琴的竖管（共鸣管），小者数十管，中者数百，大者数千，各成其音，与编箫同一原理，高低排列，抚法与琴略同，但有层层，可以分奏合奏。凡风雨鸟兽之声，效之无不曲肖。若以歌声合之，其音更佳。这一新型乐器，尤以其洪亮和谐之音调，吸引无数京城人前来观瞻，无不叹为观止。[88]

此管风琴在当时名声远播，影响甚广。同时代的许多文人在其诗文中都曾提到，并对其赞赏有加。乾隆年间的著名文学家、史学家赵翼在其《檐曝杂记》中记载：

> 天主堂在宣武门内，……有楼为作乐之所。一虬髯者坐而鼓琴，则笙、箫、磬、笛、钟、鼓、铙、镯之声无一不备。其法设木架于楼架之上，悬铅管数十，下垂不及楼板寸许。楼板两层，板有缝，与各管孔相对。一人在东南隅，鼓鞴以作气。气在夹板中，尽趋于铅管下之缝，由缝直达于管，管各有一铜丝系于琴弦。虬髯者拨弦，则各丝自抽顿其管中之关揻而发响矣。铅管大小不同，中各有窾窍，以象诸乐之声。故一人鼓琴而众管齐鸣，百乐无不备，真奇巧也！[89]

此外，赵翼在其诗作《同北墅、漱田观西洋乐器》中还特意记述了自己一次参观宣武门天主堂并聆听了管风琴美妙乐声之后的心理感受。其诗云：

> 郊园散直归，访其番人宅。中有虬须叟，出门敬迓客。
> 来从大西洋，宫授义和职。年深习汉语，无烦舌人译。
> 引登天主堂，有象绘素壁。靓若姑射仙，科头不冠帻。
> 云是彼周孔，崇奉自古昔。再游观星台，爽垲上勿幂。
> 玻璃千里镜，高指遥天碧。日中可见斗，象纬测晨夕。

87　[法]费赖之著，冯承钧译：《明清间在华耶稣会士列传及书目》，中华书局 1995 年版，第 343 页。

88　[法]费赖之著，冯承钧译：《明清间在华耶稣会士列传及书目》，中华书局 1995 年版，第 383 页。

89　（清）赵翼：《檐曝杂记》（卷 2），中华书局 1982 年版，第 36 页。

斯须请奏乐，虚室静生白。初从楼下听，繁响出空隙。
噌吰无射钟，嘹亮蕤宾铁。渊渊鼓悲壮，坎坎缶清激。
錞于丁且宁，磬折拊复击。瑟希有余铿，琴澹忽作霹。
紫玉风唳箫，烟竹龙吟笛。连桐栓楬底，频擽鉏铻脊。
鞉耳柄独摇，笙舌炭先炙。吸嘘竽调簧，节簴柎赴拍。
篪疑老妪吹，筑岂渐离掷。琵琶铁拨弹，筝筝银甲画。
寒泉涩箜篌，薄雪飞筚篥。孤倡辄群和，将喧转稍寂。
万籁繁会中，缕缕仍贯脉。方疑宫悬备，定有乐工百。
岂知登楼观，一老坐搊擘。一音一铅管，藏机揿关膈。
一管一铜丝，引线通骨骼。其下鞴风橐，呼吸类潮汐。
丝从橐罅绾，风向管孔迫。众窍乃发向，力透腠理窄。
清浊列若眉，大小鸣以臆。韵仍判宫商，器弗假匏革。
虽难继韶頀，亦颇谐皦绎。白翎调漫雄，朱鹭曲未敌。
奇哉创物智，乃出自蛮貊。缅惟华夏初，神圣几更易。
鸑鷟肇律吕，秬黍度寸尺。嶰谷截绿筠，泗滨采浮石。
元声始审定，万古仰创获。迢迢禆海外，何由来取则。
伶伦与后夔，姓名且未识。音岂师旷传，谱非制氏得。
始知天地大，到处有开辟。人巧诚太纷，世眼休自窄。
域中多墟拘，儒外有物格。流连日将暮，莲漏报酉刻。
归将写其声，画肚记枕席。[90]

管风琴声音嘹亮、气势磅礴，初听如同中国的琴、瑟、鼓、缶、磬、笙、笛、筝、琵琶、箜篌、筚篥等诸多乐器的和鸣，本以为一定是上百人的乐队才能奏出如此辉煌的音乐，没想到却仅仅"一老坐搊擘"，惊诧之情可想而知！

中国士大夫见到管风琴尚且如此惊叹，而一直视中国为师的朝鲜人，见到如此精妙之乐器，就更好奇了。曾跟随使团来华的朝鲜文人李一庵这样记述南堂的管风琴：

> 中有筒如柱如椽者，镀缌为管，其最大之管如柱椽，簇立参差，此掩笙簧而大之也。小大不一样，去次律而加倍之，隔八相生，如八卦之变而为六十四卦也。金银杂涂者，侈其外也。忽有一阵风声，

---

90 （清）赵翼：《同北墅、漱田观西洋乐器》，载《瓯北集》（卷 7），上海古籍出版
  社 1997 年版。

如转众轮者，为地道婉转相通而鼓囊以达气，如口吹也。继以乐作者，风入城道，轮困辊辗，中窍激发噪也……[91]

另一位来华的朝鲜人洪大容的记述更为详细：

> 见乐器为木柜方丈余，中排镶筒数十，筒有大小有长短，皆中律吕。柜旁横出小楸子，如筒之数。西十余步，亦有木柜。两间有暗穴，以通风路，西柜上设皮囊，可容数石，以重板结囊口，板有柄加于柜旁横木。一人按柄而举板，囊饱而气充于中，盖底有风户，随以开闭。舍柄而板重压囊而不能下者，风户已闭而气无所泄也，气无所泄，则随风路而喷薄于镶筒矣。筒底有孔，将以受气而别有物以闭之，则囊尚饱，气无泄而筒亦无声矣。筒孔之开闭机，系于旁楸，乃以手指轻按其楸而筒声发矣。惟筒与楸，各有其属，按其最上而大筒之孔开而受气，其声雄浑，如吹螺角，则黄钟之浊也。按其最下而小筒之孔开而受气，其声轻细，如呼笙簧，则应钟之清也。诸楸之相应，筒律之参差，皆仿此。盖取笙簧之制而大之，借气机而不费人之呼吸也。[92]

他不仅记录了这架管风琴的形制大小，而且还对其发声原理予以剖析。当时，洪大容还亲自抚琴弹了一曲，以体验这种乐器的魅力。

对于宣武门教堂中管风琴在京城带来的震动，徐日升在给友人的信中曾也有提到，他虽然是用第三人称来描述的，但是能明显感到他对此的自豪感：

> 这位神父制造了另一台管风琴，内有四种音……其最大管长二米二十多公分。今年放置在教堂，受到空前的欢迎，无数人前往观看。我们不得不加派兵士在教堂及天井维持秩序。人们听到了在皇宫里从未听到过的东西。制琴者不得不整整一个月每天弹奏许多小时。通常情况下，每十五分钟弹一个曲子……这件事轰动了朝廷。我们的琴声在当地人的耳际中回荡。[93]

---

91 [朝]朴趾源：《热河日记》，上海书店出版社1997年版，第325页。

92 [朝]洪大容：《燕行》，载弘华文主编：《燕行录全编·第三辑（全10册）》（第1册），广西师范大学出版社2013年版。

93 若埃尔·加良：《徐日升神父——十七世纪在中国皇宫的葡萄牙乐师》，《文化杂志》1988年第4期。

徐日升还按古钢琴原理，制成一口大钟和一系列小钟，悬于钟楼之中，又置一大鼓，鼓上写有中国曲调。这些装置可以奏响一首很美的中国乐曲，吸引很多不是教徒的京城人都跑来观看，以至偌大教堂竟不能容纳。[94]南怀仁对此有生动的描述：

> 徐日升神父建造了一个大钟，安装在北京城内教堂的塔楼上，巨大的铜钟能奏出优美的旋律，箭形的指针位于塔楼顶端的正面，在标有巨大数字的圆盘上显示着每一天的钟点时间。由于钟声传播得遥远和广阔，使得我们的教堂也在帝国都城里名声远播。众多人拥挤着前来观看我们的教堂。无论如何，最令他们惊奇的是每到一个整点前钟楼所奏出的序曲音乐。的确，因为徐日升神父特别精通音乐，他设计了很多能奏出和谐音乐的钟铃，用车床精密地制造出来，然后悬挂在钟楼正面最高的塔楼上，塔楼是敞开的。在每一个钟铃里，他按照欧洲方式用铁丝系上一个精心设计的钟锤，使它们能奏出美妙和谐的音乐。在钟楼的空隙间，他放置了一面圆柱形的鼓轮。在这鼓轮上，他用插上一些表示音阶的、相互之间的间隔成比例的小钉的方法，预置了中国音乐的声调。当时间快到了该敲大钟的时候，这鼓轮就自动地起动，借助它的重力旋出完美的中国音调。当这鼓声一结束，那大钟就立即以深沉厚重的音响敲起来。

> 我实在是无法用言词来形容这一新奇精巧的设计师如何使前来观看的人们感到狂喜。甚至在超出我们教堂前广场之外的广大的街区里，都不能阻止这拥挤、失序的人潮，更不要说我们的教堂和教堂前的广场了。特别是在固定的公共节日里，每个小时都有不同的观光者潮水般地、络绎不绝地前来观看。虽然其中绝大部分人是异教徒，但他们还是以屈膝叩头的方式向救世主的雕像表示他们的敬意。[95]

徐日升正是通过这种新奇而精妙的西洋设计，吸引中国民众关注天主教，进而达到传教的目的。

徐日升去世以后，意大利籍遣使会传教士德理格继续担任康熙皇帝的宫廷音乐教师，他的音乐才能颇得康熙帝的赏识，并连续三年随驾出巡关外。

---

94 陶亚兵：《中西音乐交流史稿》，中国大百科全书出版社1994年版，第77页。
95 参考余三乐：《中西文化交流的历史见证》，广东人民出版社2006年版，第127页。

康熙帝还派了不少学生随他学习西方记谱法和律学，其中还包括两个皇子，还命令皇三子在德理格的指导下主持改进中国音乐。1713 年，意大利传教士毕天祥（Ludovicus Antonius Appiani，生卒不详）在致罗马同会会士的信中，曾提到德理格在北京的工作情况："帝对德理格音乐才能颇为欣赏，曾试听若干次；又派不少学生随德氏学习，且命皇子二人亦加入学习。……皇帝据德氏所制乐器，知中国音乐缺少半音，乃命其第三子在德氏指导下主持改进中国音乐一事。"[96]此外，德理格还根据《律吕纂要》要义编著了《律吕正义·续编》，被康熙钦定成《律吕正义》第五卷，名为"协均度曲"。与《律吕纂要》相比，德理格集中于记谱法的叙述，没有专门涉及音律、多声方面的问题，却增加了以固定唱名书写的大调音阶。这是徐日升离开欧洲那个时期，教会调式向大小调归并在乐理上的反映。《律吕正义·续编》是中国第一部正式刊行的汉文西洋乐理（记谱法部分）著作，书中详细地介绍了西洋音乐的知识，欧洲古典五线谱的记谱、读谱方法，以及西洋音乐音阶、唱名等音乐知识。[97]

得益于康熙帝对外国传教士礼遇，其在位时不少传教士都曾缢出入清朝宫廷，他们不仅在宫廷内为皇帝及其内眷朝臣演奏乐器，而且还为皇宫制造过多种乐器。[98]德理格也善于制造各种乐器，而且多次将自己所造乐器献给康熙皇帝，深受赏识。方豪著《中国天主教史人物传》引毕天祥的信中也提到："德氏曾献呈若干乐器，本年（1713）在皇帝六十万寿寿辰，又献呈一架小管琴，琴有机械系统，能自动演奏。"[99]关于这架乐器，意大利传教士马国贤（Matteo Ripa，1682-1746）在其《清宫十三年——马国贤神甫回忆录》中曾有详细记载：

> 德理格制作了一架小风琴，只要碰一下弹簧，带有时钟装置的风琴就会自动弹奏音乐。他把风琴带到宫里，请求一个姓赵的官员转送给皇上。但是这个朝官，觉得德理格越来越得到宠信，于是拒绝接受它，只是把另一种自动装置的乐器献给了皇帝。不久，姓赵

---

96 方豪：《中国天主教史人物传》（中册），中华书局影印本 1988 年版，第 351 页。

97 肖承福：《清前期西洋音乐在华传播研究》，硕士学位论文，暨南大学，2010 年，第 37 页。

98 汤开建：《明清之际西洋音乐在中国内地传播考略》，《故宫博物院院刊》2003 年第 2 期。

99 方豪：《中国天主教史人物传》（中册），中华书局影印本 1988 年版，第 351 页。

官员病了，德理格利用这个机会，带了风琴进宫。……送给陛下，皇帝高兴地接受了，对此发明表现出高度的兴奋。[100]

这是一架有机械装置、能自动演奏的小型管风琴。不仅如此，德理格还是一位作曲家，他曾经创作过 12 首奏鸣曲。方豪《中西交通史》中曾有记载："民国二十六年，北平北堂图书馆发现德理格遗作抄本一册，凡七十八页……抄本题名为 Sonate a Violino Solo col basso del Nepridi,Opera terza Parte Prima。"[101]陶亚兵在《明清间的中西音乐交流》中对此有比较详细的介绍，可以参考。[102]

尤为难能可贵的是，受传教士思想影响，康熙帝还写了数首与基督教教义有关的诗歌，其中最著名的一首是七言律诗《基督死》，其更通行的名字是《康熙十架歌》，详细叙述了耶稣基督从被捕到十字架上受难的全部过程：

功成十架血成溪，自丈恩流分自西。

身列四衙半夜路，徒方三背两番鸣。

五千鞭挞寸肤裂，六足悬垂二盗齐。

惨动八咳惊九品，七言一毕万灵蹄。

这首脍炙人口的七言圣诗，借用中国古典诗歌的体裁与形式，巧妙地把一、二、三、四、五、六、七、八、九、十、半、两、千、万等数字和分、寸、丈度量单位全部糅合在一起，气魄宏大而又和谐融洽，纵横呼应，恰到好处，毫无牵强之意。香港著名圣乐作曲家黄永熙先生曾专门为其谱曲，曲调用中国的羽调式。这首《康熙十架歌》被编入香港新版《普天颂赞》，为第170 首。另有一首《悟道歌》，被编入香港福音证主协会 1992 年出版的《华人圣颂》第 71 首。[103]此外，康熙皇帝还曾写下一副著名的对联："全能全知全美善，至公至义至仁慈"，在教会内广为流传。另毛宪民先生曾撰文指出，高士奇《蓬山密记》记载：康熙皇帝的畅春园渊鉴斋内，置有西洋乐器，特别"有内造西洋铁丝琴（即钢琴），弦一百二十根，上亲抚《普唵咒》一曲"[104]。可见，康熙皇帝对于这些西洋乐器还是很感兴趣的。

---

100 [意]马国贤著，李天纲译：《清宫十三年——马国贤神甫回忆录》，上海古籍出版社 2004 年版，第 76 页。

101 方豪：《中国交通史》（下册），岳麓书社 1987 年版，第 902-903 页。

102 陶亚兵：《明清间的中西音乐交流》，东方出版社 2001 年版，第 40-44 页。

103 陈伟：《中国基督教圣诗发展概况》，《中央音乐学院学报》2003 年第 3 期。

104 毛宪民：《明清皇宫的西洋乐器》，《文史知识》1993 年第 10 期。

此外，康熙时期，来华的传教士中精通音乐的还有很多，他们有的在宫中担任音乐教师，如意大利耶稣会士聂云龙（Giovanni Gherardini，1655-1723？），法国传教士南光国（Ludovicus Pernon，生卒不详）、巴多明，波西米亚（今捷克）传教士石可圣（Leopoldus Liebstein，？-1711）、严嘉乐（Charles Slawiczek，1678-1735）等；有的则利用教堂传播西方圣乐，如在澳门出生的葡萄牙传教士马玛诺（Manuc Rodrigues，1659-1703）在北京传教时曾任东堂（即今王府井教堂）的"管风琴吹奏家"，每当教堂弥撒时，管风琴的乐声招来很多附近的民众来围观。[105]

由于在华的西方各教派传教士在对待中国传统礼仪方面的激烈争论而引发的"中国礼仪之争"最终发展为罗马教廷与中国清朝政府之间的矛盾，自康熙晚年至此后的一百多年间，雍正、乾隆、嘉庆、道光等几代皇帝对西方天主教都实行严格的"禁教政策"，全国各地传教士及教会的活动大都转为地下。不过，在清朝皇宫中，由于皇帝的支持，西洋音乐却并未因此受限，反倒更为兴盛。

乾隆时期在宫内担任音乐教师的传教士也有多人，如波希米亚（捷克）人鲁仲贤（Jean Walter，1708-1759）、德国人魏继晋（FlorianJoseph Bahr，1706-1771）以及不明国籍的传教士那永福（Wolfganag de la Natlvlle，生卒不详）等。1768年来京的法国传教士格拉蒙特（P.de Grammont，生卒不详），擅长小提琴，被乾隆皇帝聘为宫中数学和音乐教师，每逢宗教节日，他在教堂为歌唱赞美诗（Hymnes）担任伴奏。[106]据中国第一历史档案馆藏《清内务府养心殿造办处各作成做活计清档》记载："乾隆六年，西洋人张纯一、席澄源进西洋风琴一架。"而且，查得当年武英殿造办处共收贮风琴17架。[107]乾隆六年清宫档案还记载："乾隆六年七月十九日，司库白世秀、副催总达子将西洋人鲁仲贤认看大拉琴件、长拉琴一件持进，交太监高玉呈览。奉旨：'西洋人会弹即令伊等交（教）内廷小太监学习，如乐器上缺少之物，将各色开来，里边查看。钦此。'"乾隆八年七月十一日，"司库白世秀将做得象牙笛四件，

---

105 肖承福：《清前期西洋音乐在华传播研究》，硕士学位论文，暨南大学，2010年，第30页。

106 肖承福：《清前期西洋音乐在华传播研究》，硕士学位论文，暨南大学，2010年，第36页。

107 毛宪民：《明清皇宫的西洋乐器》，《文史知识》1993年第10期。

铁丝琴一件持进，交太监胡世杰呈进……"又乾隆十五年清宫档案："请西洋人魏继晋、鲁仲贤、那永福在瀛台教琴谱。"皇帝命令他们在宫中教小太监学习"大拉琴"和"小拉琴"，并且还组织了一个包括了大小提琴、钢琴、双簧管、单簧管、吉他在内的西洋管弦乐队，以便让居于深宫的女眷们也领略一下异国风情。[108]还有材料称，鲁仲贤与魏继晋任清宫音乐教师时，有"皇室子弟十八人"为其弟子。魏继晋与鲁仲贤还合作创作乐曲与歌词 16 篇，备宫中演奏之用。[109]由于东西方文化的交流，皇宫及官府内都有很多来自西方的洋玩艺儿，如自鸣钟、八音盒（琴）、各种西洋乐器等等，其维修和使用多数还要靠传教士们，正是由于清廷对传教士们这些特定技能的需求与依赖，于是也就听任他们在北京的教堂里从事宗教活动，但向社会传教并未放开。

此外，虽然政府采取禁教政策，但各地的传教活动并未停止，传教士及教徒的日常宗教活动中弥撒、吟唱圣诗、诵经礼拜等活动应该是比较频繁的，而且，由于基督教是非常重视音乐的宗教，其宗教仪式中大量采用宗教音乐，对于教民也产生了较大的影响。禁教期间，教民个人在家私设堂馆、诵经唱诗的活动也屡禁不止，如乾隆四十七年（1782），直隶总督郑大进奏报查获宝坻县李天一聚众念经礼拜一事："聚众念经之宝坻县民李天一、张全等，供系自幼随父入教。……与天主堂西洋人熟识，向其讨取瞻礼单，并买天主图像及经卷乐器等物。每逢瞻礼日期，持斋诵经。……李天一、应照左道惑人为从例，发边卫充军。……经像乐器等，概行销毁。"[110]道光八年（1828），大学士管顺天府事卢阴傅奏报"传习天主教犯张成善等于改悔后仍用旧时邪教音乐"一事："本年三月间，张成善因母出殡，忆及从前，伊家丧事有同教之人用教中音乐吹打念经，欲照旧吹打热闹。素知张玉川等曾谙习音乐，随邀同在伊母灵前吹打并未念经。"[111]由于这些活动在当时都是被禁止的，所以地方官要向上奏报处理结果。这也从侧面说明了当时基层天主教的宗教活动还是比较频繁的，至于所用乐器，这两则奏报给我们提供了两种情况：一则教民可以自由购买到西洋乐器，所以宗教仪式时使用西洋乐器在当时并不是难

---

108 张宏杰：《饥饿的盛世》，湖南人民出版社 2012 年版。

109 汤开建：《明清之际西洋音乐在中国内地传播考略》，《故宫博物院院刊》2003 年第 2 期。

110 《清实录·大清高宗纯皇帝实录》1150 卷，中华书局 1986 年影印本。

111 （清）祝庆祺等编：《刑案汇览（三编 4）》，北京古籍出版社 2004 年版。

事；二则从后一个奏报可以知道，教民丧礼时用"教中音乐吹打"，很可能，他们所用的乐器是中国传统吹打乐器，而不是西洋乐器。丧葬仪式不同于教堂内的礼拜仪式，可能教民是借用了当地民间丧葬仪式的笙管吹打乐形式，而乐曲则是天主教的，因而受到惩处。

法籍耶稣会士钱德明（Jean-Joseph-Marie Amiot，1718-1793）乾隆十五年（1750）来华后居北京 40 余年，他通晓汉文和满文，精于中西音乐，擅长吹长笛和弹羽管键琴。他所著的《中国古今音乐考》是第一本在欧洲出版的系统介绍中国音乐的著作，在西方音乐界产生了广泛而深远的影响，改变了利玛窦等前辈传教士对中国音乐的否定看法，对中国音乐作出了积极的评价，如对于和声问题，他说：

> 假如有人直截了当地问我中国人是否早就具有了关于和声的概念，我敢十分肯定地说，中国人是世界上最早通晓和声学的民族，他们最广泛地吸取了这门科学的精华。……他们的和声学是包括在一个总括万物的"和弦"中的，它存在于物质力量之间、精神力量之间、政治力量之间，存在于构成其宗教信仰与政府机构的一切无形的事物之间。所谓声音的科学只不过是对于这一总括万物的和弦的展现形式。[112]

1779 年，钱德明神父编纂了一本《中国乐曲集》，他于 1779 年 9 月 16 日致法国皇家文库图书管理员比尼翁（Bignon）的书简中提到："我把所有这些乐曲都汇编在同一卷中，称之为《中国人的嬉游曲》或《中国音乐大合奏》。为了帮助大家识读这些乐谱，我让人在单独的一册中以我们的方式按行抄下了这些中国乐谱。尽管如此，我仍然非常怀疑是否可以在你们那里演奏这些乐曲。我也让人抄录了一些被谱曲的祈祷经文。它们在我们的教堂中于隆重的日子里演唱。……"[113]这部共分为 8 册的《中国乐曲集》从未刊印过，甚至也未被人引证过。它们现藏于巴黎国立图书馆写本部，共包括 54 首乐曲，其中有 41 首俗乐曲和 13 首天主教祈祷乐曲。13 首天主教祈祷乐曲即《圣乐经谱》，工尺谱记谱，曲调风格类似于南北曲，歌词也是中文。[114]由传教士创

---

112 梅晓娟、孙来法：《耶稣会士钱德明与〈中国古今音乐考〉》，《人民音乐》2008 年第 9 期。

113 [法]陈艳霞著，耿昇译：《华乐西传法兰西》，商务印书馆 1998 年版，第 187 页。

114 赵博阳：《利玛窦写过中国圣母晚祷？》，《橄榄古典音乐》杂志 2016 年夏季刊，《东方壹周》杂志社。

作中国音乐风格的中文天主教歌曲，可能钱德明是第一人，显然这是专门为中国教徒创作的，究其创作动因，据赵博阳博士推测："当时在中国天主堂内举行的传统拉丁圣礼，由传教士们主持，只有一小部分皈依的中国籍教友才能参加。对于绝大部分会众，则可能采用其他礼仪形式，也许会在圣堂外举行，甚至摒弃拉丁文改用中文。这种礼仪称为'礼仪外敬礼'（paraliturgy），意指虽非正式礼仪，却与礼仪类似的敬礼。钱德明的这 13 首圣乐可能就是用于中国教友们的礼仪外敬礼。"[115]是否如此，我们不得而知。1997 年，皮卡尔博士在法国国家图书馆发现此书，并将其整理成五线谱。它们分别是：洒圣水、初行工夫、天主经、圣母经、申尔福、三第西玛、圣体经、卑污罪人、举扬圣爵、圣时、良善、已完工夫。其中分有男声独唱、女声独唱和全体合唱。[116]迄今，北京西什库教堂的诗班还在唱诵钱德明谱写的圣乐。

此外，根据陈艳霞《华乐西传法兰西》一书介绍：1713 年 10 月，法国的一份报纸《优雅信使报》上刊登了一篇名为《某些中国歌曲唱词》的文章，作者署名 M.P.，应为在华传教士，据陈艳霞推测应为法国耶稣会士马约瑟（Joseph de Premare，1666-1736）。文章介绍了两篇中国戏曲的唱词，其中一篇为赞美诗乐谱及唱词，即为天主教的《主祈经》[117]。陈艳霞将其与现代广东天主教徒祈祷时所颂的《主祈经》进行了对比，认为"在演唱的天主教祈祷经文中，我们发现了我在提到《优雅信使报》的文章时已引证过的《主祈经》。但这里不再是指中国唱圣诗的调子了，而是一首被按照天主教祈祷经改编的真正的典型中国乐曲。这就是属于昆曲风格的音乐。至少对于熟悉昆曲音乐的中国人来说，他们都会对听到以如此方式演唱欧洲的祈祷圣诗感到奇怪"[118]。

二、传教士书信中所记载的中国天主教音乐信息

西方传教士不远万里来到中国的首要任务是传播天主福音。前文已经说过，明朝末年（1615），教皇保禄五世颁布圣谕，准许以中文举行弥撒圣祭，诵念日课，任用当地人士为神职，并准许翻译《圣经》、弥撒经典、司铎日课、

---

115 赵博阳：《利玛窦写过中国圣母晚祷？》，《橄榄古典音乐》杂志 2016 年夏季刊，《东方壹周》杂志社。

116 参见李路加神父：《中国教会音乐本位化之探讨》，http：//1907578.anyp.cn/

117 [法]陈艳霞著，耿昇译：《华乐西传法兰西》，商务印书馆 1998 年版，第 8-10 页。

118 [法]陈艳霞著，耿昇译：《华乐西传法兰西》，商务印书馆 1998 年版，第 188 页。

圣事礼典。但是遗憾的是，由于诸多原因，此圣谕在当时并未得以贯彻实施，相反，中国大陆天主教一直严格奉行拉丁礼仪，直到 20 世纪 80 年代末到 90 年代初，中国大陆天主教礼仪革新才开始，由此中国教会也成了最后一个使用民族语言举行礼仪的地方。[119]

有关清朝前期中国教会音乐活动的记录多在传教士的书信中。《耶稣会士中国书简集》（1-6 卷）是十六、十七世纪来华耶稣会士写回国内的信件，主要内容是关于中国问题的研究和报道。此书简中一些关于教会音乐的零星介绍是我们了解当时国内教会音乐重要途径，从中可以窥见当时国内教会音乐的一些特点：不仅加入了中国的乐器，而且也成立了中国教徒组成的圣诗班，在重大节日时还要举办一些重大的仪式。

1704 年 8 月耶稣会士杜德美神父（Petrus Jartoux，1668-1721）从北京致本会洪若翰神父的信：

> 圣诞之夜[120]的弥撒同样隆重，同样受信徒们赞助。倘不是中国乐器（它们有种我难以名状的乡间气息）让我想起自己置身于外国传教区，我真以为自己身处享有宗教自由的法国腹地。[121]

巴多明神父 1715 年 3 月 27 日从北京发出的信中说：

> 在长城古北口组建的一个新的传教会……新信徒们充满了虔诚。他们比商人有更多自由支配的时间，所以每天都上教堂接受教育。他们每天早晚随着乐声背诵祷文，乐器是他们花了 50 多个埃居买的，还教会了年轻基督徒演奏。[122]

晁俊秀神父（P.Francois Bourgeois，1723-1792）1769 年 10 月致某贵妇人的信中写道：

> 午夜时分，我们的教堂亮如白昼。弥撒在器乐和声乐的伴奏开始，伴奏音乐充满着中国情调，但也时不时使欧洲人感到一点愉悦。

---

119 田炜帅：《"梵二"会议与中国教会：中国教会对梵二大公会议的接纳》，《信德报》2012 年 3 月 29 日，第 12 期。

120 指 1703 年。

121 [法]杜赫德编，吕一民、沈坚、郑德弟等译：《耶稣会士中国书简集》（Ⅰ），第 25 封信，大象出版社 2001 年版。

122 [法]杜赫德编，吕一民、沈坚、郑德弟等译：《耶稣会士中国书简集》（Ⅱ），第 38 封信，大象出版社 2001 年版。

　　我们仅有二十名乐师，为了避免招来周围偶像教信徒的憎恨，我们舍弃了大鼓和其他一些声音太大的乐器。[123]

　　在北京的传教士蒋友仁神父（Michel Benoist，1715-1774）1770 年 8 月 26 日致嘉类思神父的信：

　　　　安德烈[124]是我们教堂里培养起来的音乐督导之一。他对这门艺术拥有极高的理论和实践素养，因此用乐谱记下了某些祈祷文的节奏——这正是我们已有乐谱中缺少的东西。他每周（尤其在重大节日前的一段时间）都有一定日期召集乐师，训练他们演奏各自的乐章……

　　　　他不仅要他们遵守音乐规则，还要他们带着对天主应有的礼仪和崇敬来演奏，因为他们的目的就是要为天主增光。虽然中国人总体上说都喜欢音乐并有这方面的才干，但鉴于我们基督徒中多数人不可能得到过造就音乐人才所需的种种帮助，所以，已故的赵圣修神父生前曾挑选了三十来个年轻人组成了唱诗班，每天下午由一名熟练乐师给他们上课，经过两年训练，取得了超过我们希望的成绩。我们的唱诗班就是这样开始的。马安德烈曾是这个班的主要学生之一，他进步极快，不久就被认为足以取代因年老体衰而离开乐师岗位的老师了。马安德烈很快就证明，大家对他才干的高度评价并没有错。的确，他在很短时间内就培养出了出色的乐师，后者又培养了新的乐师，唱诗班于不知不觉间成了一个由受过良好教育的人们所组成的集体。[125]

　　蒋友仁所指的教堂是天主教北堂，当时还位于中南海湖畔蚕池口，可见那时候，天主教北堂已经开始培养由中国教徒组成的乐队，每周训练，在一些重大的节日活动中，他们可能演奏中西方音乐。

　　1780 年 10 月 15 日，在北京的传教士方守义神父（Dollières Jacques，1722-1780）致其兄弟隆维附近莱克西本堂神父先生的信：

---

123 [法]杜赫德编，吕一民、沈坚、郑德弟等译：《耶稣会士中国书简集》（V），第 121 封信，大象出版社 2001 年版。

124 户部官员马约瑟的儿子，马约瑟是天主教徒。

125 [法]杜赫德编，吕一民、沈坚、郑德弟等译：《耶稣会士中国书简集》（V），第 128 封信，大象出版社 2001 年版。

凡参加修会的妇女每月于规定日期在本区一幢内设专用祈祷室的房屋中集会。她们首先像男人们在教堂一起做的那样跪倒在地、高声祈祷，唱某支优美动人的单旋圣歌，这些歌大抵属同一套路，虽时有变化，但易记易学。[126]

关于重要节日的庆祝活动情况，韩国英神父（Pierre-Martial Cibot，1727-1780）在致某位友人的信中提到了他们曾经在北京庆祝耶稣圣心节的盛况：

……节庆典礼在圣体修会小教堂举行。……乐师修会负责重大节庆活动的声乐和交响乐。神父们把他们在该修会中的位置传给了（他们培养的）孩子们；有才能的新信徒也可被接纳加入。……我认识目前在这个修会中的三位亲王及多名官员，还有许多贫穷的新信徒，后者从其赖以为生的工作中抽出时间到修会里咏唱对天主的颂歌。……圣体节八日庆期之星期四的下午2时许，一切准备就绪，基督徒们集中到了一起，传教士们在小教堂做罢祈祷后来到帐篷里坐了下来，听乐师修会排练为第二天准备的经文歌、感恩歌和几段乐曲。排练延续一个多小时，但此前却需筹划许多日子。对于资深乐师们的虔诚和新乐师们的用功，传教士们赞赏不已。新乐师们今年演奏得非常成功，大家都很满意；不过资深乐师即前者的导师们显得最为迷人。音乐排练结束后，新信徒们使用中文背诵祷文，其中还有几小段反复吟唱的声乐曲，这是他们最早的晚祷，不过通常要长得多。这种时刻，所有人都寂静无声、毕恭毕敬地跪着。由于受过良好的教育以及这个民族天生的严肃性，甚至连最小的孩子在此场合也显得惊人地端庄。因此，正式仪式前的预备性练习与其说是必要的预防措施，倒不如说是单纯的习惯。在公开张贴的人名录上，每人事先都可看到自己应在哪个位置以及应做什么。人们可看到唱经班那些小歌手，其虔或敬程度丝毫不亚于最热忱的初学修士。这些小歌手还被指定在圣体前投放鲜花。

……那些并无特定差使的新信徒则利用传教士们用晚餐前尚剩下的那点时间进行忏悔。晚祷后，人们重新开始忏悔。晚祷通常是在教堂里以歌唱形式进行的，一直延续到晚上10点钟。……4点钟

---

126 [法]杜赫德编，吕一民、沈坚、郑德弟等译：《耶稣会士中国书简集》（Ⅵ），第150封信，大象出版社2001年版。

时是第一场伴有音乐和交响乐的大弥撒，展示圣体时还要唱经文歌。帐篷内的乐师们于弥撒间歇时演奏乐曲，小教堂中的乐师则于每场弥撒的规定时间演奏。乐师们身穿宽袖白色法衣在圣餐桌下方跪成两行。弥撒结束后，人们庄严地咏唱大祷文；此时，帐篷内和小教堂里都挤满了人。祈祷结束后是布道，随后是第三场大弥撒。我忘了告诉您，第二场大弥撒是 6 点左右举行的，这场弥撒开始前有一段短暂的间歇时间，以便让大家作好准备并让乐师们喝一杯茶。在这一片刻空闲时段，帐篷内的乐师需演奏乐曲，接待修会新成员的工作也安排在此刻。最后一场大弥撒延续一个半小时，它以圣体降福告终；降福前有一场当众认罪的仪式，人们于其间会挥洒许多泪水。大弥撒结束后，人们抬着至圣的圣体列队行进，队列顺序如下：

最前面是十字架，紧随其后的是身穿紫色丝袍、头戴宗教礼帽的四名唱经班的孩子，随后是部分世俗服饰打扮的乐师，再后面是圣心修会成员，还有身穿宽袖白色法衣的乐师和穿着白色长衣的四名唱经班的孩子——他们结着各种颜色的丝腰带，披挂着金黄色的饰带和穗饰。两名拿着手提香炉的信徒，两名手持船形香炉的信徒及两名身穿白色长衣、披着丝饰带的孩子紧跟在他们后面，这两个孩子拿着花篮，不断把花撒在圣体前面。奉香者和撒花人按固定不变的节奏轮流上香、撒花。典礼官穿着宽袖白色法衣尾随其后，他的职责只是主持。修会主要成员中的两个人拉着华盖上的细饰带，华盖下面便是圣体；护送圣体的司铎周围是他的几名辅祭，后面还跟着每人手里拿着一根大蜡烛的传教士。我忘了告诉您，从把前院与教堂分开的柱廊起，道路两旁站满了在齐胸处拿着五颜六色丝带的孩子们。两支合唱队不断地、毫不混淆地唱着歌，他们（每支歌）的重新开始则是撒花人和奉香者轮流撒花、奉香的信号。

十字架进入教堂之际，鼓声和其他乐器声大作，直至圣体安放在祭坛上；这第三支乐队位于教堂深处的祭廊上。圣体从修会成员中间经过，后者全都手持大蜡烛跪在地上，其他新信徒跪在修会成员后面，他们人数众多，挤满了教堂。所有穿宽袖白色法衣者（他们有 50 多人）在正祭台间排列成十分美观的队形。在唱经文歌、上香和祈祷结束后有一段短暂的寂静，当司铎转身向大众祝福时，教堂里重新响起了一片乐曲声。

这段文字不仅介绍了唱诗班、乐队的成员，而且介绍了活动前的排练情况和正式活动过程，可以说非常详细地为我们提供了当时北京城内教徒过重大节日时的欢庆场面：全天的活动都有音乐伴奏，每场弥撒的间歇时间也有乐师演奏乐曲，甚至有三支乐队同时为庆祝活动服务，唱诗班的孩子们是游行队伍的重要组成力量。这些都由专门的乐师、修会来具体负责安排。

虽然作者没有指明当时乐队使用的乐器和演奏的乐曲情况，但是通过前文杜德美神父和晁俊秀神父的书信，我们已经了解到当时中国乐器和乐曲在教会中是比较常见的。而且，从当时的游行队伍看，参加活动的乐师有一些可能不是教徒，而是花钱雇来的乐队，因为除了"身穿紫色丝袍、头戴宗教礼帽"的唱诗班的孩子，还有"部分世俗服饰打扮"的乐师以及"身穿宽袖白色法衣"的乐师，后者是圣心修会成员，而前者"世俗服饰打扮"的乐师有可能是懂音乐的教徒，但更有可能是雇佣的专业的民乐队，因为在当时的中国社会，在重大活动时雇佣一些民间乐队来助兴是非常普遍的事情，天主教进入中国，为了更好地吸引民众信教，雇佣民间乐队参与教会重要节日的重大庆典活动也属正常。而且，1715 年 5 月 10 日，耶稣会传教士殷弘绪神父从饶州发给本会德布鲁瓦西亚神父的信中提到景德镇教会庆祝圣诞节的情况："基督徒们已经凑了点钱准备请一个民乐队。我劝告他们，如果把用于双簧管、笛子、鼓、喇叭的钱分给穷人，这将是对清贫的耶稣的更好纪念。他们照办了，许多人都受了感化。圣诞节之夜，大批人虔诚地忏悔和领圣体，另一些人唱着祷文，大家欢聚一堂，其乐融融……"[127]文中提到基督徒们准备凑钱请一个民乐队来庆祝圣诞节而被殷弘绪神父制止了，他制止的理由不是因为请民乐队助兴和圣诞节有冲突，而是想要把经费节省下来以资助穷人。所以此种重大活动，有中国乐器和乐曲来助兴是非常有可能的，毕竟中国教徒掌握的西方乐器和乐曲还不是很多，再者请乐队为大型活动伴奏助兴也符合当时中国的实际情况。

三、吴历与《天乐正音谱》

清朝前期，经过中西礼仪之争，表面上看罗马教廷占了上风，他们完全按照罗马天主教礼仪要求在中国传教，不允许中国教徒遵循原有礼仪，但是他们

---

127 [法]杜赫德编，吕一民、沈坚、郑德弟等译：《耶稣会士中国书简集》(Ⅱ)，第 39 封信，大象出版社 2001 年版。

的传教方式并没有得到中国政府的认可和支持，百年禁教期间天主教在中国只能采用地下发展的形式。此时中国教徒的宗教活动也完全按照罗马教廷的规定进行，在包括音乐等仪式方面亦无什改观。不过，在禁教之前出现了一位著名的中国籍神父——吴历（1632-1718），他创作出具有中国文化特色的天主教圣乐套曲《天乐正音谱》，在中国天主教音乐史上留下了浓墨重彩的一笔。

吴历，本名启历，号渔山，桃溪居士。因所居处有口墨井，又号墨井道人，江南常熟（今属江苏）人。清初著名书画家，为"清初六大家"[128]之一，诗、文、书、画、琴皆精。吴历自幼失怙，由寡母抚育成人。据方豪《中国天主教史人物传》介绍："吴渔山与天主教教友往还，或始于康熙十一年（1672），时年 41 岁。康熙二十年（1681）渔山已 50 岁，决意随柏应理神父往欧洲，已至澳门，未能成行，或即在此时加入耶稣会。"[129]据考证，吴历应于 1682 年在澳门加入耶稣会，取拉丁文名 Simon Xavierius a Cunha（西满·沙勿略·雅古讷），教名西满·沙勿略，并遵习俗取葡式名雅古纳。此后他长居澳门圣保禄教堂学习拉丁语及神学 7 年，1688 年他 56 岁时在南京由第一位中国籍主教罗文藻祝圣为神父，在上海、嘉定等地传教 30 余年，有关其传道经历，主要记载于其著作《三余集》中。吴渔山擅弹古琴，精通中国传统音乐，其所作《天乐正音谱》即用中国传统曲牌填词而成。

《天乐正音谱》原为徐光启后人私藏手抄本，并未刊印。1945 年方豪在上海徐家汇藏书楼发现原本，1949 年将其带到台湾，后与著名曲学家郑骞一道，为其校释并于 1950 年付梓，1968 年重新修订后方豪将其收入《方豪六十自定稿》一书中。此后，致力于整理吴历著作的章文钦以此版本为基础，对其文本详加考据，于 2007 年出版《吴渔山集笺注》[130]，被认为是"目前关于《天乐正音谱》文字内容最可靠的现代版本"[131]。关于其创作的年代，原书并未注明，应作于吴渔山 1688 年被祝圣为神父之后到其 1718 年病故前这段时期，有学者推其大约为 1700 年左右。[132]

---

128 "清初六大家"包括王时敏、王鉴、王翚、王原祁、吴历、恽寿平。

129 方豪：《中国天主教人物传》中册，中华书局 1988 年版，第 243-244 页。

130 （清）吴历撰，章文钦笺注：《吴渔山集笺注》，中华书局 2007 年版。

131 （中国台湾）洪力行：《重读吴历〈天乐正音谱〉——以〈称颂圣母乐章〉为例》，《基督教文化学刊》2003 年春，第 29 辑。

132 （中国台湾）洪力行：《重读吴历〈天乐正音谱〉——以〈称颂圣母乐章〉为例》，《基督教文化学刊》2003 年春，第 29 辑。

《天乐正音谱》共有南北曲九套、拟古乐歌二十章。其中南北曲九套，是以中国传统音乐的曲牌填词写成的天主教歌词，在当时是直接唱诵的；此外，套曲中诸多的增减句，又似乎是为了迎合已有的曲调。也就是说，《天乐正音谱》很有可能是为了配合天主教弥撒或赞美诗的歌曲旋律而作的歌词。方豪先生所写"跋"中亦称"若夫天乐正音谱，则咏弥撒、咏圣母、咏感恩、咏进德，正纯粹公教之曲也"[133]。这九套曲的名称分别为：（一）弥撒乐音、（二）称颂圣母乐章、（三）敬谢天主钧天乐、（四）喻罪乐章、（五）悲思世乐章、（六）警傲乐章、（七）戒心乐章、（八）咏规程（原注：仍用弥撒词调）、（九）悲魔傲。在上述九章套曲之后，又有"拟古乐歌"20章，即《每瑟[134]谕众乐章》。其所谓"天乐"，就是指天主教圣乐；而"正音谱"则是沿用了明代朱权《太和正音谱》的标题文字，作者的立意很可能是为天主教圣乐创作做示范之意。郑骞先生称赞这些套曲"格律妥帖，机调圆熟，且复浑雅渊穆，声希味淡，居然于南北曲中，别开新境"[135]。关于这些套曲的性质，陶亚兵曾言《天乐正音谱》"是中国人创作的最早的而且是一部大型的具有中国艺术风格的弥撒和赞美诗歌词，吴渔山则是中国创作赞美诗歌词的第一人"[136]。章文钦认为"《天乐正音谱》以中国传统音乐的元明散曲与中国曲辞配成弥撒乐章，可称为天学散曲"[137]。究竟《天乐正音谱》是否属于弥撒曲，台湾学者洪力行通过对为《天乐正音谱》及其中的《称颂圣母乐章》进行详细解读，认为"《天乐正音谱》并非是弥撒曲或弥撒文词，也不仅只是赞美诗的歌词而已，而可以是一种真正本地化的圣乐创作与实践"，因为弥撒都有固定的经文，《天乐正音谱》的《弥撒乐音》和《咏规程》这两首内容是关于弥撒礼仪和教义规范的，虽然引用了部分弥撒的经文，但并非以天主教弥撒经文为文词，因而无论如何无法当成"弥撒曲"来使用。另外几首，在他看来，《称颂圣母乐章》是歌颂圣母的，《敬谢天主钧天乐》是歌颂天主的，其余的五首内容与

---

133 （清）吴历著，方豪、郑骞校订：《天乐正音谱》，方豪跋，1950年版（无出版社信息），第2页。

134 "每瑟"，现在中国天主教译为"梅瑟"，新教则译为"摩西"。《每瑟谕众乐章》其实是吴历翻译的《旧约·申命纪》结尾的《摩西之歌》。

135 （清）吴历著，方豪、郑骞校订：《天乐正音谱》，郑骞跋，1950年版（无出版社信息），第3页。

136 陶亚兵：《明清间的中国音乐交流》，东方出版社2001年版，第126页。

137 （清）吴历撰，章文钦笺注：《吴渔山集笺注》前言，中华书局2007年版，第21页。

天主教劝世教义相关，则与弥撒仪式无关了。[138]

当代昆曲格律研究者与订谱者刘有恒认为："吴历的《天乐正音谱》约填词于康熙年间昆曲大盛之时，吴历（是）以南北曲的词格填写出了当时中西文化交流下，用中国传统南北曲格律来演唱西洋天主歌咏的惟一一位传统文人，但有辞而无谱，故依昆曲格律，为之恢复清初可用昆曲演唱天主歌咏之下的工尺谱。"[139]他以方、郑二人校注为底本，用昆曲曲谱重新对《天乐正音谱》进行校正，并收录于他所辑《天禄阁曲谱续集》中："计《弥撒乐音》南南吕一枝花套曲一套；《称颂圣母乐章》北正宫端正好套曲一套；《敬谢天主钧天乐》北黄钟醉花阴套曲一套；《喻罪乐章》南黄钟赏宫花套曲一套；《悲思世乐章》南中吕尾犯序套曲一套；《警傲乐章》南商调山坡羊套曲一套；《戒心乐章》南仙吕不是路套曲一套；《咏规程》南南吕一枝花套曲一套；《悲魔傲》南正宫瑞鹤仙套曲一套，共计九套套曲；又《每瑟谕众乐章》非曲牌体，名为乐章，而实近乎说唱音乐，非昆曲之格律，故不谱入。"[140]清康熙年间，吴历的家乡江苏常熟一带正是昆曲盛行之地，所以刘有恒用当时流行的昆曲套曲为吴历的《天乐正音谱》谱曲，但是他又言："今于《天禄阁曲谱》（集粹曲谱）内之订谱，虽依昆曲之律，但以吴历此作之初心，并非供昆曲唱家之作，而有其宣扬天学之宗旨，而系普及大众之作。故如今之昆曲订谱，不依严格昆曲之必采过度流蔓之赠板曲而不利一般大众演唱，而所以订谱之演唱速度，至慢一板三眼（四拍子），每套曲原则上一至二曲为一板三眼，余者一板一眼（二拍子）为主，以利一般歌者尽能演唱之实用目的。至于昆曲爱好者之演唱，固依昆曲唱口，而一般爱好者固依平常歌唱声口即可，以维吴历之初心。"[141]他认为，吴历创作这些曲子的初衷，是为了传教需要，是"普及大众之作"，让普通的天主教徒都能传唱，而非是让专业的昆曲演员来演唱，所以曲调不易太难，以便一般的人都能唱。

138　（中国台湾）洪力行：《重读吴历〈天乐正音谱〉——以〈称颂圣母乐章〉为例》，《基督教文化学刊》2003 年春，第 29 辑。

139　参考刘有恒的新浪博客"小俗工的博客"，http：//blog.sina.com.cn/s/blog_5922aa 340102v43v.html。

140　参考刘有恒的新浪博客"小俗工的博客"，http：//blog.sina.com.cn/s/blog_5922aa 340102v43v.html。

141　刘有恒：《清初吴历〈天乐正音谱〉校正补》，https://site.douban.com/161686/widget/ notes/8572636/note/523597255/。

法国巴黎索邦大学教授弗朗索瓦·皮卡尔与法国音乐家让-克里斯托弗·弗里希合作出版的唱片《明清北堂天主教晚祷》（Vêpres à la Vierge en Chine）中也收录了《天乐正音谱》中的《称颂圣母乐章》与《悲魔傲》两套曲文，并配以中国传统音乐曲调，迄今北京西什库教堂（北堂）的唱诗班仍在传唱这些歌曲。

吴历还创作了不少宣传天主教的"圣学诗"（亦称"天学诗"），其中有一些描写了天主教圣事活动的场景，如："捧蜡高烧迎圣来，旗幢风满砲成雷。四街铺草青如锦，未许游人踏作埃。"[142]还有的诗歌描写了他在澳门圣保罗教会听管风琴演奏时的感受："广乐钧天奏，欢腾会众灵。器吹金角号，音和风狮经。内景无穷照，真花不断馨。此间绕一日，世上已千龄。"[143]吴历的"圣学诗"有不少是非常优美的赞美诗，如他写的《牧羊词》与《渔夫吟》，不仅寓意深刻，而且韵律朗朗上口。

牧羊词

渡浦去郊牧，纷纷羊若何？

肥者能几群？瘠者何其多？

草衰地远似牧迟，我羊病处惟我知。

前引歌唱无倦情，守栈驱狼常不及。

但愿长年能健牧，朝往东南暮西北。

渔夫吟

破网修多两眼花，淘河不厌细鱼虾。

采鲜曾进君王膳，四体虽劳敢辞倦。

撒网常迷水似天，歌残醉傍蛟龙眠。

鬓髭白尽丰姿老，惊遍风潮怕秋早。

朋侪改业去渔人，闻比渔鱼更苦辛。

晚知天学到城府，买鱼喜有守斋户。

吴历《墨井集》中有一诗，名"仰止歌"，1920年被裴昌年配以中国传统乐曲"云淡"，1936年刊印在《普天颂赞》中，为第30首；1983年又被收入

---

142 （清）吴历：《三巴集·澳中杂咏·第四首》，海虞顾氏小石山房道光17年（1837）初刻本。

143 （清）吴历：《三巴集·感咏圣会真理·第五首》，海虞顾氏小石山房道光17年（1837）初刻本。

《赞美诗（新编）》，为第386首。其歌词为：

> 未画开天始问基，高悬判世指终期；
> 一人血注五伤尽，万国心倾十字奇。
> 阊阖有梯通淡荡，妖魔无术逞迷离；
> 仔肩好附耶稣后，仰止山巅步步随。
> 阿们

　　总体说来，在明末及清朝前期，随着教堂的建立，教堂音乐也随之传播。当时在中国传播的基本上都是罗马天主教的各个派别，其宗教仪式完全遵照罗马天主教的规定，包括布道、弥撒、洗礼、节日瞻礼以及日常的礼拜、诵经、唱诗等活动，都会有一系列的音乐活动，而这些音乐活动主要还操控在外国传教士手中，中国教民多数情况下只是被动地参与，因而其圣乐也主要是西方宗教音乐，虽然有个别传教士和中国教徒利用中国曲调创作圣乐，但流行并不广泛，中国教徒基本上仍然没有属于自己的圣乐。

第三章 清代晚期中国基督教音乐的发展（上）

第一节 东正教与基督新教的传入及其在近代中国的传播

一、东正教与基督新教的传入

公元 1054 年，基督教东西教会分裂。以罗马为中心的西部拉丁语系教会称为"公教"或"罗马公教"，在中国即为"天主教"；以君士坦丁堡为中心的东部教会标榜自己的"正统性"，自称为"正教"，因为是东方教会，所以又称"东正教"，又因为在崇拜仪式中采用希腊礼仪，所以又称"希腊正教"。后来东正教通过中亚和巴尔干向东南欧发展，并在俄罗斯取得巨大成功，进而成为这一地区势力最强的教会。东正教在这一地区的活动受到了以俄罗斯为代表的斯拉夫文化的影响，逐步形成某些不同于希腊正教的新特点，因此把具有俄罗斯斯拉夫文化传统的东方教会称为"俄罗斯正教"。基督新教是马丁·路德宗教改革以后产生的。1517 年 10 月 31 日，路德在维滕贝格大教堂门前贴出反对销售赎罪券的《九十五条论纲》，宗教改革运动自此开始。宗教改革在德国爆发，迅速波及西欧各国，产生出许多新的宗教流派，影响最大的是路德宗和加尔文宗。因其反对罗马教廷，故名"更正教"，在我国亦称耶稣教或者基督教，即狭义的基督教。

东正教早在元朝就已传入我国，当时蒙古铁骑横扫欧洲，大败以基辅为盟主的俄罗斯各国联军，一些信仰东正教的士兵成为俘虏跟随蒙古大军来到元大都，元朝政府还特设专门管理俄罗斯士兵的机构。当时，俄罗斯隶属元朝领土 240 余年，很多俄罗斯传教士、商人、工匠及学者来到大都，他们同时也带来了东正教信仰，元朝政府对东正教及其教徒都很礼遇，不过这一切随着元朝的覆灭而不复存在，东正教在中国并没有产生什么影响。[1]清朝，东正教再次传入有确切记载的是在康熙四年（1665），属于俄罗斯正教。当时一批俄罗斯匪徒占据了黑龙江北岸的我国领地雅克萨，并在此修筑碉堡，成员中的东正教教士叶尔莫根（Ermogen）为了传教，在雅克萨城建立了"耶稣复活"教堂，康熙十年（1671）他又在城外建立了"仁慈救世主修道院"，此为有文字记载的中国境内最早出现的东正教教堂和修道院，不过仅为俄国人所用，还没有中国教徒。康熙二十四年（1685）至二十五年（1686），清政府两次派兵攻打雅克萨，并最终将其收复。俄军教堂被捣毁，一大批俄国士兵被俘获，除一部分被遣送回国外，还有一些[2]被押送至北京。清政府对这些俘虏很优待，他们被押回北京后安置在东直门里胡家圈胡同，并分别授予官衔，按旗人待遇发放俸禄钱粮，允许他们与中国人通婚。同时还将东直门内关帝庙划拨给他们作祈祷所，俗称"罗刹庙"，此为北京城内的第一座东正教堂，俄人正式命名为"圣索菲亚教堂"，又称"圣尼古拉教堂"或"北馆"。1689 年中俄《尼布楚条约》签订以后，很多俄国战俘不愿回国，遂成中国最早的东正教徒。

后来，沙皇政府曾多次向清朝政府派遣"北京传教团"，他们以"北馆"为据点进行宗教活动。雍正五年（1727），中俄两国签订《恰克图条约》，准许俄国人在北京建立教堂，并可定期（10 年一次，每届 10 人左右）派传教士替换前届传教士。据此，他们又在东江米巷（即今东交民巷）建立了"奉献圣婴"教堂，即"南馆"。据不完全统计，自 1715 年到 1858 年《天津条约》签订，俄向后向中国派遣 12 届共百余名传教士。在此期间来华的俄国传教士团即中华东正教会，又称北京东正教总会。后来，随着沙俄对中国侵略野心的不断膨胀，俄国传教团成为俄国政府安插在北京的间谍机构，传教士常借传教之名收集情报、刺探军情，成为俄国侵略中国的急先锋。此时，上海也已经出现了东正教会团体。但是，与其他教派不同的是，东正教传入中国并

1　参考佟洵：《试论东正教在北京的传播》，《北京联合大学学报》1999 年第 6 期。

2　据乐峰著《东方基督教探索》，为 45 人。宗教文化出版社 2008 年版。

不是以在华传教为目的的，其主要是为了服务于当时在华的俄国人。所以当后来俄国人大批撤出中国以后，东正教在中国的也很快式微，仅仅存在于一些边疆的俄罗斯族那里。

1627 年，荷兰归正教会干治士（Georgius Candidius，1597-1647）曾将基督新教传入我国台湾高山族社区，但 1662 年郑成功收复台湾以后，归正会在台湾传教中断，此后基督新教直到 19 世纪 60 年代才又传入台湾。基督新教传入我国内地则比较晚，18 世纪末，随着西方社会海外殖民主义的扩张和国内宗教复兴运动的兴起，欧美国家出现了一股赴海外，尤其是远东国家传教的热潮，在一些宗教主义者的蛊惑下，很多教俗人士接受各个差会的派遣，远赴亚非国家传教，美国宗教思想家乔塞·斯特朗曾叫嚣："美国基督教及其民主机构和制度的扩展，将把世界带进一个完美的千年王国，美国是上帝复兴世界的代理者。"[3]基督新教就是在这样的历史背景下传入我国内地的。

1807 年，英国伦敦会牧师罗伯特·马礼逊（Robert Morrison，1782-1834）绕道美国搭船到来广州，他是西方第一个来到中国内地的新教传教士，并首次将基督新教带入中国内地。马礼逊来华时，清朝仍然奉行比较严格的禁教政策，不允许外国传教士私自到中国大陆地区传教。一开始，他靠美国商人的帮助隐匿在广州城内美国商馆学习中文和中国文化，仅两年时间就能用中文写作，而且能用官话和本地土白对话。1809 年 2 月，他受聘于东印度公司充当中文译员，自此与东印度公司的合作长达 25 年。这不仅使马礼逊在生活上和经济上有了保障，而且使他有了合法居留广州的身份。他用中文翻译、写作并刻印散发了许多宗教宣传品，与此同时，马礼逊还在准备编撰中文语法和辞典等书籍。1810 年他翻译并雇人刻印了《使徒行传》，次年又翻译印刷了《路加福音》。1813 年他翻译出《新约全书》，在广东秘密刻印两本，此后又在伦敦布道会派来的第二位传教士米怜（Willian Milne，1785-1822）的协助下，于 1819 年译完了《旧约全书》，1823 年，马礼逊将这两部书合并刻印，命名为《神天圣书》，此书对基督新教在华传播事业产生了重大推动作用。此外，他还编写印了《神道论赎救世总说真本》（1811）、《问答浅注耶稣救法》（1812）、《养心神诗》（1818）、《古圣奉神天启示道家训》（1832）等传教书籍，分别在广州、澳门、马六甲等地出版。马礼逊还历时十五年编纂了一部

3　雷雨田：《上帝与美国人——基督教与美国社会》，上海人民出版社 1994 年版，第54 页。

有史以来的第一本中英词典《英华辞典》，这被认为是中国英汉字典编纂之嚆矢，被以后来华传教士奉为"圭臬"。1818 年马礼逊在马六甲创办了英华书院（Anglo-Chinese College）[4]，该校是近代传教士开办的第一所中文学校，设有神学、数学、历史、地理等学科，也开启了后来教会学校教唱诵赞美诗的先河。他还筹划创办了近代第一份中文月刊《察世俗每月统纪传》，对促进新教在华人中的传播和中西文化交流产生了重要影响。

马礼逊冒着被驱逐的危险，在中国秘密发展教徒。在他来华 7 年之后，印刷工人蔡高（1786-1818）成为他施洗的第一个教徒，不久，蔡高的哥哥和弟弟也先后信教。曾帮助马礼逊刻印《圣经》的雕版工人梁发，在马礼逊的引导下开始信教，1816 年在马六甲由米怜施洗入教。1823 年马礼逊回国期间，让梁发负责广州、澳门的传教工作，并行了按手圣礼，这样梁发就成为第一个中国新教牧师，他对传道工作非常热心，经常在广东、澳门两地传教，他曾写了好几本布道小册子，其中最著名的一本《劝世良言》后来传到洪秀全手中，竟然成为太平天国农民起义的思想武器。梁氏为基督新教在中国的早期传播作了很多工作，是中国基督新教名副其实的开拓者。

1834 年，马礼逊积劳成疾去世，终年 52 岁，葬于澳门，他在华传教 25 年，对基督新教在华传播有很多首创之举。继他之后，英国、美国、德国等先后派新教牧师来华，著名的有：裨治文（F. C.Bridgnman，1801-1861，美国，1830 年来华）、卫三畏（Samuel Wells Williams，1812-1884，美国，1833 年来华）、伯驾（Peter Parker，1804-1888，1834 年来华）、罗孝全（J. J. Robert，1802-1871，美国，1837 年来华）、郭实腊（Karl Friedrich August Gutzlaff，1803-1851，德国，1830 年来华）等等。由于清朝政府的禁教政策，他们在华传教活动非常艰难，不得不隐匿身份秘密传教，时刻还有被驱逐的危险，因此其传教工作进展极为缓慢，收效甚微。马礼逊每次讲道的听众不过两三人，有时只有一人；裨治文到华 17 年后才于 1847 年吸收了一名教徒；美以美会到中国传教十年（1857）后才为第一个中国教徒施洗；1840 年前，新教在中国发展的教徒不足百人。这些早期的传教士为了打开中国的大门，不少人鼓吹武力开放中国，如马礼逊长期供职于东印度公司做翻译，参与了肮脏的鸦片交易；裨治文、卫三畏、伯驾等人不仅积极鼓吹对华战争，而且还参与了《望厦条约》和《中美天津条约》的谈判和签订工作；郭实腊在鸦片战争中

4　1843 年英华书院迁往香港，后改为神学院，专门培养传教人才，1856 年停办。

不仅充当英军的翻译兼情报员，还是《南京条约》中文文本的起草者。一位早期来华的美国女传教士韩里塔·夏克夫人（Mrs.Henrietta Shuck）曾露骨地说："中英之间的纠纷曾让我欣喜若狂，因为我相信英国人会被激怒，这样上帝就会以其力量打破组织基督福音进入中国的障碍。"[5]此外，为了传教事业，传教士们也建了一些学校和医院，成为后来者效仿的榜样，在一定程度上促进了近代中国教育事业、医疗事业的发展。

二、近代基督教在中国的传播

（一）不平等条约庇护之下的强行传教活动

1842 年鸦片战争失败后，清朝政府被迫与西方列强签订了一系列不平等条约，这些条约有不少条款都是关于天主教、基督新教在华自由传教的，因此被称为"传教条款"。正是在这些所谓"传教条款"和西方列强枪炮的保护下，基督宗教强行获得了在中国自由传教的特权，各修会的传教士们纷至沓来，他们中的很多人充当了列强侵略中国的急先锋，扮演了帮凶和打劫者的角色，企图利用战争摧毁阻碍传教的政治障碍。从此以后，基督宗教在中国进入到一个新的发展阶段，但这种传播与发展却带有深深的文化侵略和殖民主义的烙印。

1842 年中英《南京条约》规定："耶稣、天主教原系为善之道，自后有传教者来至中国，一体保护。"自此以后，"传教条款"屡现条约，其适用范围一步步具体化，从通商口岸逐步扩展至内地，从保障外国人的宗教生活延伸至向中国民众自由传教，腐败软弱的清政府对此已失去了控制。1844 年中美《望厦条约》和中法《黄埔条约》又规定，传教士除了可以在五口通商口岸传教以外，还可以建立教堂。1846 年，道光皇帝再下谕旨："学习天主教为善之人，请免治罪，其设立供奉处所，会同礼拜，供十字架图像，诵经讲说，毋庸查禁……所有康熙年间，各省旧建之天主教堂，除改为庙宇民居毋庸查办外，其原有旧房屋，各勘明确实，准其给还该处奉教之人。"这样，百年禁教政策一朝废弛。不过，当时道光皇帝的上谕明文规定，"外国人概不准赴内地传教"，他们的活动范围仅限于通商口岸。仅在口岸城市传教显然不是传教士们所满意的结果，他们更希望能深入到内地，把所有的中国人都变成上帝的子民。因此，传教士仍时时以各种形式向内地渗透，一段时间内，各地官

---

5 王立新：《美国传教士与晚清中国现代化》，天津人民出版社 1997 年版，第 63 页。

府不时会抓获处置私自潜往内地传教的传教士，每每酿成教案。最严重的"马神甫事件"（也称"西林教案"）还成了第二次鸦片战争的导火索。事情的起因是这样的：清咸丰三年（1853）法国巴黎外方传教士马赖（Auguste Chapdelaine，1814-1856）非法潜入非通商口岸的中国内地——广西西林县传教，他吸收地痞流氓入教，并干预诉讼，纵容包庇他们为害乡民，引起民愤。1856年新任西林知县张鸣凤依法判处马赖死刑。法国政府以此为借口，联合英国发动了第二次鸦片战争。中国战败后，被迫与英法俄美四国签订了屈辱的《天津条约》和《北京条约》。西方各列强如愿以偿得到了去中国内地传教的特权，而且传教士还可以在各地随意购地、造房、置业。以后，清政府又先后与普鲁士、尼德兰、丹麦、荷兰、西班牙、比利时、意大利和葡萄牙等国签订了类似的条约，根据利益均沾之原则，任何一个国家与中国签订条约中的所有利益实际上均与所有签约的西方列强共享，自此中国门户洞开。在不平等条约的庇护下，19世纪下半叶，基督宗教在中国获得了前所未有的发展机遇。

最早来到中国的天主教，鸦片战前在华传教的有西班牙多明我会、巴黎外方传教会、方济各会、遣使会、耶稣会等五个修会，其中来华最早的耶稣会曾在1773年被教皇克雷芒十四世解散，1814年又得以恢复，凭借其昔日基础重新恢复传教领地。鸦片战后，除原有各修会传教领域得以扩展外，又有许多新的修会相继来华，十九世纪下半期，在华天主教修会有三十多个，另外还有八十多个修女会。各修会都有自己的传教范围，如耶稣会主要在江南的上海、江苏、安徽等地发展；在耶稣会遭解散时曾取代其在华传教的遣使会主要势力在河南、内蒙古、江西、浙江及直隶大部；福建地区一直都是多明我会在传教；方济各会则负责湖南、湖北、陕西、山西、山东等地的传教工作；巴黎外方传教会除了四川、云南和贵州等传统的教牧区外，又将势力扩展到了西藏地区。这样，天主教的传教范围几乎遍及中国全境，中国教徒的人数急剧增长，据统计，1870年，全国天主教徒将近37万，到了1885年达到了55万多，而1890年又增至62万。1890年，江南地区有665座天主教堂、77座小教堂、两所修道院、一所神学院，还有1所医院、1所孤儿院和20所育婴堂，有11000名学生就读于650所天主教办的各种学校。[6]同时为适应中国天主教的迅速发展，1879年，罗马教廷将中国分为五大传教区，而且规定每个教区每五年要召开一次教务大会，别的教区各修会都要派代表参加。

---

6 宴可佳：《中国天主教简史》，宗教文化出版社2001年版，第148页。

　　鸦片战争后，新教在华传播也非常迅速。到民国初年，先后有 170 多个新教团体来华传教。主要有卫理宗、加尔文宗、路德宗、浸理宗、卫斯理宗、安立甘宗、内地会等宗派的各个团体，此外还有其他一些新教团体。随着传教活动的开展，华人牧师和教徒都在不断增加，据统计，1877 年，来华新教牧师有 473 人，有教堂 312 所，发展信众 1 万 3 千人，神学校 20 所，其他学校 68 所，医院 16 所；到了 1912 年，传教士人数达到 5144 人，教徒增至 32 万多人，各种学校 4261 所，学生人数 11 万 8 千多。

　　东正教在中国发展比较缓慢。1860 年以后，北京传教团改由俄罗斯正教最高会议派遣，不再履行外交职能，但传教士仍然在为俄国政府收集情报。在中俄《爱珲条约》《北京条约》签订过程中，在华俄国传教士成为沙俄政府的参谋。以后他们又利用不平等条约赋予的特权，不断扩大在中国的传教范围，出版汉文传教书籍，培养中国籍神职人员。1900 年前后，陆续在哈尔滨、沈阳、旅顺、上海、天津、青岛、新疆以及河南省卫辉等地建立教堂。不过，东正教教徒中真正的中国人很少，据文献记载至多不超过 500 人，主要是来华的俄国商人、俄国侨民、俄国政府外交使节以及加入了中国国籍的俄国人和他们的后裔。

　　此间，基督教在华传播还影响了太平天国起义。洪秀全就是因为看了梁发所写的《劝世良言》，将其加以改造，创立了拜上帝会，也即"上帝教"，并以此作为指导太平天国起义的思想武器。外国传教士一开始对此大为兴奋，他们以为这是"上帝造就的一次有利于福音的革命"，将会大大有利于上帝福音在中国的传播，纷纷前往天京进行活动，甚至要求本国政府承认太平天国政权，不过由于太平天国坚持反帝立场，再加上他们通过与洪秀全等太平天国领袖接触发现，上帝教和他们所传播的基督教思想完全不是一回事，如新教美国公理会传教士裨治文在访问了天平天国以后曾经撰写过一份报告，其中提到："他们的宗教信条虽也承认《圣经》全部或大部分教义，但由于无知或刚愎自用，或两者兼而有之，因此错误甚大。他们的政体虽是混杂的，但其宗教性甚强。他们仍无一个教会，……也许他们只是名义上的基督教徒，实际上他们全是严格的打倒偶像主义者。"[7]因此传教士们的态度很快就发生了改变，太平天国后期，外国传教士反倒都积极支持清政府对太平天国的围剿。

　　7　顾长声：《传教士与近代中国》，上海人民出版社 2004 年版，第 79 页。

这一时期，由于西方教会已经获得了在中国内地自由传教的特权，利玛窦式的传教方法已经不能满足时代的需求，更多的传教士往往采取直接传教的方式，直接深入到底层民众中间宣传上帝福音，劝化百姓。传教士常常到各个村庄去实行各种圣事，做弥撒、讲道、听告解、调解家庭和邻里纠纷等，他们还培养中国本土神职人员，并利用本土神父去管理教民和向未信教的人传播福音。传教士在整饬中国教民道德、移风易俗方面做了许多努力，如劝阻教民吸食鸦片、禁止买卖妇女儿童、劝止童婚和童养媳等等。此外，他们还在华创立学校、医院、孤儿所、施诊所，从事出版和翻译工作等，通过这些，向中国介绍了大量近代资本主义文化，对于中国近代社会的变革具有一定的积极意义。

（二）此起彼伏的教案和义和团运动

基督宗教作为一种外来文化，其信仰和实践与中国传统社会和文化之间存在着巨大差异，自其传入中国以后，就时常与中国政府、士大夫阶层和平民百姓产生各种矛盾和冲突，从而引发诸多教案。鸦片战争以后，西方传教士在华自由传教权是在西方列强洋枪洋炮与不平等条约的庇护下强行攫取的，更使中国各阶层人士将基督教与列强的强权政治视为一体，增加了中国人民对基督宗教的仇恨。不断进行反帝斗争的中国人民把基督宗教当成首要敌人，在近代中国频频出现针对基督教会和传教士的教案。

教禁大开以后，蜂拥而至的西方传教士，鱼龙混杂，其人员素质远远无法与早期传教士相比，许多投机分子籍由传播上帝福音，实则是以征服者的姿态到中国掠夺财富。他们傲慢无礼，蔑视中国传统文化与主权，凭借特权肆意妄为。表现突出的首先就是各地风起云涌的"还堂"风潮。1846 年，清政府慑于帝国主义的淫威，被迫同意将禁教期间收没的教产统统发还教会和奉教之人，传教士们即通过各种手段纷纷要求归还教产，许多教产是当年教民作价卖出的，中间已辗转数人，且新主人已耗资甚多重新修葺，也被教会强行无偿收回；甚至还出现"凭空指控"，任意讹索的情况，弄得民怨沸腾。其次，教会包庇教民劣迹，助长恶徒威风。一些地方流氓、恶棍及劣绅、富贾等怀着各种目的混迹教门，他们往往依仗教会权力，走私贩毒、偷逃赋税、抢产霸地、凌辱妇女、寻衅滋事、欺压百姓，极大地败坏了教会声誉，更加重了广大民众对教会的反感。再次，传教士包揽诉讼，干涉中国司法和地方公事。清朝总理衙门 1896 年初颁布《地方官接待教士事宜》规定：总主教、主教与督抚同级，摄位司铎、大司铎与司道同级，司铎与府厅州县同级。发生教务纠纷时，应由教中品秩相当的教士与同级的中国官员，并邀请外国公使或领事会同解决。故此清末传教士包揽诉讼、包庇教徒的事件时有发生。无论是非曲直，只要传教士插手，"包定输赢"。于是常有人纯为赢得官司诉讼而入教，天主教或被称作"打官司教"，社会影响极坏，官民皆愤。清末教案中，由此引起的案件占了大多数。此外，基督教会在中国创办的医院、学堂、育婴堂等也时有劣行爆出，如教会医院用中国贫民做医学实验导致残伤或死亡、教会学校虐待学童、育婴堂大量婴儿死亡等等。这些都使得自 19 世纪 60 年代起到甲午战争前后，中国举国反洋教的舆论和行动如波涛汹涌，此起彼伏。[8]据统计，从 1860 年到 1900 年，全国大小教案共计 1998 起[9]，其中有重大影响的教案不下 30 起，尤以长江流域为多，同时也屡见于华北和西南地区，卷入其中的不仅有下层民众、秘密会社，而且有相当数量的士绅和官吏。

　　教案发生的诱因基本上都是传教士或教民行为不轨，其他百姓受屈而政府无力为之伸张，迫使积愤难忍之民众采用暴力手段自行解决，殴伤、杀死外国传教士或中国教民，捣毁或焚烧教堂、传教士及教民住所等，很多时候群众的这种行为甚至得到了当地各级官吏的纵容或暗中支持。但教案处理的结果则常常是清政府迫于列强压力，惩处涉案官吏及民众，向洋人赔礼道歉，并赔偿巨额赔款。由此更激起整个中国社会对基督教及西方传教士的仇视，每次大的教案过后，全国其他很多地方都会相继发生捣毁教堂、教会学校以及教士、教民住房的事件，作为对此事件的响应。

　　中国民众对西方传教士积怨既深，终于在 1900 年爆发了全国性的最大的教案——义和团运动，因这一年为中国传统之庚子年，故基督教内称此为"庚子教难"。甲午战后，德国一直觊觎胶东半岛，于 1898 年强迫清廷同意租借胶州湾地区，将整个山东都归入德国的势力范围，激起了山东民众的无限愤慨，于是在 1900 年春夏之交，散布在山东、河北等地的"义和拳"运动终呈燎原之势，很快便发展到京津地区，并迅速席卷全国，辽宁、黑龙江、山西、内蒙古、四川、云南、贵州、河南、江西、福建、广东、浙江……凡有洋教之处，皆被清剿。义和团运动的主要矛头是洋教，因此他们所到之处，捣毁焚烧教堂、擒杀一切可见之洋教士和中国教民，甚至围攻外国使馆。据不完

8　以上参考宴可佳：《中国天主教简史》，宗教文化出版社 2001 年版，第 167-169 页。

9　赵树好：《教案与晚清社会》，中国文联出版社 2001 年版，第 6 页。

全统计，在义和团运动期间，杀死天主教传教士 53 人，修士修女 12 人，教徒 5 万人；新教传教士及其家属 188 人，其中超过三分之一为内地会成员，教徒被杀者约为 5000 人。义和团运动打击最重的是天主教，京津一带天主教几乎不存，河南教堂被毁十之八九，直隶、山西、山东教会遭受致命打击，内蒙古、东北等地教会也遭重创。全国四分之三的教堂被摧毁。基督教传教事业受到严重挫折！

义和团运动最后遭到八国联军和清廷的疯狂围剿，起义群众被残酷镇压和屠杀，战后的巨额赔款更加重了中国人民的苦难。但是，义和团运动显示出中华民族不屈不挠的斗争精神，给西方列强以警示，具有重大历史影响。自此以后，一部分爱国教徒开始反思中国教会的自治问题；同时，也迫使外国教会放弃蛮横偏执的传教政策，重新考虑中国人民的民族情感、宗教情感和文化习俗传统。此后，基督宗教在中国进入到一个比较平稳的发展阶段。

第二节　新教赞美诗的传入与方言圣诗

一、马丁·路德宗教改革与新教赞美诗的兴起

16 世纪以前，西方教会唱的都是拉丁文的圣诗，歌唱是神职人员的专职，普通教徒不仅不参与唱，而且他们也很难听懂，更不可能理解其艰深的含义，罗马教会拒绝批准使用当地语言歌唱圣乐。马丁·路德（Martin Luther，1483-1546）使这一切发生了根本改变，可以说他重塑了基督徒的音乐生活。马丁·路德出生于神圣罗马帝国（今德国）艾斯莱本一个小矿主家里，他的父亲非常重视对孩子的教育，在他还是儿童时就被送到大城市接受更好的教育，为了维持生计，他和同学一起组成一个孩童唱诗班，通过为富人家伴宴来赚取一点生活费，成年后马丁·路德放弃法律学习而进修道院进行了系统的神学学习，后来在大学教授神学。

当时德国的天主教会鼓吹天国的钥匙掌握在教会手里，一个人死后要想进入天堂，必须洗清生前所犯的一切罪恶，而通过购买教堂的赎罪券就可以减少罪恶，从而能在死后尽快进入天堂。当时德国的一些教会和神职人员正是通过销售赎罪券聚敛了很多财富。同时，教会还宣称，普通信徒不能与上帝直接沟通，必须通过神职人员为中介，马丁·路德认为这样的说法与作法和圣经是完全相悖的。他对教会和神职人员的腐败感到非常失望和痛心，凭

着自己坚定的基督信仰和坚实的神学基础，1517 年 10 月 31 日他在维藤贝格大教堂的大门上张贴出了《九十五条论纲》，明确反对天主教会所谓的"赎罪券"，从而拉开了宗教改革的大幕。他主张"因信称义"，每个人都可以与上帝直接交流，而不必借助于神职人员作为中介。

作为神学家与宗教改革领袖的马丁·路德非常重视音乐的作用，他虽然不是一位专业的音乐家，但他却是一位有着很高音乐素养的音乐爱好者。他不仅善于歌唱、演奏长笛和琉特琴，而且还会作曲。路德极力倡导音乐艺术要为广大教会会众服务，要让每一个会众都能理解歌曲的内涵并能进行演唱。因此，他大力提倡用母语即德语来演唱赞美诗，认为旋律和歌词都应该"发源于地道的母语"。为此，他还身体力行自己创作宗教歌曲，他大概创作了 30 余首宗教歌曲，由他创作的圣咏《坚固堡垒》在当时广为流传，影响很大，至今仍被传唱，成为宗教音乐改革的一面旗帜，被誉为是"德国历史最伟大的时期，最伟大的人所写的最伟大的圣诗"，诗人海涅称其为"宗教改革的《马赛曲》"。巴赫的清唱剧第八十号就是根据此圣咏谱写的，他将其扩展成 30 分钟的大合唱；门德尔松为了记念马丁·路德而作的第五交响曲《宗教改革》也引用了此曲调，迄今这首圣歌仍然被一些抗议运动所推崇。马丁·路德在宗教音乐方面的另外一大贡献就是使得简单易唱的众赞歌（Choral）广为传唱，而且成为新教音乐的重要形式，这种众赞歌以同一旋律配以多节歌词，好让会众容易记得。众赞歌歌词来源十分广泛，不仅有译自拉丁文圣咏诗句，还采用了世俗的德语民歌以及艺术歌曲的歌词；曲调方面，除了借用拉丁及格列高里圣咏以外，也吸收了很多当时一些世俗音乐的旋律，如民歌、童谣、武士歌曲、矿工歌曲等等，这使得那些即使目不识丁的信徒也能很快熟唱这些歌曲，同时也极大地促进了新教的快速传播。路德的改革对新教音乐的风格产生了重大影响，西欧各国教会纷纷摈弃了单一颂唱拉丁圣咏的传统而采用本国民族音乐，不仅歌词采用母语，而且音乐的曲调也是本国、本民族的音乐风格，使得西方教堂音乐呈现出各具特色的多元化特点。

经过宗教改革以后，新教的圣事和礼拜仪式都比天主教和东正教要简化很多，也更加灵活。天主教和东正教的圣事一般有七种：圣餐、洗礼、坚振、告解、终傅、神品和婚配，新教认为圣经明确记载由基督亲自设立的礼仪只有两种，即圣餐礼和圣洗礼，所以他们一般只承认这两种圣事。不过，新教的某些宗派，如圣公会，也保留由教会施行坚振礼、按立圣职和婚配的仪式，但不认为这些具有完全的圣事意义。在礼拜仪式方面，新教的圣餐礼使用的是民族语言，形式也更加灵活，引用《诗篇》、经课、祷文等，并且可以允许信徒参加诵唱。而且，在礼拜时，由参加礼拜的全体信徒同唱赞美诗，天主教在"梵二会议"[10]之前一直都是比较保守的，他们认为礼拜仪式是"基督救赎的前奏""天国礼仪的预演"，对礼仪的各项规定要求严格遵守，才能证明对信仰忠贞不渝。[11]但是，在天主教向世界各国传教过程中，教义中规定的必须遵守的拉丁礼仪与各国的现实产生了种种矛盾，尤其是在语言方面，非拉丁语系国家的信众根本听不懂拉丁语，只能被动地参与弥撒等仪式，所以参加天主教弥撒也叫"望弥撒"，仪式的主导权全在神职人员那里，唱圣诗是神职人员专有的权力，信众只是听众，所以天主教传入中国几百年来，中文圣诗发展极为缓慢。而新教传入中国后，其赞美诗发展却极为迅速，赞美诗集编纂和传唱都远比天主教要丰富得多。

经过宗教改革以后，新教教堂音乐主要是唱赞美诗，现今世界各国的新教赞美诗大致分为三部分：韵文诗篇，主要来源是圣经，将圣经或诗篇改成有韵律的诗句；圣诗，圣经以外的诗歌作者所写的诗作，用以表达诗歌作者和唱者的思想感情；福音诗歌，表达信徒的经历与拯救及劝勉，曲调单纯，经常带有副歌。赞美诗的曲调来源甚广，包括古代圣咏、众赞歌、经文歌、圣诞歌曲、黑人灵歌、福音歌曲、各国民歌改编曲，以及古典作曲家作品的选曲等。可以说，经过马丁·路德改革以后的新教圣乐是非常丰富和多元化的。

二、《养心神诗》与中国新教赞美诗的起源

第一个将基督教新教传入中国内地的英国伦敦会牧师罗伯特·马礼逊同时也编辑出版了第一本中文赞美诗集《养心神诗》（Hymn-Book）。这是一本仅有 27 页的小册子，共有圣诗 30 首，全部译自英国教会当时所用的韵文诗

---

10 "梵二会议"是指罗马天主教会于 1962 年 10 月 11 日正式召开的梵蒂冈第二届大公会议，会议历时三年多，经历了前后两任教宗，先后召开了 10 次会议，至 1965 年 12 月才闭幕。"梵二会议"公布了反映革新精神和内容的 16 篇文献，在很多方面都对天主教做了重大改革，包括神学革新、教会自身改革、礼仪改革、教皇形象改变等，是天主教会在全球化的历史进程当中逐步回应现代社会挑战的里程碑，开启了天主教在现代社会自我革新发展的新纪元。

11 张西平：《从梵二会议看中国天主教的本地化传统》，《世界宗教研究》2012 年第 6 期。

篇和通用圣诗，马礼逊先将其翻译成中文散文，然后再由其中国助手润色成为韵文。该小册子于 1818 年在广州出版，共印 300 册，既无曲谱也无题目，封面题写《养心神诗》，副记：庄子曰一日不念善诸恶皆自起。内有小引一篇。与在华天主教会强调以拉丁文歌唱不同，此诗集开启了后世中文圣诗出版的先河，具有非常重要的历史意义。《养心神诗》于 1822 年印行了第二版。初期常有传教士以此为蓝本，进行增删损益编出新的赞美诗集，而直接以"养心神诗"为名的赞美诗集就有好多本。[12]

在马礼逊的支持下，米怜到马六甲城购置了一块地，创建了英华书院和马六甲印刷所，这个印刷所采用西方印刷技术，是当时最重要，同时也是出版中文书籍最多的传教士印刷出版机构。1821 年，米怜将马礼逊编纂的《养心神诗》加以扩充，增为 50 首圣诗，定名为《新增养心神诗》在马六甲印刷所出版，并为每首诗都拟订了标题。由于当时中国内地教徒极少，该诗集主要提供给东南亚各地华人教徒使用，除此之外还供当时英华书院的学生使用。此外，1833 年，马礼逊在澳门又印行了一本 60 页的诗集，名为《祈祷文赞神诗》（Prayers and Hymns），此书为圣公会早礼拜所用，前一部分"祈祷文"由梁发撰写，共 44 页，后面的"赞美诗"大部分是马礼逊所作，共 16 页。[13]马礼逊去世后，他的儿子、同为英国伦敦会牧师的马儒翰（John Robert Morrison，1814-1843）于 1835 年在马六甲英华书院刊印了《续纂省身神诗》，诗集只有歌词，没有曲谱，收有圣诗 54 首，全用律诗体翻译。大概在 1840 年前后[14]，英国伦敦会传教士麦都思（Walter Henry Medhurst，1796-1857）在爪哇巴达维亚[15]以"尚德者"为名也出版了一本汉语《养心神诗》（Hymn Book），初版 71 首，46 页，石印，其中 60 首为英国著名圣诗人以撒华兹（Isaac Watts，1674-1748）的作品，9 首是伦敦浸信会牧师吕本（John Rippon）的作品，1 首选自英国著名的圣诗集《奥尔尼圣诗集》[16]（The Olney Hymns），还有 1 首未明出处。1851

12 陶亚兵：《明清间的中西音乐交流》，东方出版社 2001 年版，第 128 页。

13 [英]伟烈亚力著，倪文君译：《1867 年以前来华基督教传教士列传及著作目录》，广西师范大学出版社 2011 年版，第 12-13 页、31 页。

14 关于这本书的出版时间，因未署具体日期，宫宏宇认为应为 1843 年麦都思代表伦敦会到达上海之前，谢林芳兰则认为是在 1838 年。参考宫宏宇：《美国哈佛－燕京图书馆中文基督教新教赞美诗集缩微胶卷资料初探》，《黄钟》2011 年第 4 期。

15 今印度尼西亚首都雅加达，荷兰人称之为巴达维亚。

16 《奥尔尼圣诗集》是英国圣公会所用圣诗集，由英国著名圣诗作家约翰·牛顿（John Newton）及威廉·考珀（William Cowper）编著。

年增改为两卷本，有诗 117 首，1856 经王韬加工润色后在上海重印，改名为《宗主诗篇》，共 77 页。1840 年，美国侵信会传教士怜为仁（William Dean，1807-1895）在曼谷也编辑出版了一本颂诗集，名叫《祈祷神诗》（Prayers and Hymns），用欧洲纸两面排印，22 页，内有赞美诗 32 首，每首都用罗马字母标注读音，另有一些祈祷文。[17]1842 年，理雅各（James Legge，1815-1897）在马六甲英华书院也以《养心神诗》（Hymn Book）为名刻版刊印圣诗集，初版 27 首，颂文 7 首，计 30 页，1852 年增补为 79 首，在香港刊印；1860 年，英国伦敦会的湛约翰（John Chalmers，1825-1899）又依理雅各本《养心神诗》编就文言体《宗主诗章》，收录圣诗 81 首，并附五线谱，1862 年香港版增为 85 首，颂文 7 首，共 35 页。[18]

以上这些都是鸦片战争前后传教士在中国大陆之外华人教区所编纂的汉语赞美诗集，由于当时尚未解禁，他们的传教活动进展也比较缓慢，所编纂的诗集也不是很多，而且这些诗集大都只有汉语歌词，而没有编配曲谱。17 到 19 世纪是西方圣诗发展的高峰，众多优秀的圣诗作家创作出了大量脍炙人口的圣诗作品，因此最早的中文圣诗大都是翻译自这些圣诗作家的作品。这些圣诗集都是由外国传教士独立选译编纂的，也有极少数是这些在华传教士为中国教徒新创作的。华人信徒在其中的作用就是充当文字助手，帮助传教士进行文字润色，使其更符合中国人的语言习惯，当时基本上没有华人教徒独创的赞美诗。这可以说是中文圣诗编纂的初始阶段。

---

17 参考龙伟：《基督教方言赞美诗集出版（1818-1911）评述》（《广州社会主义学院学报》2010 年第 4 期）及赵庆文：《清代新教赞美诗集的编译（1818-1911）》（《宗教学研究》2012 年第 4 期），两者内容基本雷同。王神荫在《中国赞美诗发展概述（上）》（《基督教丛刊》，1950 年第 26 期）中说该本《祈祷神诗》的作者是杨威廉，宫宏宇也从其说（《美国哈佛－燕京图书馆中文基督教新教赞美诗集缩微胶卷资料初探》），有误。杨威廉在 1840 年之前一直在印尼的巴达维亚协助麦都思进行传教工作，没有其到曼谷传教的记载；刘丽霞在《中国基督教文学中的圣歌》（《平原大学学报》2006 年第 2 期）中称其作者为怜牧师（Dr. Dean），伟烈亚力《1867 年以前来华基督教传教士列传及著作目录》中称为"怜（William Dean）"，怜曾自署名"为仁者"，因此又称其"舞为仁"或"怜为仁"，均为一人。诗集编辑地点为"滨角城"，可能为"曼谷"英语名"Bangkok"的音译。而怜为仁于道光十四年（1834）被指派为暹罗华人传教士，次年抵达曼谷，建立了华侨浸会。1842 年移居澳门之前，一直在曼谷传教。据此，《祈祷神诗》的作者应为怜为仁。

18 刘丽霞：《中国基督教文学中的圣歌》，《平原大学学报》2006 年第 2 期。

三、方言圣诗的流行

鸦片战争以后，西方各国基督新教的各个差会借着不平等条约所取得的传教特权，纷纷派传教士来华传教。新教特别注重开展教会的音乐活动，传教士们每到一处最重要的工作便是翻译圣经与圣诗，以供本教会传教之用。明清之际，以利玛窦等耶稣会士为代表的天主教传教士来华后，传教方式走的是"上层路线"，主要在士大夫阶层和达官贵胄中间传教，以期获得政治上和文化上的支持。而 19 世纪以后来华的新教传教士，他们所面临的社会环境已经和往昔大不一样，当时由于清政府已经奉行了多年禁教政策，此时传教若再像利玛窦等人那样走"士大夫"路线已经行不通了，所以他们将传教的重心放到了社会底层的普通民众身上。然而，当时的中国民生凋敝，底层民众大多是目不识丁的文盲，同时中国地域广大，民族众多，不同地方、不同民族之间都有自己的方言和民族语言，而且这些方言和民族语言往往相差很大，很多时候无法相互沟通。最初传教士们都是从东南沿海地区进入内地的，这些地方的方言，如粤语、闽南话等和当时源自北方的官话还是有相当大的区别的，为了传教的方便，传教士们每到达一个地方，首当其冲就是学习当地的语言，有些传教士甚至学会多种方言。为了能够尽快掌握这些方言并且能够顺利地教授当地信众读经、唱诗，传教士们发明了一种用拉丁字母来标注方言和少数民族语言的方式，使方言和少数民族语言的发音拼音化，从而使学习者仅仅通过读音就可以了解文字的意思。其实这种用拉丁字母注释汉字的方式早在利玛窦时代就有了[19]，只不过当时主要是用于传教士学习"官话汉语"，而没有运用于方言和少数民族语言。运用这种方式，不但这些传教士自己学会了本地的方言，而且还能教授本地的人看懂圣经和其他一些宗教书籍，不少地方如宁波、温州、福建、厦门、广东等地，甚至包括云贵川藏等地的苗族、傈僳族、佤族等少数民族地区，都出现了这种用拉丁字母标注方言的形式而形成的文字，传教士还用这种方式出版了不少传教书籍，编纂赞美诗集也是其中非常重要的一种。他们用这种拼音系统来教授本地的中国人写拉丁字母，并且取得了很大的成效，甚至一些老年教徒也靠这种方法学会了读圣经和唱赞美诗，云贵少数民族地区迄今甚至还有部分老年教徒使用这

---

19 1606 年，利玛窦在北京刊印《西字奇迹》，用拉丁字母拼写汉字，是中国语言学史上最早的汉语拉丁拼音方案。孙尚扬、[比利时]钟鸣旦著：《1840 年前的中国基督教》，学苑出版社 2004 年版，第 128 页。

种方法诵读圣经和唱诵赞美诗。当时使用这种拉丁字母标注汉字方言及少数民族语言的形式比较成功的有在宁波传教的丁韪良（William Alexander Parsons Martin，1827-1916），在温州传教的苏威廉（William Edward Soothill，1861-1935），在福州、厦门等地传教的宾为霖（又译作宾惠廉，Willian.C.Burns，1815-1868）以及在我国西南地区黔、滇、川毗邻的苗彝等少数民族地区传教的伯格理（Samuel Pollard，1864-1915）等人。

由于新教教派林立，差会众多，来华的各个差会都各自编译自己的圣诗集，数量庞大；同时，他们对赞美诗的选取、翻译、填词、创作、演唱等方面力求能够适应中国社会，因而新教的赞美诗在中国影响十分广泛。基督新教最初的圣诗主要翻译自英国的圣诗集，为应对传教的实地需要，便于不同地区不同方言人们容易接受，传教士们翻译和出版的圣诗包括多种文体与方言[20]，如有文言文、官话、粤语、沪语、闽南语、宁波语、潮汕语等，还有少数民族语言，如苗语、彝语、傈僳语、佤语等。前文已经提到，一些传教士还用罗马字母为本地方言注音的方法编译圣诗，甚至创造新的少数民族文字，并形成了新的记谱法，如在云南少数民族地区，英国内地会牧师柏格理首创了"波拉德"苗文字母谱，景颇族地区则使用传教士创造的"来嘎努"字母谱[21]，在内地用罗马字母注音的形式编纂圣诗集的情况也很多。

1867 年，伦敦传道会传教士伟烈亚力（Alexander Wylie，1815-1887）汇集了 1867 年前 338 位来华新教传教士的传记资料，按每个传教士来华年代的先后顺序编排出版了一本书，名叫《1867 年以前来华基督教传教士列传及著作目录》，每一篇传记一般都分两个部分，前一部分是传教士的小传，叙述其生平与主要活动；后一部分为其中、外文著作目录，并附有内容简介。据伟烈亚力统计，自 1818 年第一本《养心神诗》编纂出版，到 1867 年这近 50 年间，新教传教士共编译各种赞美诗集 41 种，其中文言文本 18 种，官话本 1 种，方言本 22 种。在方言本中，有上海方言 7 种，厦门方言、宁波方言各 5 本，福州方言、广州方言各 2 本，潮汕方言 1 本。当然，他的统计也并不完全，还有一些未被统计上。据笔者统计，1818 年至 1867 年间，目前已知的各种有据可查的圣诗版本已有 60 多本[22]，当然其中有一些是之前版本的重新编

20 陈伟：《中国基督教圣诗发展概况》，《中央音乐学院学报》2000 年第 3 期。

21 杨民康：《云南少数民族基督教赞美诗的文字记谱法研究》，《音乐研究》2005 年第 3 期。

22 参见本书附录 1：《1949 年前编纂出版的中文新教赞美诗集及乐理著作》。

译再版，伟烈亚力并未将之计算在内。不过，从他的统计可以看出，当时编译的方言赞美诗集主要集中在吴、闽、粤方言，这与当时新教传教士的传教路线是密切相关的，主要分布在东南沿海各通商口岸。此后，还有一些人对新教赞美诗的出版做了整理和统计，如默多克博士（Dr. Murdoch）于 1882 年出版的《中国基督教文字报告》（Report on Christian Literature in China）文末附有 1868 年至 1882 年赞美诗出版情况。此外，基督教的教务杂志以及一些教会出版物目录索引也会记录一些赞美诗的出版情况。根据龙伟、赵庆文等人的不完全统计，1868 年至 1911 年间所出赞美诗至少有 56 种，这其中能明确知道的文言文本 6 种，官话本 9 种，方言本 15 种。[23]出版地集中在山东、上海、香港、福州、广东、汉口以及北京、天津、山西等地。这说明，当时新教传教已经从沿海港口地区逐渐向内陆地区扩散。

（一）成就最大的方言圣诗编纂者宾为霖

当时，编纂方言圣诗集成就最为突出的当属英国长老会牧师宾为霖。宾为霖是苏格兰人，1815 年生于格拉斯哥附近的基尔赛德（Kilsyth）一个牧师家庭，中学毕业后升入阿伯丁大学学习法律，毕业后在爱丁堡做见习律师。在听了一次兴奋布道会以后，他毅然放弃了即将获得的律师资格，转入格拉斯哥大学攻读神学，1839 年获得在苏格兰长老会传道的资格，并以布道闻名英美。1847 年宾为霖受英国长老会派遣来华传教，是长老会首位来华传教士，先后在香港、厦门、上海、汕头、福州、北京及东北等地传教。为了传教的需要，他努力学习汉语的各种方言，并积极进行翻译及推行圣诗工作。他提倡中国教会自立自养，曾经在厦门的教堂选立华人长老执事，推动教堂本地化，宾为霖是最早将约翰·班杨的名著《天路历程》完整翻译成中文的传教士，而且翻译有闽南语、文言文和官话三个版本[24]。

---

23 参考赵庆文的《清代新教赞美诗集的编译（1818-1911）》（《宗教学研究》2012 年第 4 期）与龙伟的《基督教方言赞美诗集出版（1818-1911）述评》（《广州社会主义学院学报》2010 年第 4 期），二者内容有很多雷同。两作者均为西南科技大学文学院教师，赵文尾注"本文属教育部人文社会科学研究青年基金项目'晚清西方音乐的中国历程'（11YJC760121）的阶段性研究成果"，经查，该课题是 2011 年度教育部人文社科研究一般项目立项课题，在此课题立项之前，龙伟文章已经发表，由此可以认定赵文是在龙文基础上，略有改动。不过，笔者统计的这一阶段各种版本的诗集已有 120 本左右，参考本书附录 1。

24 此前有慕维廉的节译本。

在翻译圣诗方面，他主张中国圣诗方言化，每到一处传教就用当地方言译诗。他先后编译了五本圣诗集：《神诗合选》《榕腔神诗》《潮腔神诗》《厦腔神诗》和《颂主圣诗》，这几本诗集在中国影响深远，被后来很多诗集都收录，有些甚至至今仍在传唱。《神诗合选》（Hymn Book）用七言律诗形式编纂，有目录，于 1851 年在厦门出版，据伟烈亚力介绍，该诗集共有 64 首赞美诗和 4 首颂歌，绝大部分选自理雅各的《养心神诗》，略作改动，另外的十几首中，有两首是新作的，其余的则选自麦都思的《养心神诗》，不过对其进行了彻底改编。[25]

《榕腔神诗》（Hymns in the Fuh-chow Dialect）是其影响最大的圣诗集，该诗集于 1861 年在福州编纂出版，用的是福州方言，"该书共收集了 30 首赞美诗和 3 首颂歌，另有目录和附诗，此外扉页背后还有两首分别关于'基督受苦难'和'守安息日'的赞美诗"[26]。此诗集的圣诗全部译自英国 Dr.Legge 的圣诗集，1875 年他重修此诗集，扩增为 71 页，出版后深受福州地区其它宗派传教机构的欢迎与采用，《榕腔神诗》逐渐取代了原来通行的文言文圣诗的地位，并且传播到台湾地区，在当地产生很大影响。宾为霖翻译的圣诗影响很广，后来的很多集子都曾收录他的遗作，如 1936 年出版的《普天颂赞》第 280 首《万福源头歌》和第 480 首《自行歌》等都是他翻译的作品。[27]

同年，他还编纂了一本潮汕方言的圣诗集——《潮腔神诗》（Hymns in the Chaou-chow Dialect），收录圣诗 29 首，共 21 页，1873 年修订再版改名为《潮音神诗》。《厦腔神诗》（Hymns in the Amoy Dialect）编纂于 1862 年，用的是厦门方言，共收录圣诗 20 首，除两首新作外，其余都来自于《榕腔神诗》和《潮腔神诗》。1864 年，宾为霖还在北京编纂了一本文言文诗集《颂主圣诗》（Hymn Book），该诗集共 42 页，收录赞美诗 54 首，并带有目录。

（二）其他方言圣诗集的出版情况

宁波方言圣诗集出版情况

随着鸦片战争后《南京条约》的签订，宁波作为五口通商的城市之一，也是基督新教传入较早的地区，但很多传教士曾在五口通商前就抵达宁波。

---

25 [英]伟烈亚力著，倪文君译：《1867 年以前来华基督教传教士列传及著作目录》，广西师范大学出版社 2011 年版，第 181-182 页。

26 [英]伟烈亚力著，倪文君译：《1867 年以前来华基督教传教士列传及著作目录》，广西师范大学出版社 2011 年版，第 182 页。

27 王神荫：《中国赞美诗发展概述（上）》，《基督教丛刊》1950 年第 26 期，第 49-54 页。

1832 年，德国传教士郭实腊就乘坐英国东印度公司的商船来到宁波，他也因此成为第一个来到宁波的外国传教士，不过他在宁波的行为主要和军事、政治相关，基本不涉传教。而第一个以传教为使命到达宁波的传教士是英国伦敦会传教士美魏茶（William Charles Milne，1815 -1863），他于 1842 年 2 月到达宁波，并在此居住了 7 个月。这应该是宁波基督新教的肇始。[28] 此后，美国浸礼会、长老会，苏格兰长老会，英国"中国布道会"、圣公会、协我公会等纷纷来宁波开教。在这些差会中，美国长老会最早开始编纂宁波方言圣诗集，同时也是编纂宁波方言圣诗集最多的差会。

最早在宁波编纂赞美诗集的人是美国长老会的传教士麦嘉缔（McCartee，Divie Bethune，1820-1900），他于 1844 年到宁波施医传教，并创办了一所男童寄宿学校——崇信义塾，1851 年他编纂出版了文言文的《麦卡地赞美诗》。而最早的宁波方言的圣诗集则是美国长老会传教士孟丁元（Samuel N.D.Martin，生卒不详）所编纂的，1850 年他和弟弟丁韪良受美国北长老会派遣一起到宁波传教，为了学习中文，他们创造了一种汉字罗马拼音法，并用此编辑科学书籍，孟丁元于 1855 年采用这种罗马拼音注宁波语的方式编辑出版了一本《赞美诗集》，共 32 页。1856 年，北美浸礼会传教士罗德（也译作罗尔悌，Edward Clemens Lord，1817-1887）在宁波出版了五线谱本的《赞神乐章》，这有可能是最早出现的中文新教五线谱诗集，封面书写："赞神乐章，附谱曲。Hymns and tunes compiled by E. C. Lord，Nying-po，1856"。书中收录了 25 首翻译的赞美诗（24 首诗加一总赞词），每首诗除了写有汉字外，还用拉丁字母标出宁波方言的译法，并附有五线谱。[29] "歌词不是直接列在乐谱（四部和声）之下，而是与歌词分列。左边印乐谱，右上边列汉字歌词，右下方列罗马拼音宁波方言。"[30] 如其第一首《全能真神》，汉语译文为：

> 惟有真神莫与京，权司造化抚群生。
>
> 山川日月随心床，动植飞潜信口成。
>
> 风雨无愆皆素定，寒暑应节各分程。
>
> 穆然垂拱苍穹上，宇宙因而享太平。

---

28 也有观点认为 1843 年美国浸礼会医生玛高温（Daniel Jerome Macgowan）抵达宁波应作为宁波教会史的开始，他是第一个在宁波建堂传教的传教士。

29 龚缨宴：《浙江早期基督教史》，杭州出版社 2010 年，第 206 页。

30 宫宏宇：《美国哈佛－燕京图书馆中文基督教新教赞美诗集缩微胶卷资料初探》，《黄钟》2011 年第 4 期。

　　1858 年，美国南长老会传教士应思理（Elias B.Inslee，1822-1871）也在宁波出版五线谱本圣诗集《圣山谐歌》（sing-san-yia-ko, Hymns set to Music），80 页，有赞美诗 113 首，罗马拼音注汉字，宁波方言，罗马文字，"乐谱按照欧洲形式排版，赞美诗插于其间，第一行是汉字，下面的两行是用罗马字拼写的宁波方言。第一页有一篇简短的广告，其后是目录、一张有字母顺序检索表的节拍表以及 5 页的导言，皆为罗马拼写的宁波方言，最后 5 页是与其相对应的汉字版本，另有一罗马字的目录"[31]。《圣山谐歌》前 5 页"导言"是对西方乐理知识的简要介绍，同时其乐谱和歌词并未分开印，歌词列于乐谱下面，第一声部旋律下印汉语歌词，第二、三声部旋律下印罗马字母翻译的宁波方言歌词，这是与《赞神乐章》的不同之处。此外，还有三首"主音嗖乏"（Tonic Sol—fa）的谱例。陈慎庆等人认为，1858 年出版的《圣山谐歌》是新教出版最早的五线谱歌本。[32]而黄时鉴通过比较《赞神乐章》和《圣山谐歌》，认为 1856 年出版的《赞神乐章》乃可能是中国新教最早的五线谱歌本，宫宏宇也认同此说。[33]就目前的证据而言，《赞神乐章》早于《圣山谐歌》出版，更有可能是新教在华出版的最早的五线谱本赞美诗集。1860 年美国北长老会的蓝享利（又译亨利·兰金、兰显理，Henry van Vleck Rankin，1825-1863）在宁波用宁波方言出版了一本《赞美诗（Tsan-me s）》，该书 155 页，有赞美诗 166 首，用罗马字母拼写。据伟烈亚力所言，该诗集大部分选自 1857 年出版的一本《赞美诗》，这本诗集共 122 页，有 111 首圣诗，全部来自于在宁波传教的传教士。[34]但是他并未指明这本 1857 年编纂的赞美诗的其他情况。蓝享利的这本赞美诗集，"每一首诗的标题处都注明韵律和主题，最后有一按字母顺序排列的索

---

31 [英]伟烈亚力著，倪文君译：《1867 年以前来华基督教传教士列传及著作目录》，广西师范大学出版社 2011 年版，第 254 页。

32 陈慎庆：《介绍一份珍贵的早期基督教音乐资料》（《音乐与艺术》1985 年第 1 期），陶亚兵也参考其文章，认同这一观点，参考其《明清间的中西音乐交流》，东方出版社 2001 年版，第 132 页。

33 黄时鉴：《宁波华花书房刊本知见略述》，载《宁波与海上丝绸之路：丁种第 1 号》，科学出版社 2006 年出版，第 353-362 页；宫宏宇：《美国哈佛－燕京图书馆中文基督教新教赞美诗集缩微胶卷资料初探》，《黄钟》2011 年第 4 期。

34 [英]伟烈亚力著，倪文君译：《1867 年以前来华基督教传教士列传及著作目录》，广西师范大学出版社 2011 年版，第 202 页。

引和一按主题排列的索引，还有 9 首颂歌"[35]，这是其他诗集所没有的。关于蓝享利的这本诗集，丁韪良在其自传《花甲忆记——一位美国传教士眼中的晚清帝国》中写道："用宁波话刊印的一本最有用的书就是由兰金（H.V.Rankin）编纂的一部赞美诗集。我也为这部书写了两三首赞美诗，它们至今仍在被传唱，但该书中的大部分赞美诗是由我哥哥撰写的，他特别擅长于写押韵诗。"[36]奇怪的是，丁韪良并未提到其兄长孟丁元于 1855 年用这种宁波话刊印的《赞美诗集》，很可能 1857 年版的《赞美诗》就是在此基础上扩充的，而蓝享利 1860 年的版本又是在 1857 年版本的基础上编纂的，在实际使用过程中取代了之前的那两本诗集，是影响比较大的版本。实际上，丁韪良本人于 1857 年也编纂了一本诗集《Sing-s 圣诗》，据伟烈亚力言，这本诗集这是《大卫诗篇》（Psalms of david）的选本，从中选取了 58 首，译成宁波方言，用罗马字拼写印行。[37]显然，蓝享利所参考的 1857 年版本赞美诗集并非这部诗篇的选编本。

　　后来，美国长老会也曾在宁波分别出版过汉字版和罗马拼音版的圣诗集《Hymn Book》。1874 年，雷音百（J.A.Leyenberger）和布尔特（J.Bulter）也出版过一种宁波方言的圣诗集。1887 年，美华书馆刊印了一本罗马拼音版的宁波土话赞美诗集，含诗 272 首，另有 9 首三一颂。1900 年，浸信会印书房又刊印了一本宁波土话赞美诗集《Sing Tseng Tsaen-m-s, Nying-Po T'o-wo》，亦是罗马拼音版。

上海方言圣诗集出版情况

　　上海作为《南京条约》所指定"开放"的 5 个通商口岸之一，鸦片战争后传教大门被打开。清道光二十三年（1843）12 月英国伦敦会传教士麦都思与雒魏林（William Lockhart，1811-1896）等最早来上海进行传教活动，他们借助不平等条约建立教堂、开办医馆、印刷所等，并建造住宅。此后，英国圣公会、美国圣公会、美国长老会、美国浸礼会、美国监理会等基督教各宗

---

35 [英]伟烈亚力著，倪文君译：《1867 年以前来华基督教传教士列传及著作目录》，广西师范大学出版社 2011 年版，第 202 页。

36 [英]丁韪良著，沈弘等译：《花甲记忆——一位美国传教士眼中的晚清帝国》，广西师范大学出版社 2002 年版，第 30-31 页。

37 [英]伟烈亚力著，倪文君译：《1867 年以前来华基督教传教士列传及著作目录》，广西师范大学出版社 2011 年版，第 212-213 页。

派先后派遣传教士来沪建堂传教。由于来沪传教的新教差会较多，上海方言的圣诗集编纂也很兴盛。

最早的上海方言圣诗集是美国南浸信传道会传教士高第丕（Tarleton P.Cramford，1821-1902）于1855年在上海编纂出版的《赞神诗》（Hymn Book）。在他之后，英国伦敦会传教士慕维廉（William Muirhead，1822-1900）在上海出版过三本方言诗集：《赞主诗歌》（Hymns of Praise）、《教会圣歌》（Church Hymns）与《救世圣歌》（Salvation Hymns）。《赞主诗歌》于1858年出版，共38页，后来又以《耶稣赞歌》为名出版，增至55页，包括100首上海方言圣诗[38]。《教会圣歌》37页，收录56首圣诗；《救世圣歌》39页，收录60首圣诗，这两本诗集都是1861年出版的。

美国南浸会的凯勃尼斯（又译郏爱比，A.B.Cabaniss，生卒不详）于1859年也出版了用新音标文字拼写的上海方言圣诗集《赞神诗》（Hymn Book），共26页，有圣诗21首，三一颂3首，并有索引和目录。

1861年美国监理会传教士蓝惠廉（James William Lambuth，1830-1892）在上海采用罗马字母标韵的方式出版上海方言《赞美圣诗》（Hymns of Praise），共74页，含100首圣诗。1862年，同为美国北长老会传教士的梅理士（Charles Rogers Mills，1829-1895）在上海出版上海方言《Tsa ma s》，第一部分是从蓝享利宁波方言《赞美诗（Tsan-me s）》选录的，又翻译成上海方言，并用罗马字母印行，第二部分是范约翰（John Marshall Willoughby Farnham，1829-1917）增补的53首上海方言圣诗，最后是9首颂歌。1864年第一部分以汉字版上海方言出版，名为《赞美诗》，39页，另有两页颂歌。1862年，范约翰增补的第二部分以《Tasn ma s poo ye（赞美诗补遗）》为名出版，仍为罗马字母拼写上海方言，42页；1864年，这部分又以《Poo ye de nie kion Zong-ha's tsak iau（补遗第二卷上海诗杂要）》为名出版汉字版，共39页。[39] 后来，1868年，范约翰夫妇又出版了上海方言的《曲谱赞美诗》，汉字版72页，罗马拼音版132页。同一年，范约翰夫人也编译了一本罗马拼音版的上海方言圣诗集《Hymn and Tune Book》，有143页。1900年，Reid及Rees等人编了一本上海方言的《通用圣诗》，由美华书馆刊印出版。

---

38 [英]伟烈亚力著，倪文君译：《1867年以前来华基督教传教士列传及著作目录》，广西师范大学出版社2011年版，第171页。

39 [英]伟烈亚力著，倪文君译：《1867年以前来华基督教传教士列传及著作目录》，广西师范大学出版社2011年版，第266页。

从上海方言诗集的编纂情况可以看出，当时比较热衷于编纂圣诗集的多数都是来自于美国的各差会，他们所编纂的上海方言圣诗集占了绝大多数。

厦门方言圣诗集

1842 年 2 月，美国归正会传教士雅裨理（David Abeel，1804-1846）登录鼓浪屿传教，揭开了基督新教在厦门传教的序幕。1849 年 2 月，接替雅裨理工作的传教士罗啻（Elihu Doty，1809-1864）、打马字（Rev.John Van Nest Talmage，1819-1892）、波罗满（W·J·Pohlman，？-1849）等人通过募捐在厦门建成一所教堂，由于教堂位于市区中心东边的新街仔，因此取名"新街礼拜堂"，这是基督新教在华建立的第一座教堂，故又称"中华第一圣堂"。当时，闽南地区民众教育水平普遍较低，传统的文言体对普通人来说并不太容易掌握，为了教授人们读《圣经》、唱圣诗，美国浸礼会传教士[40]杨威廉（也译为养威廉，William Young，生卒不详）遂与美国归正会打马字、罗啻等人一起创造了以拉丁字母联缀切音的闽南语白话字，"用英文字母，略加改变，共成廿三字母，连缀切音，凡厦门语言，举可拼而得之，毫无格格不入之病，无论妇孺，用功一月，可自为师"[41]。1854 年，杨威廉用这种文字编纂了一本《养心神诗新编》（New Hymn Book），"初英长老会牧师宾为霖，著《神诗合选》，依律体诗而作，妇孺苦于文字艰深，诵其音不能通其意，有失颂赞之至诚。养君[42]因创作白话诗歌，以祛其弊，即《养心神诗》十三首也。"[43]就是说，这本圣诗集乃是改编自宾为霖的文言文版《神诗合选》，因为《神诗合选》是诗文体，对于识字不多的妇女儿童来说，理解有些困难，不能达到唱诵赞美诗的意图，因此不被信徒接受，于是杨威廉才又新编了这本简单易懂的闽南白话版赞美诗集。这是继宾为霖的《厦腔神诗》外的又一本厦门方言圣诗集，也即闽南方言圣诗集。该书共 10 页，包含圣诗 13 首，这是《闽南圣诗》的前身，此后多次增编，在闽南地区、台湾及东南亚闽南语系华人中影响甚广，台湾的一些早期信徒就是听到或看到此诗集中的诗句而感动入教的。

---

40 后来受雇于伦敦会麦都思，因而转为伦敦会传教士，1858 年他又脱离伦敦会，加入澳大利亚长老会。

41 周之德编，贺仲禹校：《闽南伦敦会基督教史》，中华民国廿三年（1934）版，第 2 页。

42 养君即杨威廉。

43 周之德编，贺仲禹校：《闽南伦敦会基督教史》，中华民国廿三年（1934）版，第 2 页。

据台湾著名教会史学家赖永祥长老所著《教会史话》记载，1854 年厦门寮仔后花旗馆藏版《养心神诗新编》有"表记"，即在字的旁边有时会画有小圈，"字边有圈读本字，字边无圈读白话"。同时诗集卷头有"养心神诗新编读法论叙"，注明此诗集的读法："养心神诗之作也，原为福音堂敬拜上帝，俾吾侪及期吟诵读讲谢上帝之恩，以表明服事之者之诚心诚意耳。但前日旧本虽有传教，而诵读之下，毋如人仅识其字，终不能得其义，夫既不得其义，则其中所有包含意思，皆未足通晓。故余乃本其义，而以白话土腔阐明其意思，又增以自成新编几首，庶几此后按期敬拜者，吟诸口自可悟于心，听诸耳亦能会其义，如保罗所谓吾将以神祈祷，亦必使人明吾意，将以神颂诗，亦必使人达吾意。所患者土腔白话，未免无字为多，由是于无字的，姑用正字，借其字义以代，边加小圈为别。读者若遇圈字，就字读字，若无圈者，将字解说白话吟下，音韵自无不计，且其登堂礼拜，何患口吟而心不悟耳听而意不会哉。抑以见颂祈上帝之恩，为有真矣，叙此以闻。"[44]1857 年，施敦力·亚历山大（Alexander Stronach，1800-? ）在福州将其扩编为 58 首，仍名《养心神诗新编》（New Hymn Book），卷首论叙及原来的 13 首诗未作改动，只是另增加了 45 首（即第 14 至 58 首），新加的诗都有题目，但无解说，表记和前诗一样。[45]此诗集后来又屡有改订，用的是《养心神诗》的书名。1872 年及 1875 年福州美华书局的版本，将原有的论叙改为"养心神诗序"，而最初的 13 首解说也没有了，所收诗与 1857 年施敦力版本有所不同，数目为 59

---

44 赖永祥：《教会史话》第一辑：第 26 篇《字边无圈读白话》，http://www.laijohn.com/BOOK1/026.htm

45 赖永祥：《教会史话》第七辑：第 631 篇《开港前后的圣诗册》，http://www.laijohn.com/book7/631.htm。但是据伟烈亚力言，施敦力·亚历山大 1857 年所编诗集为 59 页，收诗 85 首，前 13 首来自杨威廉版本圣诗集，另有 35 首来自于杜嘉德的《漳泉神诗》略作改动，余下 37 首为施敦力·亚历山大自己创作。（《1867 年以前来华基督教传教士列传及著作目录》，第 108 页）这与赖长老的说法不相一致。此外，吴志福在《〈闽南圣诗〉史话》（《葡萄园》2011 年第 8 期）一文中也指出杨威廉所编 13 首《养心神诗》于 1857 年增至 58 首，名《养心神诗新编》，他并未说该版本作者为施敦力·亚历山大。熊月之的《西学东渐与晚清社会》（第 197 页）所统计《传教士在厦门出版中文书刊录（1843-1860）》也有施敦力·亚历山大于 1857 年编撰《养心神诗新编》的记录，但仅指其有 59 页，其他未详，熊的统计应该是来自于伟烈亚力。由此推断，这极有可能是两个版本的诗集。

首，但表记同前一致。早期台湾教会就采用这个版本。[46]另据台湾学者江玉玲考证，"1870 年，伦敦宣道会，美部会（ABCFM, American Board of Commissioners for Foreign Missions）及英国长老会（PCE, The Presbyterian Church in England）在厦门组成'和会'（Congregational Union），联合出版圣诗。1871 年，杜嘉德接棒，续编了一本 59 首版的《养心神诗》（时称 The Union Hymn Book），供厦门和会使用"[47]。因未见到这几个版本，仅据推测，美华书局的版本应该就是杜嘉德续编的这本。

此外，还有美国归正会传教士打马字于 1859 年用闽南白话在福建刊印《养心神诗（Iong sim sin si）》，收有诗歌 25 首，罗马拼音版，有 13 首来自杨威廉所编诗集，12 首是苏格兰长老会传教士杜嘉德（Rev.Christairs Douglas, 1830-1877）所作。杜嘉德于 1862 年也编印了一本《漳泉神诗》（Chang-Chow and Tseuen-Chow Hymns），共 39 叶（1 叶=2 页），主要采用厦门地区漳州及泉州方言。后来，圣教书会还曾编印过两本厦门方言圣诗集《Hymn Book》和《Thirteen Hymns》，前者有汉字版和罗马拼音版两个版本，后者从名字看，极有可能是来自于杨威廉的版本。厦门早期的《养心神诗》版本众多，诗歌内容主要译自 18、19 世纪英美的圣诗集。

由此可见，当时各差会在不同的地方传教时，都是根据自己的实际传教需要，对本差会所选用诗集进行增删，以方便自己教会使用，所以同一个诗集母本，在后来传教过程中，可能会派生出许多不同的版本，这些版本有的仍借用旧名，有的则会换一新名，但追踪溯源，还是能够找到源头的，这也是当时教会所编圣诗集的一个特点，这也是为什么新教在华传教过程中，所编辑的圣诗集数量众多的一个重要原因。

福州方言圣诗集

第一次鸦片战争后，外国传教士依仗着一系列不平等条约，获取了在中国自由传教的特权。他们从沿海通商口岸逐渐向内陆地区扩散。福州是西方传教士最早的落脚点之一，清道光二十七年（1847）1 月第一个基督新教传教

---

46 赖永祥：《教会史话》第一辑：第 26 篇《字边无圈读白话》，http：//www.laijohn.com/BOOK1/026.htm；第 27 篇《养心神诗五十九首头句》，http：//www.laijohn.com/BOOK1/027.htm。

47 江玉玲：《从杜嘉德 1868 年〈养心诗调〉中的汉文乐谱唱流传百年的〈养心神诗〉》，《台湾音乐研究》第 3 期，中华民国民族音乐学会 2006 年版。

士来福州，此后传教士经常在车水马龙的"大桥头"击鼓弹唱传教，吸引来往行人。[48]美部会、美以美会以及英国圣公会是早期来福州传教的几个主要差会，所以在福州方言赞美诗集编纂方面他们也是占据主导地位的。

福州方言圣诗除了宾为霖的《榕腔神诗》外，美以美会传教士麦利和（Rev.Robert Samuel Maclay，1824-1907）于 1865 编印了一本《榕腔神诗》（Hymns in the Fuh-chow Dialect），共 53 页，收录圣诗 81 首，其中 13 首是麦利和创作的，29 首是他译自理雅各的《养心神诗》，还有 6 首是夏查理牧师（Charles Hartwell，1825-1905）所作，该诗集有序言和内容大纲。[49]根据默多克博士的《中国基督教文字报告》所附 1868 年至 1882 年赞美诗出版情况，在此期间，福州方言的赞美诗集有美以美会的《Hymn Book》、英国圣公会编的《Hymn Selected》以及美国监理会的武林吉（号迪庵，Franklin Ohlinger，?-1919）夫妇于 1879 年编纂的五线谱本《凯歌》等，《凯歌》有诗 112 首，书后附带有读谱说明，这是福州地区第一个带有五线谱的方言圣诗集。而 1883 年至 1911 年间，福州方言的诗集还有多本，如 1890 年出版的《Sacred Songs》，由唐意雅（Miss Ella.J.Newton）及 J.E.Walker 编纂；1898 年，华南监理会编纂的《Hymns and Tune》和 ACBFM 美部会编纂的《赞主圣诗》，前者有圣诗 240 首，后附有罗马拼音索引及多种英语索引，后者有圣诗 214 首，后附有罗马拼音索引及英文首句索引并分类索引；1906 年，美国公理会（American Board Mission）编印了一本《圣诗乐谱》，含诗 256 首，另有荣耀颂 2 首，饭前感恩 2 首，圣咏 1 首，三一颂 4 首；1907 年，监理会编印《The Hymnal》，有诗近 300 首，是罗马拼音版的。[50]

广州方言圣诗集

基督新教最早传入中国内地就是在广州，第一个来华的新教伦敦会传教士马礼逊就是自广州登陆的，他在广东和澳门传教 25 年，并编撰了第一本华文赞美诗集，其后继者们步其后尘，也编撰了一些适合广东地区使用的广州方言（粤语）赞美诗集。

---

48 林键：《近代福州合唱艺术史略》，《福州晚报》2007 年 7 月 23 日。

49 [英]伟烈亚力著，倪文君译：《1867 年以前来华基督教传教士列传及著作目录》，广西师范大学出版社 2011 年版，第 184 页。

50 参考龙伟：《基督教方言赞美诗集版本出版（1818-1911）述评》，《广州社会主义学院学报》2010 年第 4 期。

1860 年，伦敦会牧师湛约翰在广州编印了一本诗集《宗主诗章》（Hymn Book），有赞美诗 81 首，颂歌 7 首，都来自于理雅各的《养心神诗》，他用欧洲记谱法为之谱曲。[51]1863 年，英国基督教循道公会（Methodist Church）首位来华传教士乔治·俾士（Rev.George Piercy, 1829-1913）编印了两本广州方言诗集：其一是《启蒙诗歌》（Simple Hymns），有诗 116 首，53 页；其二是《歌颂诗章》（Hymns of Praise），有诗 34 首，20 页，每首诗均标明韵律。[52]此外，当时，丕思业（Charles Finney Preston, 1829-1877）在广东出版有广州方言的《赞美神诗》，"共 47 页，收录 81 首神诗和 2 首颂赞。序言是一首充满父爱的感言，以告慰作者的女儿。该诗集后来在广州又重版过，重版时增加了 6 首神诗，共 51 页。序言部分经过修订，改成单独的小册子出版，名为《孩童归耶稣》"[53]。后来，美国北长老会传教士哈巴安德（Andrew Patton Happer, 1818-1894）为了授课需要，专门用广州方言编译了针对孩童的《儿童赞美诗集》（Children's Hymn Book），该诗集共 34 页。1903 年，中国浸信会出版协会出版了一本广州方言的诗集《福音圣诗》，包含圣诗 210 首，三一颂 3 首。[54]

此时期所出版的方言及文言圣诗集还有很多，如美国北长老会的麦嘉缔在宁波出版古文体诗集《赞美诗》；德国巴色会传教士黎力基（Rudolph Lechler, 1824-1908）在香港刊印文言《养心神诗》，收诗 128 首；1862 年美国北长老会传教士倪维思（John Livingstone Nevius, 1829-1893）在上海出版文言《颂扬真神歌》；1863 年英国伦敦会著名传教士艾约瑟（字迪谨，Joseph Edkins, 1823-1905）在北京出版《颂主圣诗》；1872 年英国耶稣会的狄就烈（Julia Brown, 1837-1898）在山东登州文会馆出版符号五线谱版的《圣诗谱·附乐法启蒙》等等。[55]此外，大约在 1882 年以后，英国传教士苏威廉也曾在温州编纂温州

---

51 [英]伟烈亚力著，倪文君译：《1867 年以前来华基督教传教士列传及著作目录》，广西师范大学出版社 2011 年版，第 226 页。

52 [英]伟烈亚力著，倪文君译：《1867 年以前来华基督教传教士列传及著作目录》，广西师范大学出版社 2011 年版，第 216-217 页。

53 龙伟：《基督教方言赞美诗集出版（1818-1911）述评》，《广州社会主义学院学报》2010 年第 4 期。

54 龙伟：《基督教方言赞美诗集出版（1818-1911）述评》，《广州社会主义学院学报》2010 年第 4 期。

55 以上参考赖永祥：《教会史话》第七辑：第 631 篇《开港前后的圣诗册》，http://www.laijohn.com/book7/631.htm。

方言的赞美诗集[56]；香港巴色会的 Rev. G. Reusch 用罗马拼音注客家话的方式编印了《Hymns with Tunes》；1893 年，穆尔在杭州刊印了《杭白赞美诗》等等[57]。用方言编纂圣诗是中国新教圣诗发展的第二个阶段。

早期的这些赞美诗集多数是来华传教士自行编译西方的圣诗，也有一部分是他们自己的创作，很多时候，这些诗集都是互相选用，一些著名的圣诗被多次编入不同的圣诗集中，影响广泛。编印圣诗集的这些传教士中的很多人，往往还在华创办了各级教会学校或者在教会学校担任教职，他们编印赞美诗相当一部分是为了满足教会学校授课的需求。初期的时候，编纂赞美诗集还主要是这些传教士的个人行为，后来慢慢地变为各差会的官方行为。这一时期，很少有中国人参与诗集编纂，当然诗集中也鲜有华人原创的圣诗。当时，这些传教士所编诗集数量虽然很多，但同时也存在诗集篇幅短小，翻译质量不高等问题，不过这些诗集都具有一定的开创意义，不仅满足了当时的传教和教学的需要，而且为后世中文赞美诗的编译出版提供了宝贵的经验，其中有一些诗集还不断被扩编重印，在社会上影响广泛，有些优秀的赞美诗被后世的圣诗编纂者多次选编，甚至传唱至今。

早期的赞美诗大都是传教士译自西方圣诗，曲调也是西方的，但是在翻译成中文以后，就会产生词曲不搭的问题，"其诗编入汉字原有两难，一难须合乎西国作诗字音之轻重，否则不能按西调歌唱；一难须合乎中国之音韵平仄，否则鄙陋不堪"[58]。佛教音乐初入中国时也产生过同样的问题，最终还是曹植"鱼山制呗"，实现了佛教音乐的中国化才使得此问题得以解决[59]。一开

---

56 1882 年来华传教的英国偕我会传教士苏威廉牧师（William Edward Soothill，1861-1935，也译作苏慧廉）曾在温州编纂了一本赞美诗集《圣诗》，"在编纂时，苏氏采用中国民乐的五声调式建立本色格律，并以简易的长调、中调、短调、七调、八七调等曲调，令信徒习唱。""至今，《乐守主日》《主日为圣》等苏慧廉当年创作的赞美诗歌尚为温州信徒所传颂。""苏氏用中国民乐的五声调式建立的本色格律，在温州教会的影响极深。由于温州基督徒中有大部分不识字的，所以苏氏所编的曲调大受欢迎。温州基督徒只要记住苏氏所编的固定乐谱，就可以套入所有格律相同的诗歌中。今日温州教会中的许多老年基督徒，虽然看不懂乐谱，但也可以随口唱出这些曲调。"参考陈丰盛：《温州基督教圣诗发展历程》，《金陵神学志》2009 年第 1 期。

57 龙伟：《基督教方言赞美诗集出版（1818-1911）述评》，《广州社会主义学院学报》2010 年第 4 期。

58 富善、白汉理选编：《颂主诗歌》，京都（北京）美华书院 1875 年版，序言。

59 田青：《佛教音乐的华化》，《世界宗教研究》1985 年第 3 期。

始，传教士们很难做到两全：既要文辞符合中国的音韵平仄，又要字音轻重符合原有的西方曲调。为此，他们只能采取变通的方式，"押韵之处系按中国之诗韵系照西国原诗之式样……所押之韵悉兼用通韵，其不拘乎中国作诗之平仄，乃困限于西国唱法之轻重也"[60]。传教士们更注重的是音乐传教的功能，因此在赞美诗的文字翻译方面，一开始像马礼逊、马儒翰、理雅格、湛约翰等人都是中文诗歌韵文的形式，讲求句式对仗、工整、押韵，注重文辞典雅。如马儒翰1835年编纂《续编省身神诗》第十首：

> 救世达道功盖寰宇，福哉万世规矩。
>
> 预知真神生死确据，悉哉新旧诏书。
>
> 救主福音省世悟人，基督降地艰辛。
>
> 敬天尊道天堂有望，世界坎坷电影。
>
> 天堂美妙永福常宁，人间富贵浮名。
>
> 封王拜相暂时光景，孝子贤孙虚荣。
>
> 尔历艰难尔泪无妨，归侍神座荣光。
>
> 记忆前衍当速追悔，莫待死后悽惶。
>
> 尔曹犯罪赖主消除，耶稣舍血净人。
>
> 吾主爱怜拭汝涕泣，嘉信白裳笑声。
>
> 奇哉美哉神天爱心，好善恶恶分明。
>
> 浩荡恩波世人莫测，慎勿自弃己灵。[61]

该诗八六句式，结构工整，讲求押韵，虽然文辞典雅方面远比不上中国古诗词，但这种圣诗对于文化水平不高的普通民众而言，其语言文字还是显得有些艰深，不利于一般信众学习传唱，就如1906年福州版《赞主圣诗》序言所讲，中国原有的古诗文"其体制严密，文词高义，理艰深，非老师宿儒不能解，以之颂人则可，以之颂主则不可"，赞颂主恩是每一个教徒都日常应做的事情，"尽主恩人人皆受，必使人人皆知"，而将赞美诗译成"庄骚，风雅，汉制，唐律，既茫然莫知其义，未免有声，无心颂主，适以慢主也，不与赞美之旨大相刺谬乎"！所以稍后一点传教士们在翻译圣诗的时候，"惟出以浅近鄙俚之句，亦以冀夫尽人有心，即尽人皆有声，知所赞主云尔，至于

---

60 富善、白汉理选编：《颂主诗歌》，京都（北京）美华书院1875年版，序言。

61 转引自倪斯文：《哈佛——燕京图书馆藏汉语基督教赞美诗集研究》，硕士学位论文，上海师范大学，2016年，第37页。

词不雅驯，有当颂体与否，夫固译诗者所不暇计也"。[62] 为了让文化教育水平不高的信徒能够读懂并学会唱诵圣诗，传教士们不惜舍弃华丽工整的辞藻，而更多地采用浅显易懂的文字，尤其是后来的方言圣诗，更是采用当地的土语白话来翻译。这在一定程度上可以说是中国近现代白话文的开端。

第三节　西方乐理知识和声乐教育的东传

　　西方的乐理知识是随着传教士来华而传入中国的，最早介绍西方乐理知识的传教士是明朝来华的耶稣会士，如明朝天启年间来华的汤若望曾用汉语写了一本《钢琴学》，介绍西琴构造及弹奏方法。清朝前期来华的传教士南怀仁、徐日升、德理格、魏继晋、鲁仲贤、那永福、钱德明等多人被聘为宫廷音乐教师，向皇帝及其后妃、子孙、太监等教授西方音乐。徐日升所著《律吕纂要》是第一本系统介绍欧洲乐理知识的汉语著作（当时未刊印，只有抄本），首次向中国介绍了五线谱记谱法，而德理格所编《律吕正义·续编》则是第一部正式刊印的有关西方乐理知识的汉语著作。这些早期的传教士们的工作带来了欧洲的记谱法和乐理知识，对中西音乐交流有重要影响。但是由于清朝后期奉行严格的禁教政策，西方的记谱法和乐理知识当时并未能在社会上广泛流传。因此近代之前，中国使用最多的仍是本民族传统的记谱方式。19 世纪以后，1807 年新教传教士首次来华传教，尤其是鸦片战争以后，由于清朝禁教政策的废弛，新教和天主教的各个差会都纷纷来中国传教，传教士们为了传教需要，在华编辑大量赞美诗集，教授教徒传唱赞美诗，创立教会学校开办音乐教育，西方乐理知识和歌唱技巧随着他们的传教活动再一次被介绍过来。其中成就最大的，一个是在福建南部传教的杜嘉德，一个是在山东登州传教并从事教育的狄就烈，还有就是在山西、山东传教办学的李提摩太夫妇，他们所著的乐理著作对当时的音乐教育和圣诗唱诵影响甚大。

一、西方记谱法的广泛传入

　　西方音乐在其自身的发展演变过程中曾经产生过许多记谱方法，由于来华的差会来自于世界各地，每个差会"都有各自的音乐传统，有着自己惯用

---

62 本段皆引自《赞主圣诗》序，福州罗马字书局活板，1906 年版。转引自倪斯文：《哈佛——燕京图书馆藏汉语基督教赞美诗集研究》，硕士学位论文，上海师范大学，2016 年，第 32 页。

的赞美诗记谱法。这些西方教会把各自的赞美诗带到了中国，其中一些记谱法就经由这些赞美诗集的记谱，传播到了中国。包括纽姆谱、四线谱、五线谱、符号谱、字母谱、数字谱（简谱），以及他们的各种变体。其中，五线谱是欧洲最常见的记谱法，虽然在康熙年间就已经由外国传教士带到了中国，但五线谱真正地在中国普及和应用，则是在这一时期才开始。这时期赞美诗集有很大一部分是用五线谱记谱的。同时，中国的工尺谱也在一些赞美诗集中使用。这些谱式不仅在赞美诗中作记谱之用，还在赞美诗集中传授了视唱方法"[63]。我们可以从下面图表（表 3-1）看出清末西方传教士所出版的赞美诗集（包括乐理著作）所用的记谱法的大概情况。

　　早期的赞美诗集绝大多数都是歌词本，带乐谱的仅是少数。表中所统计的 28 本带谱诗集（包括乐理著作）中，只有 2 本来自于天主教，其余 26 本都来自于基督新教。这些诗集中，目前明确可知的五线谱版有 9 本，为最多，其中 1 本为五线谱与工尺谱相对照；其次为"主音嗖乏"记谱法（Tonic Sol—fa），8 本；工尺谱的有 4 本（多数是与西洋记谱法相对照）；四线谱本的有 2 本；符号记谱法的 1 本；还有 3 本暂不清楚其用何种记谱法，很大可能是五线谱。

　　由于天主教仪式中较多地用到四线谱和纽姆谱，四线谱和纽姆谱较早就传入我国了。19 世纪，欧洲记谱法在发展变化过程中趋于成熟，鸦片战争以后，传入我国的记谱法主要有"主音嗖乏"记谱法（字母谱）和"艾金记谱法"，也就是符号记谱法（Shape notes），也叫"形状式符号五线谱"[64]。"主音嗖乏"记谱法源于 19 世纪的英国，符号记谱法则源自美国，"这两种记谱法的发明都与新教教会有密切关系，都是为了便于教会信众歌咏而设计的，适合初学音乐的人，尤其适合教授旋律、和声、调式和调性均较简单的音乐。"[65]鸦片战后，随着大量欧美传教士来华传教，于是这两种记谱法也就被带到中国，先传入的是"主音嗖乏"记谱法，宫宏宇认为，最早将此记谱法带到中国的可能是 1855 年来厦门传教的苏格兰长老会传教士杜嘉德。此外，早在 1860年代，英国圣公会传教士傅兰雅（John Fryer，1839-1928）就曾经在香港和北

---

63 张雯霞:《基督教音乐在当代中国城市文化环境中的发展与演变——以兰州市山字石礼拜堂为例》，硕士学位论文，西北师范大学音乐学院，2008 年，第 28 页。

64 宫宏宇:《基督教传教士与西国乐法东渐——从傅兰雅的教学实践看"主音嗖乏"教学法在晚清的传播》，《音乐与表演（南京艺术学院学报）》2012 年第 3 期。

65 宫宏宇:《基督教传教士与西国乐法东渐——从傅兰雅的教学实践看"主音嗖乏"教学法在晚清的传播》，《音乐与表演（南京艺术学院学报）》2012 年第 3 期。

京的教会学校教授这种记谱法，而且取得了可喜的效果，在给友人的信中，他写道："一年来每星期两到三个小时的教学成果是，一些有乐感的学生能看着谱唱简单的旋律，整个班级也可以相对准确地唱几首轮唱曲和一些歌曲。早晚祷告时总是唱英文赞美诗，星期天晚上的中文礼拜时，他们都是用自己的语言唱颂。"[66]而在天津传教的理一视至迟在 1870 年代曾将"二十首著名的'赞美'歌曲的歌词翻译成中文，用中国式的'主音嗖乏'法付印"[67]。

关于"主音嗖乏"记谱法的中文著作，我们目前知道最早的是杜嘉德于 1868 年在厦门编写的《养心诗调（Carstairs Douglas）》和 1869 年编写的《乐法启蒙》，他用的是经过改动的"主音嗖乏"（Tonic Sol—fa）记谱法。另外的就是 1895 年华北公理会出版的《颂主诗歌》和都春圃编、通州潞河书院出版的《颂主诗歌谱：音乐嗖法》（1898 年有再版），此外闽南基督教三公会于 1905 年编纂的《养心神诗（续本）》也是用的"主音嗖乏"记谱法，可见当时这种记谱法在中国影响之大。另外，这种字母谱的情况在云南、贵州的一些少数民族地区也很普遍。有些少数民族没有文字，所以传教士们使用简化的拉丁字母或某些特号来记录赞美诗乐谱。[68]当时这种字母谱是传教士们用得比较多的一种记谱法。

表 3-1　1856-1908 年间所出版的带乐谱的赞美诗集及乐理著作[69]

序号	诗集/乐理著作名称	作者/编者	出版者/地点	出版时间	所属教派	所用记谱法
1	赞神乐章	北美浸礼会·罗德（E. C. Lord.）	宁波华花书房	1856	新教	五线谱
2	圣山谐歌	美长老会·应思理（Elias B. Inslee）	宁波华花书房	1858	新教	五线谱
3	宗主诗章	伦敦会·湛约翰（John.Chalmers）	广州	1860	新教	五线谱

---

66 转引自宫宏宇：《基督教传教士与西国乐法东渐——从傅兰雅的教学实践看"主音嗖乏"教学法在晚清的传播》，《音乐与表演（南京艺术学院学报）》2012 年第 3 期。

67 转引自宫宏宇：《基督教传教士与西国乐法东渐——从傅兰雅的教学实践看"主音嗖乏"教学法在晚清的传播》，《音乐与表演（南京艺术学院学报）》2012 年第 3 期。

68 陈小鲁：《内地的新教赞美诗史略》，《天风》2005 年第 7 期，第 44-45 页。

69 此时期出版的赞美诗集很多，此表并未全部覆盖。

4	圣事歌经简要	不详	上海华美书坊	1861	天主教	四线谱与工尺谱相结合
5	曲谱赞美诗	长老会·范约翰夫妇（John M.Farnham）	上海	1868	新教	五线谱
6	养心诗调	苏格兰长老会·杜嘉德（Carstairs Douglas）	厦门	1868	新教	经改动的 Tonic Sol—fa 记谱法
7	乐法启蒙	苏格兰长老会·杜嘉德（Carstairs Douglas）	厦门	1869	新教	经改动的 Tonic Sol—fa 记谱法
8	乐理颇晰	苏格兰长老会·杜嘉德（Carstairs Douglas）	厦门新街拜堂藏版	1870	新教	经改动的 Tonic Sol—fa 记谱
9	西国乐法	苏格兰长老会·杜嘉德（Carstairs Douglas）	厦门	1870	新教	五线谱
10	西国乐法启蒙	美长老会·狄就烈（Julia Brown）	上海美华书馆	1872	新教	五线谱与工尺谱对照
11	福音赞美诗	美南长老会·郝理美（Benjamin Helm）	上海美华书馆	1877	新教	五线谱
12	凯歌	美以美会·欧灵格夫妇（Mr. And Mrs.Franklin Ohlinger）	福州	1878	新教	五线谱，首调记谱法——形状符号谱
13	名称不详	伦敦会·理一视（Jonathan Lees）	天津	1870年代	新教	中国式 Tonic Sol—fa 记谱法
14	圣诗	伦敦会·苏威廉（William Edward Soothill）	温州	1881	新教	五声音阶，记谱法不详
15	小诗谱	英国侵信会·李提摩太（Timothy Richard）	山西太原	1883	新教	改进工尺谱与的 Tonic Sol—fa 系统
16	名称不详	席胜魔诗作，内地会司米德牧师（Stanley P.Smith）编辑	山西	1886	新教	五线谱
17	救世教诗歌	福州三公会（美以美会、圣公会、公理会）共编	福州	1889	新教	带歌谱
18	圣诗谱·附乐法启蒙（增补本）	美长老会·狄就烈（Julia Brown Mateer）	上海美华书馆	1892	新教	符号记谱法与工尺谱
19	Chants Religieux Thibétains（藏文圣歌集）		法国 oberthur-renners 出版社	1894	天主教	四线谱

20	颂主诗歌	华北公理会·白汉理（H.Blodget）、富善（Ch.Googrich）	北京京都灯市口美华书院	1895	新教	字母谱（Tonic Sol—fa 记谱法）
21	颂主诗歌谱：音乐嘎法	华北公理会·都春圃（Elwood Gardner Tewksbury）编	通州潞河书院	1895	新教	嘎法记谱法（Tonic Sol—fa 记谱法）
22	五声音阶歌谱	库寿龄夫人（Mrs. Couling）	山东德州	1895	新教	五声音阶，记谱法不详
23	颂主诗歌	华北公理会·都春圃（Elwood Gardner Tewksbury）编	北京通州潞河书院	1898	新教	字母谱（Tonic Sol—fa 记谱法）
24	联合赞美诗（Association Hymn Book）	不详	不详	1904	新教	附琴谱
25	养心神诗（续本）	闽南基督教三公会委托厦门倍文斋活字印书馆印制	厦门	1905	新教	字母谱（Tonic Sol—fa 记谱法）
26	福州奋兴会诗歌	福州兴奋会	福州罗马字书局	1906	新教	不详
27	圣诗乐谱	不详	福州罗马字书局	1906	新教	不详
28	公赞诗	伍德儒夫（A.Woodruff）编	上海美华书局	1908	新教	五线谱

二、杜嘉德的音乐成就

　　杜嘉德于 1830 年出生于苏格兰一个长老会牧师家庭，15 岁进入格拉斯哥大学学习逻辑学、数学和自然哲学，1851 年他从格拉斯哥大学硕士毕业，随后进入爱丁堡自由教会学院学习神学课程，1855 年他被格拉斯哥马太自由教会按立为苏格兰长老会牧师，并被派往中国传教。1855 年他跟随宾为霖到达中国，当年 7 月他只身来到厦门，为了更好地传教，他积极学习厦门方言，他不仅抄录学习美国长老会传教士卢壹（John Lloyd，1813-1848）所编的《厦门语字汇》，又向罗啻等传教士请教，很快便掌握了厦门方言。到了 1873 年的时候，他不仅编辑了一部《厦门白话字典》，而且还编了一部《厦英大辞典》（Chinese-English Dictionary of the Vernacular or Spoken Language of Amoy，1873 年在伦敦出版），成为此后传教士到闽南地区以及台湾传教不可或缺的工具书。他在福建南部传教 22 年，因此被称为"闽南使徒"。而且他还是第一个到达台湾的新教传教士。

杜嘉德聪明好学，博学多才。曾与他一同工作过的传教士这样形容他："在几乎每一个领域，他的确都拥有令人难忘的渊博的知识……然而，他非常谦虚，并且愿意从晚辈那里吸收建议和提示。"[70]他的音乐功底也很深，"在格拉斯哥大学期间，杜嘉德就系统学习过音乐。在爱丁堡时，他还参加过一个教堂唱诗班。他会拉六角手风琴。在哈克利（Mr. Hakley）先生等人帮助下，他不仅掌握了正确的演唱方法，而且学会如何组织、训练一支最佳教会合唱团"[71]。他非常重视音乐的宣教功能，"在他看来，圣诗的歌词可以直接传播基督教义，音乐的使用可把枯燥的说教变得活跃，而和声的使用则利于烘托宗教气氛"[72]。为了确保教民和学生能把圣诗唱得好，杜嘉德根据实际情况"编配了一本'嗖乏'歌谱。针对当地教民唱不好半音的问题，他改编了一些好的曲调来适应当地人的嗓音。只要时间允许，他就用这本乐书来教（教会）培训所的学生，同时也教蒙养学堂的孩子们，结果都很成功"[73]。来厦门时，他随身携带了一把六角手风琴，在厦门期间，"他邮购了无数的圣乐歌谱和赞美诗集，几乎是每听到一个好的版本就邮购一本。他还邮购了一台美国管风琴"[74]。他充分发挥了自己的音乐才能，不仅自己创作过赞美诗，有 12 首被收集到打马宇所编的闽南白话《养心神诗》中，而且还编写了闽南方言的赞美诗集《漳泉神诗》。1871 年，杜嘉德又奉命编辑了 59 首的、供厦门各基督教会通用的《养心神诗》（时称 The Union Hymn Book）。同时他还编著了几部介绍西方乐理知识的书：《养心诗调》（1868）、《乐法启蒙》（1869）、《乐理颇晰》（1870）及《西国乐法》等音乐书籍，"这是基督新教传教士在华出版的最早、最系统的音乐教材"[75]，他所介绍的乐理知识，"有首调概念的'Tonic Sol-fa'系统，也有固定调的

70 转引自黄绍坚：《杜嘉德（Carstairs Douglas）：杰出的牧师、学者和音乐家》，http://blog.sina.com.cn/s/blog_4b531f640102vgra.html

71 黄绍坚：《杜嘉德（Carstairs Douglas）：杰出的牧师、学者和音乐家》，http://blog.sina.com.cn/s/blog_4b531f640102vgra.html

72 宫宏宇：《杜嘉德的乐理书系列与西洋乐理之东传》，《音乐研究》2009 年第 1 期。

73 宫宏宇：《杜嘉德的乐理书系列与西洋乐理之东传》，《音乐研究》2009 年第 1 期。

74 宫宏宇：《杜嘉德的乐理书系列与西洋乐理之东传》，《音乐研究》2009 年第 1 期。

75 黄绍坚：《杜嘉德（Carstairs Douglas）：杰出的牧师、学者和音乐家》，http://blog.sina.com.cn/s/blog_4b531f640102vgra.html

普通五线谱"[76]。对于杜嘉德的音乐成就，国内由于资料的缺乏，关注较少，对其的主要研究成果有台湾江玉玲的《十九世纪末西学东渐中的音乐史料——浅谈杜嘉德乐理书的伯德雷恩藏本》[77]和旅居新西兰的华裔学者宫宏宇的《杜嘉德的乐理书系列与西洋乐理之东传》。此外，李建武等人的《厦门早期基督教音乐的源流与特色——以〈养心神诗〉音乐为例》也对《养心诗调》有所介绍。以下关于《养心诗调》《乐法启蒙》《乐理颇晰》及《西国乐法》等的介绍主要参考了宫宏宇的论著。

　　杜嘉德的《养心诗调》出版于 1868 年，写作的目的是为了配合颂唱《厦腔神诗》，乐法只是"兼而略论"。其内容包括简单的乐理介绍和赞美诗谱例两个部分，乐理部分又分为"养心诗调叙"和"续叙"，前者主要介绍音阶、音域、旋律、节拍、调式、情感表现等内容，后一部分以宾为霖的《厦腔神诗》作为谱例进行分析，早期的版本是 39 首，后来又增加到 42 首，[78]根据赞美诗每句字数和音阶的多少，分为七言、八言、八六言、六六八六言、六八言、七六言、六四六七言、八八八六言等八种诗调，诗调与诗词一一对应，七言即为七言四句式，八言为八言四句式，如此等等。他运用的是一种阶梯式的音阶谱式，使用汉字和他自创的符号"⊖、二、⊜、乂、⑧、ソ、七"来表示七个音程，"一梯式"相当于一个八度，"上一"表示高八度，"下七"表示低八度，"三层梯式"表示三个八度。此外，他还解释了音阶之间的音程关系、人声和乐器所达到的音域高度以及每一级音所表达的不同的情感色彩等。同时还详细解释了乐曲中的节奏和常用的节拍、小节线、节拍的长短、音节的轻重等基本乐理。如果说"养心诗调叙""析乐理之浅近"为的是"俾足使人知吟正调（主旋律声部）之法"，让读者学会"正确的歌唱单音主旋律之法"，那么"续叙"部分则更深一步，介绍的是多声部歌咏。杜嘉德把声部称为"股"，"单股"即单声部，"数股"即多声部："夫乐法有二，有单股，有数股。单股者，乃或一人独吟，或数人同吟一音，或高低全层之差，譬一

76　宫宏宇：《杜嘉德的乐理书系列与西洋乐理之东传》，《音乐研究》2009 年第 1 期。

77　《台湾音乐研究》，2006 年第 3 期。

78　参考宫宏宇：《杜嘉德的乐理书系列与西洋乐理之东传》，《音乐研究》2009 年第 1
　　期；李建武、篇志强、苏人登：《厦门早期基督教音乐的源流与特色——以〈养心
　　神诗〉音乐为例》，《集美大学学报（哲社版）》2015 年第 4 期；江玉玲：《十九世
　　纪末西学东渐中的音乐史料——浅谈杜嘉德乐理书的伯德雷恩藏本》，《台湾音乐
　　研究》2006 年第 3 期。

人吟上一、上二、上三，一人吟下一、下二、下三，此单股之乐，诚为美听，但有能吟数股之乐，或二人，或五六人所吟之音，虽不相同，然能相和，即乃更美焉。"[79]《养心诗调》中的谱例由"正"（主旋律声部）、"中"（和声声部）、"下"（和声声部）三声部组成，其中"正"是主要的，"其正为至要，乃单股之乐所吟者，至中下二调，乃以助正调"。他特别强调了主旋律在多声部歌咏中的重要性，"欲学吟中调下调，先必能依法吟正调无错，方可"。另外，他还利用"半级梯式"解释了半音。

关于《乐法启蒙》，宫宏宇认为大概成书于 1868 年底或 1869 年初，厦门刊印后，杜嘉德曾将其寄给《教务杂志》编辑部，以期在全国得到推广应用。《乐法启蒙》介绍的也是经过改造的"Tonic Sol-fa"记谱法，它有一定难度，读者想通过自学来掌握该书的内容估计不大可能，"所教授的内容为多声部，在节拍、和声的选择上仍以简便为主"。所用的谱例和《养心诗调》一样，大多来自欧美教会的传统曲目。其中也包括 19 世纪中期美国学校音乐所常用的歌曲。为了适应中国人唱诵，他对这些曲目的低声部进行了适当改动。这本书的谱例有 69 首之多。

《乐理颇晰》于同治庚午年（1870）季冬由厦门新街拜堂刊行。主要介绍"换律之法"，即西洋调式中的大小调转换问题。该书只有 21 页，宫宏宇推断其为未完成本，因为杜嘉德在书的最后注明："斯册仅数帙，于法尚未备足，缘暂回养，先此付刻，以俾暂学。俟余复来华时，则便增缉汇全。"由于当时他要暂时回国休假，未能展开详述，先将这本小册子刊印让人暂用，等其再次来华时再进行增改。但随后他未再顾及此书。

《西国乐法》是以上三本乐理书的延续，成书时间已不可考。该书主要介绍了西方标准的五线谱。他把全音符、二分音符、四分音符、八分音符分别解释为："大圈""柄圈""柄点""单钩""双钩"，对于符点音符、小节线、终止线、休止符等也做了介绍。该书他主要讲解的是固定调，他独创了用中国的地支来表示音名，企图以此来对照西方十二音。

总体而言，杜嘉德的四本乐理书每一本篇幅都不是很大，他的主要目的不是介绍西方的乐理知识，而是要教中国教徒能够较快地掌握唱诵赞美诗的技巧。即便如此，杜嘉德所介绍的基本乐理知识对早期中国西洋音乐教育仍旧产生了不小的影响。

---

79 转引自宫宏宇：《杜嘉德的乐理书系列与西洋乐理之东传》，《音乐研究》2009 年第 1 期。

三、狄就烈与《西国乐法启蒙》《圣诗谱（内附乐法启蒙）》

狄就烈（Julia Brown Mateer，1837-1898）是著名的美国来华传教士教育家、翻译家狄考文（Calvin Wilson Mateer，1836-1908）的第一任妻子，她于1837 年 7 月出生在美国中西部俄亥俄州一个清教徒家中。"就烈"其实是其名字 Julia（或译为朱丽娅或者朱莉亚）的音译，因其自姓 Brown，婚后从夫姓（Mateer），所以又叫其"邦就烈"或者"狄邦就烈"。狄就烈少年时期因为家庭变故只在两所女子中学读过三年书，但她凭借坚韧的毅力一直坚持自学。在从女子中学离开后，她到一所乡村学校教了三年书，并且承担全部教学管理工作，她出众的才华和管理能力此时就初露头角，为她日后在中国从事教育事业打下了良好基础[80]。十九岁时她皈依基督教，并积极参加教会组织的各项活动，成了唱诗班的一员。通过唱诗活动，她不仅学到了乐理知识，还受到了良好的歌唱训练。[81]1862 年底，她与在俄亥俄州特拉华北长老会工作的狄考文结婚，1863 年 7 月，这对新婚夫妻接受北长老会海外宣教部的派遣，从纽约登上了远赴中国的轮船，经历了五个多月的海上旅行之后，他们于同年 12 月到达上海，稍作休整，便于第二年新年伊始，来到山东登州，从此开启了他们伉俪在登州几十年的传教、教学生涯。

他们来华之前，美北长老会在华开辟传教事业已经 20 余年，澳门、宁波、杭州、广州、上海、烟台、登州等地都有北长老会传教士的身影。1860 年第二次鸦片战争以后，在一系列不平等条约的胁迫下，清朝门户大开，传教士获得了在中国全境自由传教的特权，1860 年生效的《天津条约》规定登州作为新开辟的通商口岸对外开放，一时吸引了不少传教士前来传教，虽然这些传教士借助于不平等条约取得了在中国自由租地建屋、享有领事裁判权保护等特权，但同时他们也受到当地官员和民众的极大仇视，有民众怀疑他们用邪法迷惑人，一时谣言四起，传教活动并不顺利。狄考文夫妇到来之后，竭力想改变这种不利局面，他们首先学会了汉语，并且积极传教、开办教育、赈灾救民等，赢得了人们的信任。

1864 年 9 月，狄考文夫妇在登州创办了一所男童寄宿小学——蒙养学堂，这是登州文会馆的前身。后多次扩充，形成小学教育、中学教育和高等教育

---

80 闫翠翠：《狄邦就烈在登州活动研究》，硕士学位论文，山东师范大学，2010 年，第 20 页。

81 宫宏宇：《狄就烈、〈西国乐法启蒙〉、〈圣诗谱〉》，《中国音乐》2008 年第 4 期。

兼备的高等学堂，这也是当时山东第一所教会高等学堂。登州文会馆在当时影响很大，时人曾言："该时所谓高等学校，照全国而论，当以登州文会馆为第一，不第烟台等者必须由之，即南方各教会学校，亦多送子弟来。"[82] 狄就烈对登州文会馆倾注了很多心血，前十年几乎都是她在管理，狄考文在她去世后的追思录中曾回忆到，"学堂三分之二都是她负责"[83]。她每周要教孩子们三次音乐，《圣诗谱（内附乐法启蒙）》就是她为文会馆的音乐课程所编写的教材。当时，文会馆开设有"乐法启蒙"课，即乐理课，由狄就烈亲授，可以说，她是近代最早把西方音乐教育引入中国的人之一。1872 年，狄就烈在上海美华书馆编著刊行《西国乐法启蒙》，当时主要用于登州文会馆的乐理课教材，为初入学堂的小学生进行乐理启蒙。此书出版后很受欢迎，各地学校纷纷采用，1879、1892 年再版，1907 年及 1913 年又重印增补版，并补入四部合唱。[84]

关于这本书的版本，宫宏宇的《狄就烈、〈西国乐法启蒙〉、〈圣诗谱〉》一文考证比较清楚。他从孙继南先生处获知："《圣诗谱》初版之后，重印版至少有过四次，即：1879 年（第一次）重印，1892 年（第二次）增补重印，1907 年（第三次）增补重印，1913 年（第四次）增补重印。"该书于 1872 年初版，但关于初版书名，狄就烈在 1892 年为《圣诗谱》出版所作的英文序言中曾说："本书的刊行虽然用了一个新的名字，但实际上它是《乐法启蒙》一书修订后的再版。"而且，宫宏宇提到牛津大学伯德雷恩图书馆收藏的 1872 年由上海美华书馆印行的版本所用书名为《西国乐法启蒙》。韩国汉城大学图书馆收藏的 1879 年版，同样也由上海美华书馆印行，书名也是《西国乐法启蒙》，由此可证，该书初版时就叫《西国乐法启蒙》，1879 年第一次重印亦用此名。1892 年重新修订以后改名《圣诗谱（内附乐法启蒙）》，在狄就烈于 1898 年去世以后，该书又于 1907 年及 1913 年两次增补重印，因原作者已经去世，故宫宏宇推断后两次增补重印内容改动不太大。[85] 目前国内藏本中能知道的是

---

82 连警斋：《郭显德牧师行传》，上海广学会 1940 年版，第 160 页。转引自闫翠翠：《狄邦就烈在登州活动研究》，硕士学位论文，山东师范大学，2010 年，第 44 页。

83 [美]费丹尼著，郭大松、崔华杰译：《一位在中国山东传教 45 年的传教士——狄考文》，中国文史出版社 2009 年版，第 286 页。

84 宫宏宇：《狄就烈、〈西国乐法启蒙〉、〈圣诗谱〉》，《中国音乐》2008 年第 4 期。

85 以上参考宫宏宇：《狄就烈、〈西国乐法启蒙〉、〈圣诗谱〉》，《中国音乐》2008 年第 4 期。闫翠翠亦采用宫宏宇观点。参考闫翠翠：《狄邦就烈在登州活动研究》，硕士学位论文，山东师范大学，2010 年，第 63 页。

中国艺术研究院图书馆藏 1907 年版本（即原中国艺术研究院音乐研究所藏本，现统归图书馆藏），笔者所见即为此版本。

在该书 1872 年原序中，作者写道："中国所行的腔调，大概都属玩戏一类，若用它唱圣诗敬拜神，是不合式的。这不是说，中国的乐法，定然附就不上，只是直到如今，中国还没出这样有才的教友，能将中国乐法变通，使得大众能够用中国的腔调，唱圣诗敬拜神。"[86]这也正反映出当时中国圣乐编纂的现实状况，新教传入中国虽已逾半个世纪之久，但由于早期传教并不顺畅，教徒亦不多，教徒中有文化者亦十分有限，故她认为当时中国的教徒还无法胜任用中国曲调编写赞美诗，所以只能用西方的音乐曲调来教中国教徒唱诵赞美诗，"作此书的本意思，就是帮助各地的先生教导学生和教友们唱诗，而且盼望中国会唱的教友们，得着一个好法子能自己学，又能教导众教友们学。如是大众可以同唱圣诗，赞颂天父"[87]。早期的赞美诗集中，纯歌词本居多，带谱例的极少，只是有些会在歌词旁边标注所用曲调。而《西国乐法启蒙》这样的书籍，不仅有曲谱，而且还附有基础乐理知识，用一问一答的方式讲述唱诵圣诗的方法，内容浅显易懂，使得教徒唱诗一下子变得简单易学了很多，这本书在当时无疑是非常实用的，影响也非常大。在 1892 年重修再版序中，她提到："初次印的时候，中国慕道的人还少，会唱的人更是不多，因此老本的圣诗调，大半是二品的。"即二声部合唱。后来，随着教徒人数的增加，会唱的人越来越多，而且唱功也越来越精，因此再版的时候，诗调都改为"四品"，即四声部合唱，而且删除了原来不合时宜的曲调，又增添了一些新的曲调。[88]"四声部歌曲的增加使《圣诗谱》在技术水平上达到了新的高度，这不仅在中国音乐教育史上是前所未有的，在当时世界学校音乐教学上也处于领先地位。"[89]

除了新名字、新增圣诗及新加四声部外，重修的版本还采用了一种新的记谱法：美国当时最为流行的"七种形状符号（Seven-Shape Notation）记谱法"。值得注意的是，狄就烈的《西国乐法启蒙》在初版和 1879 年第一次重印时采用的都是普通的五线谱，这种符号记谱法是在 1892 年重修版才使用的，此前

86 《圣诗谱》原序，上海美华书馆 1907 年版，中国艺术研究院图书馆藏。
87 《圣诗谱》原序，上海美华书馆 1907 年版，中国艺术研究院图书馆藏。
88 《圣诗谱》原序及补序，上海美华书馆 1907 年版，中国艺术研究院图书馆藏。
89 宫宏宇：《狄就烈、〈西国乐法启蒙〉、〈圣诗谱〉》，《中国音乐》2008 年第 4 期。

国内对于《圣诗谱》的研究多采用的是张静蔚的观点[90]，张所编选、校点的《中国近代音乐史料汇编（1840-1919）》[91]辑录了《圣诗谱》的原序与补序，而张所采用的版本乃为中国艺术研究院图书馆所藏 1907 年重修再版版本，而非1872 年初版版本。宫宏宇指出，在 1892 年增补重修版英文序言中，狄就烈明确指出了重修后版本与之前的区别，就是增加了四声部合唱和符号记谱法。以下二图，可以明确看出两个版本之间的区别。[92]前者是五线谱与中国工尺谱相参照，而后者则是符号谱与工尺谱相参照。

1879 年《西国乐法启蒙》的"六八"谱例

---

90 如陶亚兵《中西音乐交流史稿》（中国大百科全书出版社 1994 年版）及施咏、刘绵绵《〈圣诗谱·附乐法启蒙〉探源、释义与评价》（《天津音乐学院学报》2006 年第 1 期）等都直接引用了张静蔚的观点。

91 人民音乐出版社 1998 年版，第 93-97 页。

92 图片来自于宫宏宇：《狄就烈、〈西国乐法启蒙〉、〈圣诗谱〉》，《中国音乐》2008 年第 4 期。

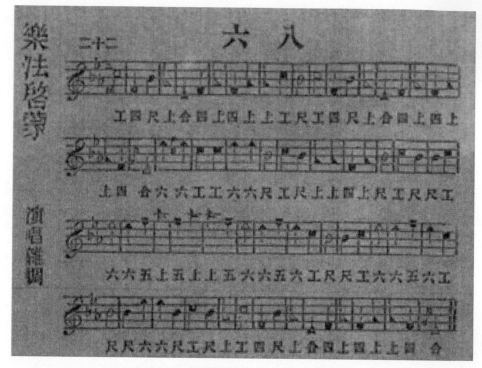

1892《圣诗谱》的"六八"谱例

在 1907 年的版本中，该书收录圣诗 369 首，讽诵歌 17 首，另有用符号谱与工尺谱对照形式抄录的 25 首中外杂调小曲，作为视谱练习之用，其中有中国民歌《端午节》《凤阳曲》及《六八》（即《老八版》）等。乐谱之前附有《乐法启蒙》条理详解 18 段，采用一问一答的方式讲述西方基础乐理和读谱法，全书设置将近 300 个问题，由浅入深，简单明了地阐述了西方乐理的基本概念、记谱法、音阶、音调、唱法、和声等问题，为了便于读者识谱记忆，她将所有的外文名词、符号及术语等等都用中文翻译了出来。《圣诗谱》中所记的乐理名词已经较《律吕纂要》《律吕正义·续编》有了很大进步，更加接近现代通用乐理名词。[93]符号记谱法虽然简单易学，但也存在着一些缺陷，如不用高低音谱号、尽力不用小调式、不用调号、简化节拍等，狄就烈除了吸收了形状符号记谱法的七种符号和首调概念外，并没有根本改变以前用的五线谱记谱法，她所教授的"仍然是欧洲正统的以五线谱为代表的现代乐理知识"[94]。

---

93 闫翠翠：《狄邦就烈在登州活动研究》，硕士学位论文，山东师范大学，2010 年，第 68 页。

94 宫宏宇：《狄就烈、〈西国乐法启蒙〉、〈圣诗谱〉》，《中国音乐》2008 年第 4 期。

总之，狄就烈的《圣诗谱》是当时中国出版的最重要的西方乐理著作之一，对于当时学校音乐教育和乐理知识的普及是非常有意义的，而且该书在编纂过程中，还与中国的传统乐理进行对照，比如用西方记谱法与中国工尺谱相对照抄录中外杂调小曲，结合中国传统文化来讲解西方乐理知识，尽管这是一种教材性质的著作，但其影响却是不可小觑的。

四、李提摩太夫妇与《小诗谱》

19 世纪后期传教士所著的乐理书籍，除了杜嘉德的著作和狄就烈的著作外，能与二者相媲美的还有英国侵信会传教士李提摩太及其夫人所编著的《小诗谱》。与前两者的著作相似，这本书也是带有乐理知识的圣诗歌集。

李提摩太（Timothy Richard，1845-1919）生于英国南威尔斯一个农场主家中。少年时曾在斯温西师范学校求学，还曾在几所小学当过教师和校长。20 岁时他进入哈佛孚德神学院学习了 4 年神学。23 岁时，他加入到英国侵信会，1869 年末受差会派遣来华传教，并于 1870 年 2 月到达上海，先后在山东、山西、北京、上海等地传教，同时还从事政治、教育、出版等活动，既是宗教活动家，也是著名的政客，参与了当时清政府与英政府之间的很多政事。他于 1916 年回到英国，在华长达 45 年之久。李提摩太的第一任夫人是苏格兰长老会女传教士玛丽·马丁（Mary Martin，？-1903），二人于 1878 年在烟台成婚，随后一同到山西太原传教。李提摩太在自己的回忆录中，谈到他夫人时，曾这样说："她还有音乐天赋，在于音乐有关的传教活动中总是一马当先。"[95] 在山西时，有一段时间，他们同内地会传教士合作很融洽，每周四和周六都会在家里举办祈祷聚会，周六礼拜仪式后要合唱赞美诗，每周四晚上李提摩太夫人则举办了个音乐培训班，教那些希望学习读谱的朋友们（主要是内地会传教士）首调唱法。李提摩太的音乐素养也很好，15 岁的时候，他在表兄开办的学校中学习过"首调唱法的记谱法"，后来在神学院上学时，还专门向同学和教会推广这种首调唱法体系。[96]他非常注重音乐传教，在山东青州传教时，他时常让教徒唱诵赞美诗，有一次他去一个中学拜访，为那里

---

95 [英]李提摩太著：《亲历晚清四十五年——李提摩太在华回忆录》，天津人民出版社 2008 年版，第 119 页。

96 [英]李提摩太著：《亲历晚清四十五年——李提摩太在华回忆录》，天津人民出版社 2008 年版，第 5-7 页、9 页。

每个学生的扇子上都题了一首赞美诗。为了传教，他编了一本《教义问答》和一本包含有 30 首赞美诗的诗集，在青州赈灾时，他将这两种书籍连同救济物品一起发给灾民，并让他们背诵，同时也让前来主日学校上课的人背诵，通过这种方式，很快他就发展了不少教徒。1876 年，他通过募捐在青州建立了五个孤儿院，当时，每天 12：30 到下午 2 点，他的日程安排是"巡视孤儿院，以首调唱法教孤儿唱歌"[97]。

通过儒生的介绍，他开始研读中国传统的礼乐典籍，在研究其音乐部分时，他们接触到了"中国的首调唱法体系"（工尺谱）。在回忆录中，李提摩太提到："与此同时，我妻子和我着手编撰一套十卷本的介绍世界音乐的书。现在九卷还是手稿，其中一卷在山西出版并被人们使用多年了。"[98] 已经出版的这卷就是用中国工尺谱记谱法与五线谱混编的歌集《小诗谱》。为了了解中国的音乐，李提摩太曾去观摩孔庙的音乐演习，却发现虽然乐器很多、很新、很漂亮，但是音调却总调不准，所以听起来是"一片恐怖的噪音，而不是音乐"，为此，他让夫人去给这些人讲解乐理知识。为了理解佛教，他曾到庙里住了一个多月，还去参观五台山，在黄庙和青庙[99]各参加了一场法会。其中汉传佛教青庙的祈祷仪式中规模宏大的音乐合奏给他留下了深刻印象，他将这些旋律记了下来，希望用在以后的礼拜仪式中。[100]后来的《小诗谱》就选用了这首佛曲。

今见的《小诗谱》有两种版本，一是 1883 年在山西太原首次刊行的木刻本，并在当地使用了多年。二是 1901 年由上海广学会增补出版的石印本，向全国发行。1883 年木刻本《小诗谱》作者标明为"英国教师李提摩太"，而 1901 年广学会重校石印本增加了英文扉页、序及索引，作者标明为李提摩太夫人。刘奇通过研究认为，"严格说，《小诗谱》的作者应是李提摩太夫人，而非李提摩太本人。"[101] 但综合李提摩太本人的回忆录和《小诗谱》的序言，笔者认为，《小诗谱》的作者不应该视作是李提摩太夫人一个人，至少在初版

---

97 [英]李提摩太著：《亲历晚清四十五年——李提摩太在华回忆录》，天津人民出版社 2008 年版，第 74 页、76 页、86-87 页、90 页。

98 [英]李提摩太著：《亲历晚清四十五年——李提摩太在华回忆录》，天津人民出版社 2008 年版，第 146 页。

99 黄庙指五台山藏传佛教的寺庙，青庙指汉传佛教的寺庙。

100 [英]李提摩太著：《亲历晚清四十五年——李提摩太在华回忆录》，天津人民出版社 2008 年版，第 146-147 页、149 页。

101 刘奇：《李提摩太夫妇与〈小诗谱〉》，《音乐研究》1988 年第 1 期。

的时候李提摩太本人对此书付出了相当的精力，否则其初版时作者不会只署李提摩太一个人的名字。[102]而且，李提摩太曾编撰过一本 30 首圣诗的诗集，在编纂《小诗谱》的时候，他们不可能不考虑将这些全部或者部分收集进去。当时，传教士夫人还主要是协助其丈夫进行传教工作，所以初版《小诗谱》更应该是夫妻二人协作的成果，而不是其中一个人的。后来，李提摩太的工作越来越忙，不仅要四处传教，而且还有很多政治活动，他可能无暇顾及研究音乐，而这一重任就放在了其夫人身上，而且其夫人对这项工作也一直没有停止，在 1898 年的时候，李提摩太夫人曾发表了一本《中国音乐》的小册子。[103]1900 年义和团运动杀死了在山西的传教士和数千名中国教徒，1901 年，李提摩太应清朝全权大臣庆亲王奕劻和直隶总督李鸿章的邀请赴北京协助处理山西教案的善后事宜，所以当时《小诗谱》增补再版的时候，应是其夫人自己独立完成了此项工作。同时，从整个传教大环境来说，此时期，各差会纷纷派出女传教士来华传教，她们已经成为在华传教的一支重要力量，并获得了独立的话语权，在这样的社会大背景下，1901 年再版时只署了李提摩太夫人的名字，这也是符合当时情况的。但是，李提摩太对该书也是有一定贡献的，再版的时候增加了 20 首"中国调"，其中的祭孔音乐和佛教音乐，就是夫妻二人或者李提摩太一人去考察时所收集采录的。

　　《小诗谱》是一种带有音乐教学引言的圣诗歌集，其英文书名是"Tune-book in Chinese notation"，直译为《用中国记谱法的歌集》。而"Tune-book"在英文中是指一种带有音乐教学引言的圣诗歌集，主要用于 18、19 世纪的美国和美洲英属殖民地歌唱学校。狄就烈的《圣诗谱》也是这种性

---

102 根据李提摩太的回忆，他于 1882 年 6 月份从山西太原到山东青州管理青州的教会，其夫人当时怀有身孕留在太原，9 个月后他回到太原，家里有一个 6 个月的小女儿在等着他。说明 1882 至 1883 年之间，李提摩太夫人怀孕生女，她同时还有其他的孩子需要照顾，独自完成《小诗谱》的可能性不太大。参考[英]李提摩太著：《亲历晚清四十五年——李提摩太在华回忆录》，第 153-162 页。

103 [英]李提摩太著：《亲历晚清四十五年——李提摩太在华回忆录》，天津人民出版社 2008 年版，第 146 页。另据陶亚兵言：1898 年 11 月，李提摩太夫人以英文向英国皇家学会亚洲分会提交了一份题为《中国音乐》的论文宣读稿（Paper on Chinese Music, by Mrs. Timothy Richard, Read before the China Branch of the Royal Asiatic Society），其中选用了《小诗谱》中的中国曲调作为谱例。该论文第二年（1899）在上海出单行本，1923 年在上海再版。参考陶亚兵：《明清间的中西音乐交流》，东方出版社 2001 年版，第 96-97 页。

质的歌集。[104] 在《小诗谱》之前，他们还著有一本更为详尽的《中西乐法撮要》[105]，内容包括乐理、工尺谱和圣诗谱等，但是"因其浩繁，有常人所不必用者"，所以他们就又编纂了这本较为简略、"有课有调"的《小诗谱》。关于编纂此书的目的，序言中也解释得非常清楚："或有问于余曰：诗谱何为而作也？余应之曰：致礼以治躬，致乐以治心。古圣王所以感天神而和人鬼者，莫不需此乐也。则乐之为用，安可忽而弗讲哉？余数年来斤斤于斯，非徒欢欣鼓舞之谓，正欲感化人心而乐颂扬上帝也。"[106]李提摩太因为研读了儒家礼乐的音乐部分，明白"礼乐"在中国传统文化中所占的分量，与花之安对中国传统"礼乐"的教化育民作用提出质疑有所不同，他认同"乐以治心"，所以用乐传教，以"感化人心"，"乐颂上帝"。

　　李提摩太夫妇来到山西后创办了一所学校，《小诗谱》当时在山西主要是作为学校教材而使用的，因此作者在中文序中，详细规定了《教法》和《考法》。《教法》事实上即"教学法"，作者把学习工尺谱的程度按循序渐进的原则分为"元、亨、贞、利"四级，《小诗谱》仅有"元、亨"两级的程度，《考法》即是这两级具体"考执照"的要求。《小诗谱》分"课"和"调"两大部分。第一部分"课"是两份考卷，1-13条是考初级执照——"元等"的要求，14-31条是考中级执照——"亨等"的要求。第二部分"调"，共有70个曲调，绝大多数是标准英国教会的赞美诗调，仅有4首为中国佛教曲调。1901年石印本最后加了20首"中国调"，其中10首是"祭孔调"，5首是"念调"，一首"短念调"，此外还有一首民歌《十朵花》及两首未署名的"中国调"。就该书的实际编辑构思来看，主要是视唱教学，又全书带有赞美上帝歌词的曲调仅有6个，占5%还不到，因此《小诗谱》实际上是一本用作者创造的、一种独特的工尺谱体系编成的视唱教材，而非完全的基督教赞美诗集。它既揉合了中国传统的工尺谱，又借鉴了近代西方的基本乐理，且将两者做了粗略的比较，这在近代中国音乐史上是有一定历史意义的。[107]

---

104 刘奇：《李提摩太夫妇与〈小诗谱〉》，《音乐研究》1988年第1期。

105 刘奇认为此书可能就是李氏夫妇计划出版的十卷手稿本，因为这是他们唯一一部有关音乐的著作，这仅是遗稿，不能看成是书。参考刘奇：《李提摩太夫妇与〈小诗谱〉》，《音乐研究》1988年第1期。

106 《小诗谱》序（1883），载张静蔚编选、校点：《中国近代音乐史料汇编（1840-1919）》，人民音乐出版社1998年版，第97-98页。

107 刘奇：《李提摩太夫妇与〈小诗谱〉》，《音乐研究》1988年第1期。

第四章　清代晚期中国基督教音乐的发展（下）

第一节　官话诗集的出版

19 世纪末 20 世纪初的中国，内忧外患使得国内的民族情绪高涨，尤其是中华民国成立以后，迫切需要有全国通用的语言（National Language），并开始制定"标准国音"，推广注音字母。另一方面，随着新教各差会在华事业的发展，他们广设出版社、书局，圣经及赞美诗集的出版更为方便，早期出版的圣诗集成了后世圣诗集编纂的蓝本。最初传教士们多采取罗马拼音注方言的形式翻译圣经和圣歌，这在一定阶段取得了良好的效果。但是由于方言的局限性，仅限于某一个地区的教徒使用，流传范围不广。随着教会传教势力的扩张，各差会为了使自己的信徒有统一的圣经和圣歌可用，纷纷翻译出版供本差会通用的圣经和圣诗集，他们也迫切希望能有全国统一的语言。由于当时的官话主要是以北方方言（北京话）为主，在全国近一半的地方都能使用，各差会为使本会的圣歌能够在最大范围内通用，所编的诗集多数采用北京话。发展到后来，一些差会联合起来共同编纂圣诗集，又出现了联合圣诗。如 1889 年，福州三公会（美以美会、圣公会、公理会）共同编纂了一本福州土话的《救世教诗歌》。

无论是编纂赞美诗集、西方乐理书籍，还是开办教会学校教授学生音乐知识，最初传教士们主要的目的只有一个：就是通过传唱赞美诗以感化更多的中国人来做"主的羔羊"，实现"中华归主"，唱诗只是手段而不是目的。很早，传教士们就注意到中国传统的音乐体系和音乐思维与西方有很大不同，中国传统音乐都是单音音乐，是"线性思维"[1]，用的是五声音阶和工尺谱，而这种记谱法不便于记载多声部音乐，"即使有多声部因素的音乐也无法通过曲谱完好地保存下来"[2]。而西方教堂音乐则主要是复调音乐，并由此发展出多声部合唱艺术，但中国的音乐中很少有这样的多声部合唱，因此传教士们在教授中国教徒学唱西方赞美诗时总是困难重重，不仅音阶体系不一，记谱法不一，而且多声部的合唱更难掌握。如在温州传教的英国偕我会[3]传教士苏威廉在谈到教授成年教徒唱西洋赞美诗时说："除非经过长期仔细的训练（如我们教会学校的孩童），中国人（这里指成年人）是唱不好有四级和七级音的歌调的，特别是持续的四级和七级音。我们的一些最好的歌曲就常常因此被本地教徒唱得一塌糊涂，这样的情形可说是屡见不鲜。"[4]很多传教士对此也都有同感。

如何改变这种困境呢？传教士中的一些有识之士开始思考中西音乐的区别与传播基督教之间的关系，"觉得与其强求中国教徒改变他们自己的音乐习惯，还不如因势利导，对中国本土的传统音乐体系尽可能的加以利用……传教士的职责不是拓展中国教徒的音乐视野，而是传播基督教义"[5]。如德国传教士花之安（Ernst Faber，1839-1899）在其《自西徂东》中，专有一章论述礼乐的关系[6]，他比较了中西方关于音乐功能的论述，在他看来，儒家"所谓的"

1 田青：《中国音乐的线性思维》，《中国音乐学》1986 年第 4 期。

2 翁翠琴：《宇宙基督的赞歌——从圣乐与中国文化的对话看圣乐是如何促进福音文化与本土文化的融入》，《金陵神学志》2009 年第 2 期。

3 偕我会（United Methodist Free Church）属于英国卫理宗教会一支，由英国传教士李庆华（Rev. R. Inkermann Exley，另译李应克）于光绪四年（1878）传入温州，1907 年偕我会与同宗的圣道会、美道会合并称为"圣道公会"（United Methodist Church Mission，U.K.）。1933 年华北循道会，圣道公会，循道协会三会合并，改名为循道公会。

4 转引自宫宏宇：《传教士与中国音乐：以苏维廉为例》，《黄钟（武汉音乐学院学报）》2008 年第 1 期。

5 宫宏宇：《传教士与中国音乐：以苏维廉为例》，《黄钟（武汉音乐学院学报）》，2008 年第 1 期。

6 《自西徂东》第三卷第三十五章《以乐济礼论》。《自西徂东》最早连载于 1879 年 10 月至 1883 年的《万国公报》上，1884 年由香港中华印务总局承刊，正式出版。

音乐可以教化民众，可以"变易气候，通于五行阴阳"等观点都是"虚假无当"的言论，在西方文化中则无此说；在西方人看来，音乐只是用来表达人的情感的，并无教化人性的功能，"西人作乐，所以欲人得心情之正，由此而进之，可以涵养其德性，非谓乐可以化人性而归善也"。西方的大礼拜堂，数千人一起"咏歌唱诗"，"赞美上帝仁慈"，由此达到"人神相通"，"则人心皆归于和平"，在他看来这才是"至美之声"，而有一些人为了吸引人眼球，追求曲调和谐悦耳，创作一些不同于教堂雅乐的音乐，虽然十分动听，但并不是"至美之乐"。中国教徒虽然唱诗的时候虽然"未娴其调"，对西方赞美诗的曲调掌握不好，但是可贵之处在于"预为习熟，即中国之诗章，有可以赞美上帝者，亦可共为唱和，不必拘于地，惟贵同心同德歌之"。[7]"赞美上帝""人神相通才"是唱诗的最终目的，所以中国教徒对西方音乐掌握不好，完全可以用中国固有的诗词音乐来唱和，不必拘泥于形式，贵在"同心同德"参与其中。

　　许多传教士正是基于这样一种务实观念，所以积极推动圣乐"中国化"，为此，他们进行了一些有意义的尝试，将中国固有的音乐体系和音乐思维引进赞美诗的编纂和教会学校的音乐教学中，以图更好地让教徒掌握赞美诗的唱法。他们中的有些人编纂中国曲调的赞美诗集，或者根据中国的五声音阶体系来改造西方的记谱法，如在山东青州广德书院教授音乐的英国浸礼会女传教士库寿龄夫人曾多次尝试着用中国人所习惯的五声音阶配歌，以适应中国学生的审美习惯，甚至还曾把一些经典的英国圣诗乐曲按照中国的音阶进行改编；[8]同属英浸信会、在山东及山西太原等地传教的李提摩太夫妇在编辑《小诗谱》时采用中国传统的工尺谱记谱，且有中国的"祭孔调"及"念调"，还有佛教音乐；在温州传教的偕我会传教士苏威廉牧师的妻子苏路熙（Lucy Soothill，1856-1931）女士很重视收集中国民间曲调来为赞美诗配曲，据说她为此特地雇民间曲艺'吹打班'来家吹唱，记下温州的民间曲调。她曾为温州本地牧师戚瀛茂所写的《为国求福歌》谱曲，用的是中国传统的五声音阶，为温州信徒喜唱乐颂。[9]苏威廉本人则将中国著名的《茉莉花》歌词改编

7　本段所引花之安言论均出自：[德]花之安：《自西徂东》，香港中华印务总局 1884 年承刊，第 178-180 页。

8　宫宏宇：《基督教传教士与中国学校音乐教育之开创（上）》，《音乐研究》2007 年第 1 期。

9　王神荫编著：《赞美诗（新编）史话》，中国基督教协会，1993 年 8 月，第 294-295 页。

为《圣经至宝》，并建议用中国乐曲为教堂唱诗班伴奏。[10]而且他还总结出使用中国民间音乐的四种方法："第一是将原有的民间曲调整体借用，配上与西方赞美诗歌相同音步的歌词；第二是根据原有的民间调子重新填词，创作新的赞美诗歌；第三是改编民间曲调使之与西方的赞美诗相配；最后是改变部分民间词曲使之与已有的赞美诗相符合。"他认为这样做"能够极大地改进教会宗教仪式，使基督徒在唱圣诗时得到更多的快乐，同时也使教外人士乐意过来听道，在他们的心中播下福音的种子"。[11]在北京教授儿童学习西方"主音嗖乏"系统的傅兰雅也提出赞美诗的歌词在音调韵律上要符合中国传统诗词的习惯，虽然他并没有像李提摩太夫妇那样直接用中国的工尺谱，但是他也主张"保留中国的音阶"[12]。他们的努力取得了一定成效，中国教徒在唱圣歌时唱自己熟悉的旋律不仅能够更快更好地掌握圣乐曲调，而且也更有文化融入感。

这一时期，圣诗编译也由最初的传教士个人自发编译逐渐发展到以各差会主导的团体编译。与此同时，一些文化素质比较高的中国信徒和教会人员也逐渐参与编辑校对工作，歌词翻译大量引用中国传统文化的儒释道术语，力求使其本色化，使得诗集的文辞质量有了较大提高。自此，中国教会圣诗集编纂发展到了第三个阶段，这时的圣诗都已经初具中国文化的一些特色，不再完全是西方的"舶来品"了。这一时期所编纂的赞美诗集也有很多，如1874 年，香港的巴色会出版了一本《颂主诗歌》，内容以德国圣诗为主；1875年，华美书院在北京出版了《颂主圣诗》，含诗 124 首；同年，汉口卫理会出版《颂扬主诗》；1876 年，杨格非（Griffith John，1831-1912）在汉口出版了《颂主圣诗》，有诗 200 首，英文名 Union Hymn Book（《协和圣诗》），先后有11 种版本出版，线谱本于 1922 年出版，第一次世界大战后，武汉的圣教书局将其扩编为 560 首并送至伦敦排印，印刷极为精良，为《普天颂赞》之前印刷最好的集子[13]；1876 年，美南浸信会出版《颂主诗章》；同年福州太平街福

---

10 唐建荣、潘朝霖：《苏慧廉、柏格理与中西文化交流》，《贵州民族大学学报（哲学社会科学版）》2015 年第 2 期。

11 李新德：《西方传教士与地方近代化——以循道会传教士苏慧廉在温州的活动为研究中心》，《基督教思想评论》（第 13 辑），上海人民出版社 2011 年版，第 258 页。

12 转引自宫宏宇：《基督教传教士与西国乐法东渐——从傅兰雅的教学实践看"主音嗖乏"教学法在晚清的传播》，《南京艺术学院学报（音乐与表演）》2012 年第 3 期。

13 王神荫：《中国赞美诗发展概述（上）》，《基督教丛刊》1950 年第 26 期，第 49-54 页。

音堂编纂《谢年歌》；1877 年，美南长老会在杭州编辑出版《福音赞美诗》；1883 年，李提摩太夫妇在山西太原木刻（1901 年由上海广学会增补出版石印本）《小诗谱》，工尺谱记谱；1887 年，华北公理会编纂、北京华美书院刊印《颂主诗歌》，包含 315 首，三一颂 10 首，歌咏文 12 段，卷末附有圣教择要礼文学；1891 年，美部会在福州刊印《宗主诗章》，由福州美华书局活版印刷，同年，美以美会在江西编印《赞颂主诗》；1897 年，福州华美书局活版印刷《救世教诗歌》，载诗 240 首，附有教会礼文；1900 年，台湾南部圣诗歌委员会委托甘为霖（Rev. William Campbell, 1841-1921）主编台湾白话本《圣诗歌》（Seng Si Koa）由台南新楼书房出版发行，这是台湾编印的第一本圣诗，以后多次再版，在台湾地区产生了重大影响。在这些由各差会负责编纂的官话圣诗集中，最具代表性的有华北公理会的《颂主诗歌》、内地会的《颂主圣歌》、监理会的《江南赞美诗》、浸礼会的《颂主诗集》、信义会的《颂主圣诗》等[14]。

在基督教圣乐中国化的过程中，尤其值得一提的是女传教士及传教士夫人们为此所作了重大贡献。在各国来华的新教传教人员当中，女传教士及传教士夫人对于传教具有举足轻重的作用。最初的时候，女性不能独立传教，她们主要是跟随从事传教事业的夫婿来华的，一般都是充当"传教助手"，协助配合自己的丈夫从事一些辅助性的工作，如教育、慈善等。但是，19 世纪中后期，随着欧美国家女权运动的兴起，女权运动的领导者呼吁打破男性对教会圣职的垄断，主张在圣职任命和传教方面男女平权。19 世纪后期以后，许多女传教士因此受命于基督教各差会作为传教士被派往海外，据统计，"1868-1912 年间，美国几乎所有的大宗派都成立了女子海外差会，派出单身女传教士 200 万名"[15]。这些女性来华之前在国内大多受过良好的音乐教育，因此她们能够独立地或者较好地配合自己的丈夫进行音声传教的工作。当时，很多教会学校的音乐课程都是由女传教士或者传教士夫人（她们中的很多人本身也是女传教士）承担的，为了更好地进行教学，她们甚至自己编订教材，如著名的李提摩太夫人所编纂的《小诗谱》以及狄考文夫人狄就烈编纂的《圣诗谱（内附乐法启蒙）》，在中国记谱史上都是永载史册的。此外，前文所提到的利用中国的五声音阶来教授学生的库寿龄夫人和苏路熙女士等，都为圣

---

14 刘丽霞：《中国基督教文学中的圣歌》，《平原大学学报》2006 年第 2 期。

15 雷雨田：《上帝与美国人——基督教与美国社会》，上海人出版社 1994 年版，第 213 页。

乐中国化贡献了自己的毕生精力。丁韪良曾这样评价苏路熙女士："尽管她显得如此娇弱，她却在外国呆到四十岁左右。……她为使我们的教堂音乐中国化作了大量工作。她失去甜美的嗓音已久，但经她训练出来的数百名信徒仍在吟唱赞美诗。"[16]可以说，新教圣乐在中国大地上蓬勃发展，女传教士和传教士夫人们功不可没。

第二节　一些著名的官话圣诗集

一、华北公理会的《颂主诗歌》

1810 年，公理宗牧师联合会成立了美国历史上第一个海外传道部——美国公理会海外传道部（American Board of Commissioners of Foreign Missions, ABCFM），中文译为"美部会""公理会"或"纲纪慎会"。[17]公理会是第一个来华传教的美国基督教差会。1830 年，裨治文（Elijah Coleman Bridgman，1801-1861）乘船来到中国，开启了公理会到中国传教的大门。1860 年，白汉理（又译为柏亨利、柏汉理，Henry Blodget，1825-1903）自上海转往天津传教，逐渐开辟了华北教区。白汉理毕业于美国耶鲁大学，颇具语言天赋，掌握了 20 种语言。早年他在上海传教，是最早到天津传教的新教传教士。1864 年他来到北京，并于 1873 年在灯市口设立了公理会教会华北总会，在京津地区传教 40 余年。他曾和丁韪良、包尔腾（又称包约翰，John S.Burdon，1826-1907）、艾约瑟（Joseph Edkins，1823-1905）、施约瑟（Samuel J.I.Schereschewsky，1831-1906）等五人组成北京翻译委员会，翻译了第一部北京官话本《新约圣经》（即京委本圣经），是和合本圣经诞生之前最重要的新教白话文圣经。白汉理同时也翻译了很多圣诗。1872 年，白汉理与另一位公理会传教士富善（Chauncey Googrich，1836-1925）一起合编了一本赞美诗集——《颂主诗歌》，由灯市口美华书院刊印出版，故其英文名字一直为《Blodget and Goodrich Hymnal》[18]。二人分工明确，白汉理负责文字，富善则负责曲谱。

16　[美]丁韪良：《花甲记忆》，广西师范大学出版社 2004 年版，第 143 页。

17　倪斯文：《哈佛-燕京图书馆藏汉语基督教赞美诗集研究》，硕士学位论文，上海师范大学，2016 年，第 4 页。

18　王神荫：《中国赞美诗发展概述（上）》，《基督教丛刊》1950 年第 26 期，第 49-54 页。

富善自幼生活在美国麻省西部一个基督教家庭，12 岁就立志于传教。他毕业于威廉斯学院，后又进入纽约协和神学院学习神学。他于 1865 年来到中国，主要在华北地区传教，还在通州设立了公理会神学院。富善擅长音乐，也是音乐传教的积极倡导者，据说他未学会说中国话之先，就曾教北京教会信徒唱歌。他的语言功底也很好，会多国语言，1891 年，他被任命为官话圣经和合本的翻译委员，历时 28 年之久，终于完成了我国基督新教历史上最重要的白话文圣经版本——《圣经和合本》，在漫长的翻译过程中，不少参与翻译的人都去世了，富善是唯一一位从头到尾全部参与翻译工作的人。富善一直倡导将北京话作为传教士翻译、著述的"官方"语言，所以《颂主诗歌》就是用北京官话刻印的，初版共有圣诗 315 首，三一颂 19 首，崇拜乐章 12 首，并附《晨祷文》，于 1895 年增至 408 首，在北京出版，1900 年再版。全书印成之后，由于义和团运动，以致全部新书和铅版都被焚毁，此后于 1907 年在日本横滨出版，五线谱用石印，文字用铅印，目前已发现日本出版的至少有 8 种不同的版本[19]。国内的版本更多，计有 10 多个，北京灯市口美华书院、通州潞河书院、上海美华书馆、上海广学会、天津华北公理会、湖南辰州等都曾经印过，有文字本、嘎令字母谱本、五线谱本、简谱本以及简本等诸多版本。

此诗集出版后流布极广，是华北地区最具影响力的圣诗集，也是《普天颂赞》之前使用最为广泛的圣诗集，全国各地教会都相继采用，直到 1936 年《普天颂赞》出版后，其地位才逐渐被取代。当 1907 年诗集再版时，白汉理已谢世，另由华北公理会选出富善、都春圃（Elwood Gardner Tewksbury，1865-1945）、狄文爱德[20]（ada Haven Mateer，1847-1936）、Miss Grace Wyckoff 和 Mrs.Stelle 为编辑委员等组成编辑委员会对其进行修订，此诗集收录圣诗 452 首，其中 30 余首是宾为霖的遗作，白汉理译的有 170 余首，富善译的差不多有 150 首。此外，还收集了几十首新创作的圣诗。当时虽然没有向社会广泛募集圣诗，所选录的新创作的圣诗也只限于少数中国牧师、外国传教士、神学院学生等，但是这些圣诗对后世的影响却很大，如通州张洗心所创作的《与主交心歌》、柯（A.M.Cunningham）创作的《中华美地》和北京神学院

---

19 参考附录 1：《1949 年前编纂出版的中文新教赞美诗集及乐理著作》。

20 狄考文的第二任妻子，狄就烈去世以后，她嫁给了狄考文，二人共同生活了 8 年后狄考文去世。

伦敦会学生恩普所著的《中华归主歌》都是很流行的圣歌，被很多诗集所采用。[21]

值得一提的是，1895 年，在北京通州传教的公理会传教士都春圃编了一本《颂主诗歌谱：音乐嗅法》，由通州潞河书院出版，其封面题有"此嗅法诗谱与公理教会新印出颂主诗歌之韵调谱同"，即这是根据《颂主诗歌》的文字版编的谱本，用的是当时比较流行的"主音嗅乏"记谱法，此谱本于 1898 年曾再版，都春圃应是公理会中首个运用"主音嗅乏"记谱法的人。都春圃为美国哈佛大学毕业生，1890 年被美部会派往中国协助创建潞河书院。他后来又协助富善等重新修订《颂主诗歌》的乐谱，1907 年以后的《颂主诗歌》封面上，有"PREPARED BY REV.H.BLOBGET.D.D AND REV. C. GOODRICH. D. D"及"C.GOODRICH assisted by E.G.TEWKSBURY.MUSICAL EDITOR"的字样，王神荫将之称为"都文女士 Tewksbury"则是不正确的。

二、内地会的《颂主圣歌》

中国内地会（亦称中华内地会，China Inland Mission，缩写为 CIM）是由英国传教士戴德生（James Hudson Taylor，1832-1905）于 1865 年创立的。戴德生出生于英国约克郡，父母都是虔诚的教徒，他少年时就立志到中国传教，成年后加入了伦敦的中国布道会（The China Evangelisation Society，缩写为 C.E.S）并于 1853 年被派往中国传教，此后直至他于 1905 年去世，终其一生都在中国传教。他的名言曾广为流传："假如我有千镑英金，中国人可以全数支取；假如我有千条性命，决不留下一条不给中国。不，不是中国，乃是基督。为了基督的缘故，我愿意舍弃一切。我们为神所作的，一点也不会过多。"内地会是一个跨越宗派、跨越国籍的传教团体，其宗旨是向中国内陆地区传教，将基督教信仰传入中国内地，为此他们倾向于向内地穷乡僻壤的地方传教，足迹曾遍及西藏、青海、新疆等地，是新教在华最大的差会之一。

内地会由于深入到中国内地传教，传教范围比较广，各地也编纂了一些赞美诗集，其中影响最大的是《颂主圣歌》。这本诗集的最早版本是 1895 年的，此后还有 1903 年的版本，由上海美华书馆承印。据王神荫先生介绍，1921 年，内地会将这本诗集进行扩充，收集圣诗 400 首，按总目分为 50 类，最后的 50 首为杂诗及经文短歌，其中包括中国人创作的圣诗 20 首。此诗集先有

---

21 王神荫：《中国赞美诗发展概述（上）》,《基督教丛刊》1950 年第 26 期，第 49-54 页。

文字版，1922 年出版五线谱本，只有谱而没有文字，此五线谱本应是与 1921 年版文字本相对应使用的。此后 10 年间，该诗集在全国各处内地会通用，发行达 15 万册。1934 年在上海出版带有文字的五线谱本，乐谱由 Garver 先生主编，同时也出版了简谱，不是用阿拉伯数字，而是用英文字母来代替音的高低。该版诗集共有圣诗 400 首，按总目分为 50 类，最后的 50 首为杂诗及经文短歌，本诗集收有国人创造的圣诗 28 首，其中也包括一些席胜魔的作品，都是很适合乡间或奋兴会上用的灵歌。所用谱子也是中国曲调，称之为"中国"（CHINA）。1939 年内地会又将该诗集增加了 50 首，其中有好几首选自《普天颂赞》。诗集之末还有附编，多是经文启应，最后还有《使徒信经》《总认罪文》《总谢文》与《祝福文》，为公众礼拜时应用。1940 年又出了一本增补的琴谱本。[22]此诗集至 1949 年共有 10 余多版本，在国内使用非常广泛。1947 年和 1949 年昆明内地会还出版了苗文版的《颂主圣歌》，不过 1947 年的版本是澳大利亚传教士罗伟德根据 1939 年版的苗文《赞美诗》增补而成的，不是内地所用的汉语版翻译。

三、圣教书局的《颂主圣诗》

我国第一个圣教书局（Religions Tract Society）是由英国伦敦会传教士杨格非在武汉成立的。杨格非出生在英国威尔士南岸的一个海港城市——斯旺西城，幼年丧母，18 岁时又丧父。小时候他上过主日学校，14 岁时就开始布道，成为远近闻名的小布道员。1850 年，杨格非受资助进入 Brecon 学院接受高等教育，学习神学和进行传教的训练。1855 年他与新婚妻子一道来到中国，先在上海学会了中文，期间还与天平天国有过深入交往。1861 年他来到汉口传教，此后终生致力于以武汉为核心的华中地区的传教事业，直至 1911 年离开中国回国养老，历时 50 年之久。他是一个非常出色的布道者，擅长在街头进行口头宣讲布道，有"街头布道家"的美誉。

杨格非在武汉建了教堂、学校、医院和书局。其中圣教书局成立于 1875 年[23]，当时随着传教事业的扩展，对圣经和其他宣教书籍的需求量急剧增大，

22　王神荫：《中国赞美诗发展概述（上）》，《基督教丛刊》1950 年第 26 期，第 49-54 页。

23　周光亚、舒兴：《具有百年历史的圣教书局》，《武汉文史资料》1994 年第 2 期。1875 年成立汉口圣教书局，第二年为扩大影响，圣教书局一分为二，一部分为圣教书会，专职出版书籍和小册子；另一部分为圣教书局，专职印刷事务，但是对外统称"圣教书局"。1884 年改名"华中圣教书局"。

仅靠上海教区供应明显不足，杨格非决定在汉口成立书局自己印制，于是成立了圣教书局，他长期担任董事和编辑。圣教书局出版了很多布道方面的书籍和小册子，而出版赞美诗集也是其中一项重要出版任务。杨格非来到汉口后就着力编译赞美诗，1861 年他编辑出版了第一本圣诗集《颂主诗章》（Hymn Book），仅有 30 页，50 首圣诗。1876 年增加至 200 首，同时他又邀请华中地区其他差会的同仁一起共同对该诗集进行修订，编成新的诗集，该诗集因为参与者众，因此英文名称为 Union Hymn Book，汉语名为《协和颂主圣诗》，各种纯文字版本有 11 版之多，五线谱本则送至英国伦敦付印。该诗集出版后在长江南北各教区大受欢迎，1916 年又增编扩印，文字本由圣教书局刊印，五线谱本的出版则大费周折。当时原计划在英国原有的锌版基础上予以扩充，但由于第一次世界大战爆发，英国锌版无法寄来，于是又重新组成了一个编辑委员会来编辑这些曲谱，参与者有以下几位：汉口伦敦会潘雅德（Arthur Bonsey）为主席，湖北孝感郭理顺（Wilson H.Geller）为书记，衡阳循道会罗修忠夫人（Mrs.T.E.North）、华中大学循道会宣教师路信之夫人（Mrs.J.D.Ross）、长老会穆秉谦（Miss M.E.Moore）、长沙湘雅医学院院长爱德华·胡美（Edward H.Hume）等为委员。因为人员分散各地，往来商议非常不便，直至 1918 年才最终定稿，并运往英国出版，于 1922 年出版。该诗集印刷非常精良，是《普天颂赞》之前印刷最好的一本诗集，共有圣诗 560 首，缺点是没有注明作者和译者的姓名，以致无法加以考证。[24]此后，该诗集也多次再版，1930 年代在天津也曾翻印过。

四、浸礼会的《颂主诗集》《新颂主诗集》及《福音圣诗》

浸礼会（Baptist Church），又称浸信会，是基督新教主要宗派之一。17 世纪上半叶从英国清教徒独立派中分离出来，他们反对为婴儿施洗，坚持只有成年人才能受洗，施洗方式为全身浸入水中，并因此得名。浸礼会教会实行公理制，破除教权等级制度，所有信徒在教会中的地位和权利一律平等，各教会之间互不干涉、彼此尊重，属典型的自由教会。传入美国后于 1845 年分裂为美南浸信会和美北浸礼会两大教会。英国浸礼会于 1845 年开始来华传教，主要教区分布在山东、山西、陕西等地；美北浸礼会于 1836 年传入中国，

---

24 王神荫：《中国赞美诗发展概述（上）》，《基督教丛刊》1950 年第 26 期，第 49-54 页。

主要在沿海各省及西南一带传教；美南浸信会于 1846 年传入中国，主要在广东、广西、江苏、山东一带传教。虽然他们有南北之分，但许多事业还是联合在一起进行的。

浸礼会出版的诗歌也不少，早在 1875 年他们出版了一本《赞主诗章》，1876 年美南侵信会则出版《颂主诗章》，该诗集主要是选用当时西方流行的一些圣诗。根据王神荫神父的考证，华北地区各地的浸信会，原来是用的英国浸礼会传教士们在山东所编印的《颂主诗集》（ Hymns of Praise ），1922 年版本的有诗 300 余首。但是这本诗集并未得到美南浸信会的认可，于是 1927 年莱州华北浸信议会提议成立一个圣诗编委办，着手编辑新的诗本。该提议在 1931 年美南浸会西差会和中国浸会联合会共同在烟台召开的紧急会议上得以确认，成立了圣诗编委办，成员主要为黄县华北浸会神学院的领袖，如院长柯理培（C.L.Culpepper）、副院长臧安堂及关寿松牧师等。1932 年出版文字版，在稍后召开的浸信会 40 周年纪念大会上得以向全体浸信会推广。翌年 3 月出版五线谱，此后又出现了简谱本。文字本、简谱本及线谱本都是在黄县自行印刷的，排版采用中文书籍之装订法自右而左，用石印印谱，铅印印字，套印。全集有圣诗 300 首，分为 33 个类别。出版之后在华北各地流行甚广。1941 年，上海浸会书局征得华北浸信议会同意后，委托万应远夫人[25]对该诗集进行补编，新增《短诗》和新歌 60 余首，更名为《新颂主诗集》（ New hymns of praise music edition ），面向全国的浸礼会发行。此诗集后来多次再版重印。

1941 年的《新颂主诗集》，在排版方面较为先进，尽量利用好每个页面，少留空白。一页之中，如果一首诗占不满，则在下面补一首短歌，但其原有的目次和排列则保留不变，不过把短诗另加标记，如第 3 首为《齐来赞美》，因为比较短小，填不满一页，于是补入一短诗，第 3 首（二）则为《耶稣叫我》。有时还会把两首极不相同的诗放在一起，如第 3 页，"拜主引始"的总题下，第四首为《颂扬上主》（ Praise be to God on high ）而第 4 首（二）接着便是用于终礼的四叠阿们颂。这本诗集还有一个特点就是，同一首诗会有两种不同的译本和曲调，如第 276 首《近乎我主我父》与第 277 首的《愿与我主相亲》都是 "Nearer by God to thee" 的译词。第 265 首的《求主容我与你偕行》和附录一的《主耶稣让我同你去》都是 "O Master Let Me Walk With Thee"

---

25 万应远（ Robert Thomas Bryan，1855-1936 ）为美国南浸会牧师，是上海沪江大学和怀恩堂的创办者。其夫人万施美理通常被尊称为万应远师母。

的译词，不过是两首不同的曲调。全集共 300 首，编者似乎故意保留这个完整的数目，不要 301 首，所以 300 首以下的三首则编为附录一、二、三。[26]

浸信会的另一本诗集《福音圣诗》流布也非常之广，目前已知有十余个版本。[27]此诗集由广州美华浸信会印书局印刷发行，为美南浸信会各教区所用。广州美华浸信会印书局是 20 世纪 30 年代以前华南地区规模最大的基督教出版机构，由美国南浸信会传教士湛罗弼（Robert E.Chamers，1870-1932）提议，于 1899 年正式成立，1925 年受省港大罢工期间印刷工人罢工的影响，书局无法印书，遂迁至上海。广州美华浸信会印书局 20 多年间，印刷了很多赞美诗集："福音圣诗、琴谱及小本圣经印有 20 万册。此外，普通话的颂主诗章 10000余册，潮汕话赞主诗章 50000 余册，东山颂主诗集 50000 余册，普通话赞美诗、琴谱数千，颂主诗篇数万册。"[28]由此可见，该本诗集流传之广。有关此诗集的编纂情况暂不清楚，目前可见的版本主要集中在 1919-1939 年[29]之间。

五、信义宗的《颂主圣诗》

路德宗在中国被翻译为信义宗，强调"因信称义"，遵从《圣经》为最高权威，宣称"人人皆祭祀"，不重视教会的形式和体制的统一，圣事上只承认洗礼和圣餐礼，比较重视布道和唱圣歌。信义宗于 1847 年由德国传教士传入中国，当时主要是德国的"三巴会"（巴色会、巴勉会、巴陵会）。到 19 世纪末，主要是德国、丹麦和挪威的 3 个路德宗差会在广东、东北、河南和湖北等地传教。1900 年以后，又有美国 8 个路德宗差会在华中地区传教。到 1922 年，中国已有来自德国、丹麦、挪威、美国、芬兰和瑞典等六国的 18 个路德宗差会。信义宗相比于长老会、浸礼会等大的差会而言，势力比较弱小，并且其内部教派众多，彼此互不统属，因此教会力量相对薄弱。但其传教范围却比较分散，主要分布在东三省，中国中部的河南、湖南、湖北以及南部的广东、福建等省，过于分散的传教区域使得信义宗各差会无法将教会力量凝聚在一起，因此他们迫切需要加强彼此合作，以提高传教实力和效率。于是在 1920 年，该宗部分差会联合组成中华信义会

---

26 详细可参考王神荫：《中国赞美诗发展概述（上）》，《基督教丛刊》1950 年第 26期，第 49-54 页。

27 参考附录 1：《1949 年前编纂出版的中文新教赞美诗集及乐理著作》。

28 黄增章：《广州美华浸会印书局与〈真光杂志〉》，《广东史志》2002 年第 2 期。

29 1925 年之后的版本由上海中华浸信会印书局印刷发行。

总会，但参加的各差会仍保持原有的组织机构和活动地域，并选派代表参加组成中华信义会大议会。

前文已经说过，信义宗比较重视布道和唱圣诗，信义宗神学院的课程设置中，音乐是重点课程，教授管风琴，同时学生唱诗班的工作也非常突出。[30]在圣诗选用上，不同背景的差会都选用自己熟悉的圣诗歌，如 1874 年香港巴色会编印的《颂主诗歌》主要是以德国圣诗为主。而对于当时国内教会最普遍使用的英国圣诗，因为信义宗没有英国差会，所以他们并不满意，于是 1920 年中华信义会总会成立的时候，决定在湖北汉口设立中华信义会赞美诗委员部，以编辑信义会共用的圣诗集。由于时间比较紧迫，委员部从已经翻译为中文的德国、瑞士、挪威、丹麦、芬兰、和英国圣诗中选出 543 首，于当年由信义书报部[31]出版了一本《颂主圣诗》。该诗集从按分类总目分为"普天颂赞""教令年"等 11 项排列，至 1924 年新修本刊印之前，一共出版了三次。从 1922 年起，信义会赞美诗委员部决定对该诗集进行修改，经过两年时间的准备于 1924 年完成，重修的诗集为第 4 版，诗歌数量减为 450 首。此诗集后来又多次再版，是信义宗最主要的赞美诗集。[32]

第三节　中国本土赞美诗创作的先驱者——席胜魔

纵观 19 世纪圣诗集的编译工作，主要由洋人传教士完成，华人即使参与，也多数充当助手的角色，并未能发挥主导作用，故这些圣诗仍旧是西洋文化舶来品，中国文化的因素不多。中国基督徒参与编译赞美诗工作最早始于第一位中国基督新教牧师梁发，他曾于 1816 年左右在马六甲编著布道小册子《救世录撮要略解》，其中收录有 3 首赞美诗。[33]不过，当时这些圣诗并不是梁发自己的创作，而是选译自西方圣诗。但是，19 世纪 70 年代以后却出现了一位著名的华人原创赞美诗作家，即山西霍州的席胜魔。据《中国基督教新教历史大事年表》记载："1881 年清光绪七年，山西内地会长老席胜魔在邓村创立

---

30 王海岑：《嬗变与坚守：信义宗合——运动研究（1913-1949）》，硕士学位论文，山东大学，2012 年，第 47 页。

31 信义书报部成立于 1913 年，当时主要是为"信义神学院"编辑出版教材、诗歌、周报等。1948 年迁至香港，后改名为道声出版社。

32 详细内容可参考王神荫：《中国赞美诗发展概述（上）》，《基督教丛刊》1950 年第 26 期，第 49-54 页。

33 卓新平：《基督教音乐在中国的传播》，《中国宗教》2007 年第 8 期。

福音堂，是内地会最早的自立教会。席胜魔从事戒烟工作，并创办教会，成为早期中国教会的著名领袖。他写了许多优美的诗歌，在中国信徒中长期流传，有的还被译成英文。"[34]

席胜魔（1835-1896），原名子直，山西省平阳府西庄村人（现属襄汾县大邓乡西张村），家中世代读书习医，是当地的望族大户，家道殷实，家中兄弟都饱读诗书，三个长兄分别考中举人、廪生、秀才，他本人也少年得志，年纪轻轻就考中秀才，在乡里颇具名声。青年席子直曾一度身患重疾，为了治病，他在友人的劝说下开始吸食鸦片，没想到却吸食成瘾乃至贫病交加，此外在家庭关系上他还与兄弟交恶，将继母赶出家门，一时名声狼藉。光绪四年（1878），英国卫理公会传教士李修善（David Hill，1840-1895）和德治安（Joshua John Turner，生卒不详）到临汾传教。为了吸引人们信教，李修善向山西全省的士子学儒发起征文比赛并赠送宗教书籍，比赛出了六道题目，并重金设立了一、二、三、四等奖金，席子直在乡友的怂恿下，阅读了李修善的赠书并且根据自己的感受化名写了四篇文章前去应征，结果第一、二、三名均为他所得。李修善神父看他大有学问，就聘他为自己的中文教师，并送他一本圣经，经过李神父的劝化及他自己读圣经的心得，1879 年席子直戒除烟瘾并受洗入教，为显示自己立志自新的决心，第二年他更名为"胜魔"，并主动与兄弟们和解，还把继母接回养老送终。

此后席胜魔热心传教，他是山西内地会的长老，为招待络绎不绝到他家来的信徒，他甚至还多次变卖家产乃至妻子的嫁妆首饰。后来他在洪洞县范村信徒范洪年家中成立"天招局"（福音戒毒所），并利用自己的医学知识配制戒烟丸帮人戒烟毒，这也是内地会最早的自立教会。"天招局"的戒烟成效卓著，随后又在邻近村庄开设分局，最后共在山西、陕西、河南、河北开了45 个"天招局"，帮助数千人戒去烟瘾并同时进行传道，在当时产生了极大的影响。为了减轻戒烟时身体的不适，他让戒烟的人学唱赞美诗，诵读圣经，并且立了章程，要大家聚会，早晚礼拜。[35]他还利用自己擅长诗文的优势，写了一百七十多首宣扬基督教和戒除烟瘾的诗作，深受信徒的喜爱，同时他还以山西当地民间音乐曲调为素材对这些诗作编曲，比以往作者按中国曲牌填

---

34 汉芮编写：《中国基督教纪事（近、现代部分）》一、二，[美]《生命季刊》总第 11 期，2009 年 9 月。

35 林玉解：《席胜魔牧师对圣诗中国化的探索与贡献》，《华东神苑》2012 年第 1 期。

词和根据民歌改编的做法前进了一大步，已具备了歌曲创作的意义。如他创作的《戒烟救人诗》：

> 天招局救人新路，主开导；天招局救人新路，进门来先学祈祷；
> 鸦片烟心瘾拔掉，主开导。
>
> 天招局救人正路，主开导，天招局救人正路，求圣灵直入心窍，
> 听圣经明白天道，主开导。
>
> 天招局救人真路，主开导，天招局救人真路，十字架功劳可靠，
> 万样罪天父能饶，主开导。
>
> 天招局救人义路，主开导，天招局救人义路，悔改后得了至宝，
> 天堂里也能走到，主开导。[36]

清光绪九年（1883），席胜魔为陕西省平阳府基督教春季季会创作了赞美诗《我们这次聚会有个缘故》，这是他创作的第一首赞美诗，"内容通俗易懂，歌词押韵规律，读来朗朗上口"[37]，曲调用的是中国五声音阶，带有明显的山西民歌的味道，籍着大会很快便在教徒中传唱开来，这首赞美诗后来被收进内地会所出版的《颂主圣歌》中，陶亚兵认为"席胜魔创作的《我们这次聚会有个缘故》，是中国人创作的第一首中国的赞美诗曲调"[38]。其后他又陆续创作了《主赐平安》等诗歌，曲调仍旧采用山西临汾地区的民歌调式。此外，他还采用现成曲调填词，有中国民歌曲调，如《奉主差遣》就是采用民歌《孟姜女》的曲调填词而成的；[39]还有用外国赞美诗曲调，如《耶稣领我海面浪路》等。1886年，在平阳府传教的内地会司米德牧师（Stanley P.Smith，1874-1931）把席胜魔所作诗歌收集起来，加上他自己和别人的一些诗歌，编成一本诗歌集出版，当年冬天就卖出1000本。席胜魔所写的诗歌不仅在教徒中家喻户晓，而且在教外也有人吟唱，影响很大。[40]正是通过歌唱赞美诗，他把众人集合起来，不但戒除了烟瘾，而且还成为虔诚的教徒，他的诗歌对内地会在山西的

---

36 转引自林玉解：《席胜魔牧师对圣诗中国化的探索与贡献》，《华东神苑》2012年第1期。

37 林玉解：《席胜魔牧师对圣诗中国化的探索与贡献》，《华东神苑》2012年第1期。

38 陶亚兵：《中西音乐交流史稿》，中国大百科全书出版社1994年版，第175页。

39 参考"上海市地方志办公室"网站：《上海文化艺术志·音乐、舞蹈、歌剧·宗教音乐》http://www.shtong.gov.cn/node2/node2245/node72149/node72157/node72191/node72220/userobject1ai78294.html。

40 [英]戴存义夫人著：《席胜魔传》，香港证道出版社1957年版，第136页。

传教有很大帮助。1907 年，内地会将席胜魔的诗歌编为《教会新诗》一书，由上海商务印书馆印行，在全国流通，影响甚广。1912 年，内地会还刊印了一本《席胜魔诗歌》，由上海美华书馆摆印，收诗 76 首。另据林玉解牧师介绍，直到 20 世纪 80 年代，陕西农村一些教会还曾专门编辑一本《赞美诗歌》，里面选录好多首席胜魔的诗歌。此外，1973 年香港浸信会出版的《颂主新歌》也收录了席胜魔的《主赐我平安歌》。1999 年温州教会出版的《赞美诗增订本》收录了席胜魔创作的《聚会大意》（第 156 首）和《问客何往》（第 496 首）。[41]

席胜魔创作的赞美诗，因为受众都是当地普通百姓，文化程度普遍不高，所以歌词通俗易懂，曲调大都采用了当地民歌曲调调式，并体现出当地民间音乐旋律和句法结构的特点，具有浓郁的山西地方民歌风格[42]。因此，他的诗作在当地民众中能够广泛流传。下面这首就是席胜魔所创作的《主赐平安》的歌词：

> 一、为信主，家贫穷，我心似难安；想念主，在客店，我心便喜欢。
> 二、为学道，遇逼迫，我心似难安；想念主，受捆绑，我心便喜欢。
> 三、为福音，经试炼，我心似难安；想念主，被鞭打，我心便喜欢。
> 四、为教会，遭磨难，我心似难安；想念主，钉苦架，我心便喜欢。
> 副歌：主赐我平安，主赐我平安，主所赐的平安，与世福无干，
> 人不能夺去，平安乃在天。

在当时，中国人自己创作的赞美诗本身很少，好的作品亦是凤毛麟角，而像席胜魔这样创作了大量赞美诗、并且流传很广的中国圣诗作者就更是前无古人了，他的赞美诗创作应算作是中国新教圣诗本色化的肇始[43]，但是由于清末中国教会赞美诗集的编纂仍主要掌控在外国传教士手中，席胜魔的工作虽然推动了中国圣诗本土化的进程，并没有从根本上改变西方赞美诗占据主导地位的局面，直至 20 世纪以后，更多中国基督徒参与编创赞美诗，这种局面才逐步得以改观。

---

41 林玉解：《席胜魔牧师对圣诗中国化的探索与贡献》，《华东神苑》2012 年第 1 期。

42 王旋：《基督教赞美诗在近代中国的传播及其影响》，《黄钟（武汉音乐学院学报）》2006 年增刊。

43 当时，有一位温州牧师戚瀛茂也创作了一首流传很广的圣诗《为国求福歌》，载《赞美诗（新编）》175 首，该诗由苏慧廉（威廉）之妻苏路熙谱曲。参考王神荫编著《赞美诗（新编）史话》，中国基督教协会 1993 年版，第 294-295 页。

第四节　太平天国的礼拜仪式及赞美诗唱诵

19 世纪 60 年代，中国爆发了太平天国农民运动。其领袖洪秀全就是因为看了中国第一位新教牧师梁发所写的《劝世良言》，遂将其加以改造，创立了拜上帝会，后发展为上帝教，并以此作为指导太平天国的思想武器。实质上，上帝教乃是将西方基督教与中国的秘密会党、秘密教门混合后所形成的一个宗教团体，它与基督教无论是在教义、组织还是在功用上都有很多不同。从本质上讲，"上帝教是较为典型的民间宗教，但同时又具有与以往迥然不同的一些特点，标志着在西方基督教的渗透下，近代民间宗教所发生的新与旧的代谢"[44]。

洪秀全借用基督教三位一体学说，宣称上帝是唯一的最高神，耶稣是上帝的长子，他自己则是耶稣的兄弟，所以他就是上帝的次子，东王杨秀清也是上帝的儿子，耶稣、洪秀全和杨秀清是天地出现之前存在的三位一体。他希望通过这种"神授"的方式来确认自己和太平天国政权的合法地位。太平天国作为政教合一的政权，通过拜上帝教来实现对内部的思想统治，因此拜上帝教对他们来说至关重要，早期的时候，太平天国内部严格遵守宗教礼仪。拜上帝教本身借用了基督教的很多形式，不仅教徒入会要受洗礼，而且必须遵守严格的祈祷和礼拜仪式，入会时要写"悔罪奏章"，早晚和进餐都要祈祷，每逢阴历的房、虚、昴、昴四宿日是礼拜日，礼拜时必唱《赞美上帝诗》，教徒家中诸事无论大小如生病、生口、满月、嫁娶、丧葬、建房、动土等等，都要有"祭告上帝奏章"。不管是官员、百姓还是士兵，都要遵守。天平天国各王宫中都设有豪华的礼拜堂，百姓每二十五家设一礼拜堂，由长官两司马率领会众进行礼拜；太平军每到一处，也先在空旷处建礼拜堂，每次打仗前后，无论胜败，皆要礼拜并讲天理。[45]天朝田亩制度规定："凡礼拜日，伍长各率男妇至礼拜堂，分别男行女行，听讲道理，赞颂祭奠天父上主皇上帝。"

"凡内外诸官及民，每礼拜日听讲圣书，虔诚祭奠，礼拜天父上主皇上帝。每七七四十九礼拜日，师帅、旅帅、卒长更番至其所统属两司马礼拜堂讲圣书，教化民，兼察其遵条命与达条命及勤惰。如第一七七四十九礼拜日，师帅至某两司马礼拜堂，第二七七四十九礼拜日，师帅又别至某两司马礼拜堂，

---

44 夏春涛：《天国的陨落——太平天国宗教再研究》，中国人民大学出版社 2006 年版，第 444 页。

45 郭廷以：《近代中国史纲（第三版）》，格致出版社&上海人民出版社 2009 年版，第 60-70 页。

以次第输，周而复始。旅帅、卒长亦然。""凡天下诸官，每礼拜日依职分虔诚设馔，祭奠礼拜天父上主皇上帝，讲圣书。有敢怠慢者，黜为农。"[46]

在太平天国日常集会和礼拜中，歌唱赞美诗是必需的内容。[47]太平天国所颁布的《天条书》规定："七日礼拜颂赞皇上帝恩德：赞美上帝为天圣父，赞美耶稣为救世圣主，赞美圣神风为圣灵，赞美三位为合一真神。"为此，他们编创了大量的赞美诗，供众人歌唱，使得赞美诗音乐首次在中国民众中大面积传播。太平天国的礼拜仪式中所唱的《三一颂》，其曲调乃为法国教会作曲家 L.布尔热瓦所作的《老百篇》（因以《诗篇》第100篇为歌词而得名），此外，麦都思等人所编译的《养心神诗》也曾被太平天国编入其赞美诗，在日常礼拜中时常唱诵。麦都思曾经提到《天条书》中的一首赞美诗："真道岂与世道相同，能救人灵享福无穷。智者踊跃接之为福，愚者省悟天堂路通。天父鸿恩广大无边，不惜太子遣降凡间。捐命代赎吾侪罪孽，人知悔改魂得升天。"并认为其价值"抵得上中国的四书五经的总和"[48]。

不仅如此，太平天国在唱赞美诗的时候还有乐器伴奏，他们建有专门负责礼仪音乐的机构——典乐衙。典乐衙的乐师，全都由中国民间乐手组成，分为典乐和典锣两类，其中典锣主管敲锣，典乐则主管除敲锣以外的其它所有吹打乐事。"典"既是官职，也是职业，"在太平天国，各行各业都有典官……负责音乐的官员则叫典乐和典锣。"[49]太平天国早期的时候，各王侯府都设有专门的典乐衙，其人数的多少取决于职位等级，职位越高，则府内典乐衙的人数就越多。如洪秀全的天王府有典乐300人，称典天乐，典锣48人，称典天锣；杨秀清的东王府有典东乐240人，典东锣32人；韦昌辉的北王府有典北乐100人，典北锣24人；石达开的翼王府有典翼乐100人，典翼锣24人；秦日纲的燕王府和胡以晃的豫王府各有典乐两人；侯爵各配典乐一人。[50]典乐衙的一项重要职责就是在进行礼拜时为颂唱赞美诗进行伴奏。据参加过太平军后又逃离天京的谢介鹤记载："东贼伪谕朝夕敬天父，男乐在外，女乐在内，搜逼金

---

46 太平天国《天朝田亩制度》。

47 王旎：《基督教赞美诗在近代中国的传播及其影响》，《黄钟（武汉音乐学院学报）》2006年增刊。

48 [英]呤唎著，王维周译：《太平天国革命亲历记（上、下）》，上海古籍出版社1985年版，第116页。

49 刘巍：《从"典乐衙"看天平天国的典乐制度》，《人民音乐》2011年第2期。

50 刘巍：《从"典乐衙"看天平天国的典乐制度》，《人民音乐》2011年第2期。

陵乐妓进伪府，每贼处数十名，朝夕弹琵琶，以佐赞美。"[51]另外，王侯以外，"自丞相至指挥各行政机关设典乐馆。其中典乐馆具有典乐衙同样的工作和任务，只是其中乐手的级别要低很多，甚至没有级别"[52]。第一个进入太平天国的美国传教士戴作士（Charles Taylor）在镇江太平军总指挥罗大纲处，看到了太平军在礼拜仪式上有"锣、鼓、铙、钹、喇叭（唢呐）和其他各种乐器"为礼拜堂的赞美诗伴奏。据参加过天国天国并多次目击过太平天国礼拜仪式的英国传教士吟唎（Augustus Frederick Lindley，1840-1873）描述，在天国安息日礼拜时，太平军"在唱《赞美诗》时，有忧郁的角声和高音的箫声一起伴奏"。[53]

　　关于太平天国礼拜仪式时的伴奏乐器问题，刘巍在《太平天国宗教音乐伴奏乐器史实解析》[54]一文中有详细论述。她分析了国内对此问题的三种观点：一是上海音乐学院陈聆群的"风琴"论，他认为"风琴也有可能用于拜上帝会的宗教仪式或用以伴唱赞美诗歌"，因为洪仁玕曾托英国翻译官购买过大风琴，而且太平天国设有"典风琴衙"，同时洪秀全所作的《天父诗》中多次出现"琴声""琴音""风琴"等内容。二是"西洋管乐器"论，证据是英国人吟唎所著《太平天国革命亲历记》一书中所附的一张《天朝礼拜图》，绘有太平天国礼拜场景，其中有四个手持乐器的乐手，陈聆群认为其中两个似圆号，另外两个似单簧管，都是西洋管乐器，且此图与吟唎书中所写一致，陈小鲁[55]、朱小田[56]等也认可此论。三是刘巍自己的观点，她认为天平天国礼拜伴奏所用乐器为中国民间乐器，因为上帝教具有中西结合的特点，"根据中国的民间信仰，'上帝教'能用道教里的上帝改造基督教里的圣神，在庄严的基督教礼拜仪式上，能摆上中国祭奠祖先的贡品，那么在为赞美歌伴奏时，因地制宜地将西洋乐器换成中国的民间乐器，也是情理之中的事"[57]，而将风琴、西洋管乐器视为太平天国礼拜伴奏乐器证据不足：首先"太平天国中的大风琴、拖尾风琴和风琴都是太平军的专用词，其中大风琴是指我们现在所说的风琴，

51　（清）谢介鹤：《金陵癸甲纪事略》，转引自刘巍：《从"典乐衙"看天平天国的典乐制度》，《人民音乐》2011年第2期。

52　刘巍：《太平天国音乐典官制度解析》，《交响—西安音乐学院学报（季刊）》2009年第3期。

53　刘巍：《从"典乐衙"看天平天国的典乐制度》，《人民音乐》2011年第2期。

54　刘巍：《太平天国宗教音乐伴奏乐器史实解析》，《星海音乐学院学报》2010年第3期。

55　陈小鲁：《基督宗教音乐史》，宗教文化出版社2006年版，525-526页。

56　朱小田：《太平天国音乐文化论述》，《中国音乐学》1995年第3期。

57　刘巍：《太平天国宗教音乐的异化研究》，《音乐研究》2009年第4期。

即脚踏风琴，而风琴则是拖尾风琴的简称，专指八音盒"[58]。其次，洪仁玕是太平天国后期才到天京的，他为了一架大风琴竟然通过外交途径向英国翻译官发照会，正说明此类琴比较稀缺，不可能大规模用于礼拜伴奏。而关于第二种论断，刘巍指出"翻遍《太平天国革命亲历记》一书，根本找不到西洋管乐器出现在太平天国礼拜仪式上的记载"[59]，唯一的一次记载还是说他们唱赞美诗时用"角"和"箫"伴奏，而这两种都是中国民间乐器。她认为"《天朝礼拜图》中所画的西方管乐器是作者杜撰的"，洪秀全创立上帝教，将基督教的礼拜仪式引进来，不仅让信徒唱诵赞美诗，而且还增加了乐器伴奏。但是，上帝教初创时是在偏远的广西农村，一则没有西方乐器，二则也很难找到会演奏西方乐器的乐手，所以其礼拜伴奏只能是中国民间乐器，这也与戴作士的记述是一致的，戴氏认为太平军唱赞美诗时用锣、鼓、铙、钹、喇叭（唢呐）等等这些中国民间乐器伴奏"不够庄重"，因为当时西方教会的教堂中主要用管风琴、钢琴或风琴为赞美诗伴奏，世俗的乐器进入教堂是对神的不敬。另外，前文所引谢介鹤的记载，东王杨秀清府内，命乐手"朝夕弹琵琶，以佐赞美"。通过这几处记载，证明太平天国唱诵赞美诗时确实用中国民间乐器伴奏，只不过各处所用并不统一，吹奏、打击、弹拨，甚至拉弦乐器等都可能成为天平天国赞美诗的伴奏乐器。刘巍认为，天平天国的这一做法，是来自于《圣经》的启示，因为《圣经》中记载了很多用乐器赞美上帝的事例，所用乐器种类繁多，不拘一格。所以，他们在礼拜时也因地制宜，选用大家都熟悉的中国乐器进行伴奏。

有关太平天国礼拜仪式，有不少史料记载，大概可以分作三种：其一是到过太平天国的外国传教士的记载；其二是被强抓去而被迫参加太平军或者充当清军间谍而进入到太平军内部打探情报的一些清朝文人的记载；其三是太平天国的发源地广西的一些民间资料。通过这些记载，可以知道太平天国内部进行礼拜的情况非常之普遍，而且每次礼拜都要唱诵赞美诗或者奏乐。关于其仪式，记录最为详细、影响最大的是张德坚所编的《贼情汇纂》，张德坚随清军在湖北围剿太平军时，曾乔装到太平军内部打探情况，并将所见记录下来，集成了《贼情集要》一书。他也因此被引荐给曾国藩，负责整理湘军所俘获的大量太平天国文献，并历时一年编成《贼情汇纂》，详实地记载了太平天国包括政治、经济、军事、文化、宗教、法律各个方面的情况，对湘

---

58 刘巍：《太平天国宗教音乐伴奏乐器史实解析》，《星海音乐学院学报》2010 年第 3 期。
59 刘巍：《太平天国宗教音乐伴奏乐器史实解析》，《星海音乐学院学报》2010 年第 3 期。

军最后击败太平天国具有重大情报作用。据该书记载："贼敬天父不用香烛，故不设香炉烛奴。于方桌上近外一边设油灯二盏……桌前立小竹板，约三尺长一寸宽，上写'奉天令'三字，桌后设椅三张者，盖本馆贼目太平军头目及副职伪官与先生座位也。如此馆先生较多，甚至设立五座七座。其教以星、昴、房、虚四宿日礼拜。先一日伪帅遣人负礼拜旗一面，鸣征于市，大呼明日礼拜，各宜虔敬，不得怠慢。各馆即于是夜三更交子时后，点灯二盏，供茶三杯，肴三盛，饭三盂，鸣锣集众，环坐一堂。贼目及充先生者即坐于正中所设数座上，群贼两旁杂作，齐诵赞美（诗）毕，充先生者缮成黄表奏章，尽列一馆贼名，此时手执奏章跪地朗诵，群贼长跪，读讫焚化，则以所供肴撰共享，此七日礼拜之仪也。"详尽地记述了太平军某府进行七日礼拜时堂内摆设及仪式过程，可以看出其礼拜仪式掺杂了很多中国民间信仰崇拜仪式的内容。关于每日早晚两餐的敬拜活动，他的记载则是这样的："亦必鸣征齐集，尽所掳之肴供三碗，茶饭如之，自贼目以下亦环坐而读赞美毕，充先生者伏地默读奏章，谓之默咒。群贼俱跪读讫，始杂坐饮食。"[60]

　　太平天国最重要的赞美诗是《三一颂》。1847 年，洪秀全和洪仁玕一起到广州美国新教浸信会传教士罗孝全那里，跟随他学习基督教教义，并在参加礼拜仪式时第一次听到教徒颂唱赞美诗。1861 年 3 月，罗孝全在写给《北华捷报》的一封信中说："荣耀颂（三一颂）和赞美诗是 1847 年洪秀全同我在广州时我教给他的……我估计每天有数百万人（指太平军）在诵唱它们。"[61]从罗孝全那里回到广西后，洪秀全根据《圣经》及从罗孝全教会那里学到的礼拜仪式，对拜上帝会进行改造，并制定出一套完整的礼拜仪式。他将从罗孝全那里学习到的《三一颂》内容进行了改编，变为太平天国自己的《三一颂》："赞美上帝为天圣父，赞美耶稣为救世圣主，赞美圣神风为圣灵，赞美三位为合一真神。"但是曲调没变，依然沿用罗孝全教会的曲调。经洪秀全改编的《三一颂》和由罗孝全为在中国传教而创作的《赞美诗》，成为上帝教礼拜仪式上的必唱内容。前文已经说过，洪秀全借用并改造了基督教的"三位一体"思想，基督教的三位一体，是"圣父、圣子、圣灵三位一体"，是独一真神的三个不同位格，实际上还是合一的；太平天国对三位一体的称谓，是从罗孝

60 以上均转引自刘巍：《太平天国宗教赞美诗表现形式的史料甄别》，《交响—西安音乐学院学报（季刊）》2011 年第 2 期。

61 转引自刘巍：《太平天国宗教赞美诗表现形式的史料甄别》，《交响—西安音乐学院学报（季刊）》2011 年第 2 期。

全的浸信会那里学来的，浸信会对三位一体的称呼是"圣父爷、圣主、神圣风"，上帝教表面上只是将"圣父爷"改为"天圣父"，变为"天圣父、圣主、神圣风三位一体"，但是其实际内容却发生了质的变化，是"上帝、基督、东王三位一体"，他们是三个不同的个体，有自己的具体形象、家庭、配偶和子女，可以说完全背离了基督教的教义，这也是外国传教士为何不能接受上帝教，并将其列为邪教的主要原因。

可以说，太平天国运动是中国人第一次由被动接受西洋基督教赞美诗开始变为主动吸纳，但是这种主动传唱的太平天国所独有的"赞美诗"与西方基督教赞美诗在本质上却是有很大不同的，它不仅赞美上帝，赞美耶稣，同时太平天国诸王，也都是赞美对象，原本庄严神圣的赞美诗变成了太平天国个人崇拜的工具，变得异常怪异。根据吟唎记载，礼拜由唱赞美诗开始，早期的赞美诗与基督教教堂中使用的非常相似，在后期拜上帝教越来越怪异之后，扩展到结尾时把荣耀归于各王，至少在从 1853 年到 1856 年之间，把东王杨秀清摆在圣神的位置。[62]如他们的赞美诗唱到：

> 我们赞美上帝为天父，是魂爷为独一真神；
> 赞美天兄为救世主，是圣主舍命代人；
> 赞美天王是圣贤，是拯救万物圣人；
> 赞美东王是神圣风，是圣灵赎病救人；
> 赞美西王为雨师，是高天贵人；
> 赞美南王是云师，是高天正人；
> 赞美北王是雷师，是高天仁人；
> 赞美翼王是电师，是高天义人；
> 赞美燕王是霜师，是高天忠人；
> 赞美豫王是露师，是高天真人。[63]

著名传教士丁韪良在谈到太平天国的赞美诗《童子赞》时也说，该诗虽然也"充满了圣经的真理"，但也充斥着"狂热的想象"。[64]这首《童子赞》原诗是这样的：

---

62 [英]吟唎著，王维周译：《太平天国革命亲历记（上、下）》，上海古籍出版社 1985 年版。

63 这是太平天国甲寅四年（1854 年）燕王秦日纲撰写的"赞美诗"。

64 [英]丁韪良著，沈弘等译：《花甲记忆——一位美国传教士眼中的晚清帝国》，广西师范大学出版社 2002 年版，第 91 页。

　　　　开辟真神皇上帝，万国敬仰万民朝。
　　　　日夜祈祷无间辍，天地万物沾圣恩。
　　　　六日造化全且美，大子耶稣降凡尘。
　　　　献身赎尽众生罪，复活归天大荣耀。
　　　　善恶皆从自身出，谨记十诚享天福。

　　纵观这一时期新教教会音乐的推广与传播，有以下几个特点：

　　首先，圣诗的编纂主主导权仍掌握在外国传教士手中，中国教徒所起的作用主要还是辅助性的，虽然有个别诗本的编纂主要由华人来完成，可总体上仍以外国传教士为主，中国人创作圣诗更是凤毛麟角。

　　其次，借着音乐传教，传教士们将当时西方最前沿的乐理知识、记谱方法、和声等都传入中国，可以说是直接影响了中国近代音乐的发展路径与方向。

　　第三，这一时期，圣诗的翻译水平大大提高。相对于新教初传时期比较粗陋的圣诗翻译，经过数十年的磨合，以及传教士对中国文化的了解程度加深，出现了一批能熟练掌握多种语言的学者型传教士，他们深入研究中国文字，翻译出版了多种版本的圣经，并且翻译了大量圣诗，翻译水平较前辈提高很多，如和合本圣经是中国近代白话文运动的先驱，而翻译这本圣经的诸多编委会成员同时也翻译了不少圣诗，如狄考文，他在中国宣教、开办教育三十余年，同时编写教材、从事翻译、著书立说，他编著的《官话课本》（A Course of Mandarin Lessons based on Idiom）成为当时外国人学习汉语必备之书。因此，他编译的圣诗一是能够与当时的宣教及学校教育结合起来，实用性强；二则其精通汉语，圣诗译文质量之高，远非初期传教士所能比拟。此时期，像他这样的传教士圣诗翻译家还有很多。

　　第四，圣诗出版质量和数量大大增加。为传教需要，各差会纷纷成立印书局，以印制共本差会传教所用的各种宗教书籍，这也间接促进了圣诗集的翻译和出版。

　　第五，圣诗编辑不再以传教士个人单打独斗为主，而是以差会为名，组织编委会编纂圣诗集，后来更有各差会联合起来，选出圣诗编纂委员会，编辑出本差会、几个差会联合甚至是全国通用的圣诗集。